Découvrez *20 Questions to the World* en vidéos !

Comment y accéder ?

1 Sur votre Smartphone, téléchargez une application de lecture de QR code.

2 Ouvrez l'application et scannez les QR codes que vous rencontrez au fil des pages, comme celui ci-dessous.

3 Vous n'avez plus qu'à accéder au lien et visionner la vidéo.

Bonne lecture !

Suivez toute l'actualité des éditions Alisio sur le blog :
www.alisio.fr

Alisio est une marque des éditions Leduc.s

Agent et conseil éditorial : Isabelle Martin-Bouisset
141 boulevard Saint-Michel – 75005 Paris
isabelle.martinbouisset@cabinet-imb.fr / www.imb-conseil.fr

Suivi éditorial : Claire Duvivier
Relecture-correction : Marjolaine Revel
Maquette : Jennifer Simboiselle

une marque des éditions Leduc.s
10, place des Cinq-Martyrs-du-Lycée-Buffon
75015 Paris – France
ISBN : 978-2-37935-019-1

CYRIL **BRUYELLE**

NOUS, humains !

ALISIO

SOMMAIRE

AVANT-PROPOS

Je suis heureux d'apporter tout mon soutien à *Nous, humains !* ainsi qu'à Cyril Bruyelle dans cette aventure qui a pour vocation d'écouter les gens et de les aimer.

De la Bolivie jusqu'en Syrie et en passant par les États-Unis, vous en apprendrez plus sur l'humain que n'importe quelle étude. La pluralité de ces témoignages engage notre propre réflexion sur le monde dont nous faisons partie et comment le rendre meilleur, c'est pour moi une quête essentielle. Nous ne sommes jamais assez nombreux pour réveiller les consciences et je crois fermement que ce sont les optimistes qui façonnent l'avenir.

Un grand bravo à Cyril et à toute son équipe qui a su mener à bien ce projet et mettre du cœur à l'ouvrage.

Chacun d'entre nous peut contribuer à changer le monde.

Yann Arthus-Bertrand

INTRODUCTION

Pour beaucoup de raisons, je crains que le monde d'aujourd'hui, par sa densité, sa complexité, le nombre incroyablement élevé de variables qu'il implique, n'ait cessé d'être pensable, au moins de façon globale.

Quelle réjouissance j'ai éprouvée en lisant ces mots de Claude Lévi-Strauss, dans une interview au journal *Le Monde*[1] datée de 1979, alors que, précisons-le, Internet n'existait pas encore. Je me suis immédiatement senti moins seul. Même lui, pourtant éminent anthropologue, peinait il y a quarante ans à avoir une vision globale de l'organisation de notre planète et de ses habitants. Il me paraissait alors plutôt normal que moi, Cyril Bruyelle, jeune trentenaire originaire d'une famille plutôt aisée du Nord de la France, je sois tout à fait incapable de percer les mystères du fonctionnement de nos sociétés.

Rien ne me prédestinait au départ à lancer un projet de recherche sur l'être humain. Après une prépa HEC et une école de commerce parisienne, j'ai monté une première entreprise de lutte contre le gaspillage alimentaire appelée Robin Food. J'ai quitté le navire au bout d'un an faute d'entente avec mes associées. J'ai alors fait mes gammes en conseil en stratégie puis dans l'industrie musicale, sans néanmoins jamais trouver pleine

1. https://mobile.lemonde.fr/disparitions/article/2009/11/04/1979-on-m-a-souvent-reproche-d-etre-antihumaniste_1262644_3382.html?xtref=

satisfaction. Au moment de réfléchir à la suite, j'ai compris qu'il était temps d'essayer de répondre à une question qui me hantait depuis des années : quelle est la réalité de notre monde ? Entre la collapsologie et le transhumanisme, entre le capitalisme et le communisme, entre les *fake news* et les médias sociaux, je ne comprenais plus rien. Je ne savais plus quoi penser, et quoi que je lise, quoi que je regarde, j'avais toujours l'impression qu'on essayait de me mettre quelque chose dans la tête. Très vite, j'ai donc réfléchi à un nouveau projet entrepreneurial qui me permettrait d'étancher ma soif de compréhension « objective » du monde. Ma réponse a été des plus simples : j'allais poser des questions aux gens.

C'est en 2016 que le projet *20 Questions to the World* voit le jour. Depuis, nous avons posé les mêmes 24 questions qui suivent à près de 800 personnes partout dans le monde, de plus de 70 nationalités, et aux profils sociaux extrêmement variés.

J'ai débuté cette aventure par une année de voyage autour du monde et quelque 450 personnes interrogées dans 18 pays. Lors de mon retour en France à Noël 2017, deux préoccupations m'habitaient : partager avec le plus grand nombre la richesse incroyable qui émanait des 9 000 premières réponses récoltées, et faire en sorte que les 24 questions continuent d'être posées autour du monde. À l'heure où j'écris ces lignes, 10 nouvelles équipes de jeunes apprentis reporters sont parties ou en partance pour interviewer la planète. Nous totalisons ainsi 18 000 réponses. Si tout se passe bien, nous aurons largement dépassé les 1 000 interviews au moment où vous lisez ces lignes.

L'analyse de ces milliers de réponses livre un puissant message : nous sommes bien plus humains que nous le pensons. C'est aujourd'hui la raison d'être de l'association *20 Questions to the World*, le cœur de toutes nos actions. Nous cherchons à le diffuser massivement car nous avons la conviction que, dans un monde aux enjeux largement globalisés – qu'ils soient sociaux, économiques ou écologiques –, il est nécessaire de promouvoir un sentiment de communauté mondiale et d'empathie humaine. C'est aussi le message que je tente de retranscrire dans cet ouvrage.

LES QUESTIONS

1. Que vouliez-vous faire quand vous étiez enfant ?
2. Avec qui aimeriez-vous boire un café ?
3. Si vous pouviez faire enseigner quelque chose dans toutes les écoles du monde, qu'est-ce que ce serait ?
4. Selon vous, quelle est la principale caractéristique commune à tous les êtres humains ?
5. Selon vous, qui est la personne la plus heureuse du monde ?
6. Si vous étiez président(e) des États-Unis, quelle serait votre première réforme ?
7. De quoi avez-vous besoin ?
8. Que feriez-vous si l'on vous donnait maintenant un million de dollars ?
9. Quelle innovation, réaliste ou non, faciliterait grandement votre quotidien ?
10. Quel est le fait d'actualité qui vous touche le plus dans votre pays et pourquoi ?

11 Avez-vous la sensation que votre vie est plus simple ou plus compliquée que celle de vos parents ?

12 Si vous deviez créer une entreprise, ce serait quoi ?

13 Pouvez-vous dessiner quelque chose de beau ? (Sur ardoise feutre.)

14 Pouvez-vous chanter quelque chose de beau ?

15 De quoi avez-vous peur ?

16 Quel est votre rêve ?

17 Fermez les yeux, vous êtes en 2100, que voyez-vous ?

18 Quelle est la plus belle chose que vous ayez vue dans votre vie ?

19 Si vous deviez écrire un livre sur le monde actuel, quel titre lui donneriez-vous ?

20 Que représente la religion pour vous ?

21 Quelle est la spécificité culturelle de votre pays qui vous rend le plus fier/fière ?

22 Si vous pouviez faire n'importe quel métier, sans rapport à l'argent, que feriez-vous ?

23 Si vous deviez décrire notre planète à un extraterrestre, que diriez-vous ?

24 Et vous, quelle question aimeriez-vous poser au monde entier ?

PARTIE 1

LE PROJET *20 QUESTIONS TO THE WORLD*

COMPRENDRE LE MONDE

Avez-vous déjà eu cette sensation que tout vous échappe ? De ne plus vraiment savoir en quoi ou en qui croire ? Plus je lis de livres et d'articles, plus je regarde de vidéos sur les réseaux sociaux ou de documentaires à la télévision, plus mon esprit s'emmêle. Tant de certitudes et d'avis contradictoires sont exprimés à tout va, sur tous les sujets possibles et imaginables : politique, économie, religion, écologie, bonheur, éducation… À notre époque centrée sur la communication et l'information, on doit avoir un avis sur tout, si possible assez tranché pour se démarquer des autres, pour affirmer son caractère, son identité.

Avoir un avis, rien qu'un seul, est pourtant d'une exigence extrême. La compréhension d'une situation – conflit, mouvement social, phénomène migratoire ou climatique – se construit au fil de lectures, de discussions, d'éclairages et de mises en perspectives. Cette quête prend du temps. Les idées politiques, les concepts idéologiques, les espoirs écologiques et autres adjectifs en -iques ont aujourd'hui un espace sans précédent pour s'exprimer. Cet univers infini d'opinions nous perd dans une jungle inextricable où s'entremêlent idées reçues, raccourcis, approximations, philosophies de comptoir... Le tout aggravé par plusieurs phénomènes qui ne vont qu'en s'accentuant.

La multiplication exponentielle des sources d'information

N'importe qui peut aujourd'hui s'improviser rédacteur ou influenceur sur Internet. Pour se démarquer dans cet océan de contenu, beaucoup, y compris les grands médias, n'ont d'autre choix que de simplement chercher à interpeller notre regard ou notre oreille via des titres toujours plus choc et accrocheurs, et peu importe si la vérité s'en retrouve déformée. Une course aux *likes* et aux lecteurs qui provoque un dangereux phénomène de désinformation. Liez à cela le fait que les lecteurs, perdus dans cette jungle de contenu, lisent de moins en moins d'articles dans leur intégralité et se contentent de plus en plus souvent du titre, parfois de l'introduction quand leur attention n'est pas perturbée pendant plus de 60 secondes, et le cocktail devient explosif.

Le modèle de recommandation des réseaux sociaux

Ces derniers ne montrent que ce que chacun veut voir, et cachent d'autant plus de choses qu'ils comprennent et savent décrypter ce que nous aimons lire, voir ou entendre. Admettons par exemple que vous ne souteniez pas Donald Trump pendant la campagne présidentielle américaine. Avez-vous vu passer sur l'un de vos réseaux du contenu en sa faveur ? À l'inverse, avez-vous vu défiler pléthore d'articles le caractérisant comme un personnage raciste, misogyne, et tous les autres adjectifs que la presse a coutume de lui associer ? Si tel est le cas, c'est parce que vos réseaux sociaux savent qui vous êtes, et vous montrent en toute logique ce que vous êtes susceptible d'aimer. C'est tout à fait rationnel. Mais cela ne fera aussi que renforcer votre mépris envers l'actuel président des États-Unis, sans vous donner aucune chance de développer un esprit critique. Il est tout à fait appréciable de se faire recommander des films ou des livres qui sont censés nous plaire, et on se fiche bien de ne pas voir ceux pour lesquels nous n'éprouverions a priori aucun intérêt. La plateforme de vidéo à la demande Netflix a confirmé cette théorie il y a quelques années grâce à une subtile expérimentation. Parmi les 6 films recommandés en haut de la page d'accueil à chaque utilisateur en fonction de ses goûts, l'entreprise américaine a décidé d'insérer un programme de manière totalement aléatoire, sans rapport avec l'historique de visionnage. Le résultat a été sans appel : un taux de clics quasiment nul sur le film qui n'est pas passé par le puissant algorithme de personnalisation de la marque. Malheureusement, dans le cas des informations, la recommandation masque une partie de la réalité, qu'il serait pourtant bon de connaître. Chacun vit ainsi dans son petit monde d'actualités personnalisées en s'imaginant le plus souvent que tout le monde voit plus ou moins la même chose. Les experts ont depuis longtemps alerté sur le danger des algorithmes de recommandation liés aux informations. En 2001, Cass R. Sunstein expliquait ainsi dans son livre *Republic.com* le risque auquel la démocratie allait devoir faire face du fait que « des centaines de millions de personnes ne font qu'écouter un écho de plus en plus fort de leur propre voix ».

Les lois biologiques de notre cerveau

Comme tout autre animal, l'objectif premier de l'humain est d'assurer sa survie. Le cerveau a donc développé des capacités spéciales pour repérer et analyser le danger, ce qui le rend naturellement plus réceptif aux informations négatives qu'aux informations positives. Les médias et autres producteurs de contenu le savent bien et en usent sans modération. Il existe même une loi, la loi de proximité, enseignée dans toutes les écoles de journalisme, qui explique en quoi certains types d'informations vont plus ou moins toucher le lecteur, en fonction de leur proximité avec ce dernier. La « proximité » peut être aussi bien géographique, temporelle, affective ou sociétale. Si vous êtes Français, vous serez ainsi plus attentif à l'attentat qui fait cinq morts en

Allemagne qu'à celui qui en fait cent cinquante au Kenya. La proximité est ici géographique et sociétale. L'Allemagne est proche de la France, et nos modes de vie sont relativement similaires. « Cela aurait pu être ici », vous dites-vous donc. Principe de survie. De ces phénomènes biologiques découle une avalanche perpétuelle d'informations à vous faire entrer en dépression. Guerres, terrorisme, violences, catastrophes naturelles, races, religion… Tout y passe. Il me suffit d'allumer la télé ou d'ouvrir ma page Facebook pour vous donner un exemple. Tout étant maintenant filmé par des amateurs, des images violentes accompagnent souvent les faits, stimulant d'autant plus notre peur, et donc notre principe de survie.

En bref, dans un univers grandissant d'informations, il faut capter l'attention avec des titres choc, sans réelle vérification des sources, et sur des sujets majoritairement négatifs. La combinaison de ces phénomènes a comme conséquence principale la stigmatisation des différences, la création de « camps idéologiques » et la surmédiatisation de faits violents ou de faits divers qui capitalisent l'attention des internautes. De quoi laisser penser que tout va mal et que le monde est en train de devenir fou.

Je n'ai pas voulu y croire. J'ai l'intuition qu'au-delà du spectaculaire et du médiatique, le monde ne va pas si mal. Et si notre attention n'était simplement pas portée sur les bonnes choses ? Ryszard Kapuscinski, grand reporter et écrivain polonais qui a couvert nombre de révolutions aux quatre coins du monde, exprime avec réalisme le risque de la tentation du spectaculaire dans *Mes voyages avec Hérodote* (Pocket, 2010) :

> *Il a fallu que je vienne à Alger pour comprendre que, après plusieurs années d'expérience journalistique, je faisais fausse route. En cherchant à tout prix des images spectaculaires, en m'imaginant que, à elles seules, elles permettent de faire l'économie d'une analyse profonde, je m'égarais. Interpréter le monde au travers de ce qu'il veut bien nous montrer à ses heures de*

convulsions spasmodiques, tandis qu'il est ébranlé par les coups et les explosions, qu'il est en proie à des flammes et de la fumée, de la poussière et de l'odeur de brûlé, qu'il s'effondre et que, dans ses ruines, les survivants en larmes se penchent sur les dépouilles de leurs proches, en procédant de la sorte, était une grave erreur.

Quand tout paraît compliqué, qu'on ne sait plus bien distinguer le vrai du faux, je pense qu'il faut revenir à des choses simples, essentielles. C'est le cœur de la démarche de mon projet *20 Questions to the World.* Comment mieux comprendre le monde ? En comprenant les humains. Comment comprendre les humains ? En allant leur poser des questions.

POSER DES QUESTIONS

Les médias parlent « des migrants », « des ouvriers », « des grands patrons », « des sans-abri », « des écolos », « des politiques »… souvent en les opposant les uns aux autres. Je n'ai jamais réussi à accepter une telle catégorisation et une telle opposition. Ma curiosité et ma passion pour les autres m'ont amené bien avant *20 Questions to the World* à rencontrer et échanger avec des personnes de tous les horizons, et la grande majorité du temps, j'ai passé un excellent moment ! Surtout, je ne voyais pas de si grande différence entre elles. Je ne crois pas aux grandes masses, et je voulais prouver qu'elles n'existaient pas, ou en tout cas moins qu'on ne le croit, en allant les décortiquer à leur base, c'est-à-dire à l'échelle de l'individu.

L'universel est-il le moyen de faire foi ? Peut-on déduire le général du particulier ? Ces questions, tantôt philosophiques, tantôt politiques, n'ont pas vocation à être traitées ici. Si ma démarche se veut réfléchie, je tiens néanmoins à lui faire garder sa part de simplicité et d'intuitif que j'aime tant.

Pourquoi poser des questions ?

Mon envie de poser des questions vient surtout du fait que je m'en pose personnellement beaucoup. Qui croire quand on entend de part et d'autre de l'échiquier politique que le capitalisme est ou n'est pas bénéfique pour l'humanité ? D'ailleurs, et surtout, qui peut prétendre avoir la bonne réponse à une question si compliquée ? J'ai lu des théories tout aussi passionnantes dans la biographie de Marx[2] que dans le livre libéral *Why Nations Fail: The Origins of Power, Prosperity, and Poverty* de Daron Acemoglu et James A. Robinson. On nous dit que la technologie change le monde. Est-ce perçu par tout le monde ? Au-delà de la généralité, comment chacun le ressent-il dans son quotidien ? Surtout, qu'est-ce qui différencie un capitaliste d'un communiste, un partisan du transhumanisme d'un réfractaire à la technologie, un catholique d'un musulman ? Qui sont vraiment ces personnages ? On catégorise facilement les autres pour leur orientation politique, leur religion, voire leur couleur de peau. Est-ce là l'essentiel ? Je ne suis pas un grand partisan de Trump, cela veut-il dire que je dois me couper des 63 millions d'Américains qui ont voté pour lui ? Ou bien sont-ils des gens avec qui je partage en réalité bien plus que je ne le pense ? Pire, dois-je faire la grossière erreur de tous les mettre dans le même sac des « pro-Trump » ?

La seule manière de comprendre tout cela était d'aller poser directement des questions aux intéressés. Pas des questions politiques ou idéologiques, mais des questions plus essentielles, existentielles. L'être humain est la strate la plus fine pour comprendre le monde, en tant qu'individu comme en tant que groupe. À titre tout à fait personnel, je me nourris en permanence de l'énergie et des avis des autres. Les interactions sociales sont ma plus grande source d'inspiration et d'enrichissement personnel. J'essaye, car ce n'est pas toujours une démarche innée, de me rappeler au quotidien ces quelques mots de Pierre Claverie, évêque d'Oran, assassiné en 1996 par des islamistes radicaux : « Le vrai dialogue n'est possible que si j'accepte préalablement l'idée que l'autre est peut-être porteur

2. Jacques Attali, *Karl Marx ou l'Esprit du monde*, Fayard, 2005.

d'une vérité qui me manque. » Quelle formidable maxime. Avoir l'humilité, quelle que soit la personne en face de soi, d'accepter qu'elle puisse nous apprendre quelque chose. En d'autres termes, accepter qu'on ne sache pas tout. De manière générale, j'aime quand quelqu'un réfute l'une de mes opinions, car c'est une occasion de la mesurer. J'aime aussi quand quelqu'un a une opinion extrême, car c'est une occasion de la comprendre, de connaître son origine. J'aime enfin quand quelqu'un a une opinion que je n'avais jamais entendue, car c'est à chaque fois une occasion de me rappeler qu'il faut être modeste. Une illustration que j'ai trouvée récemment sur Facebook résume parfaitement cette idée, avec une subtile pointe d'ironie.

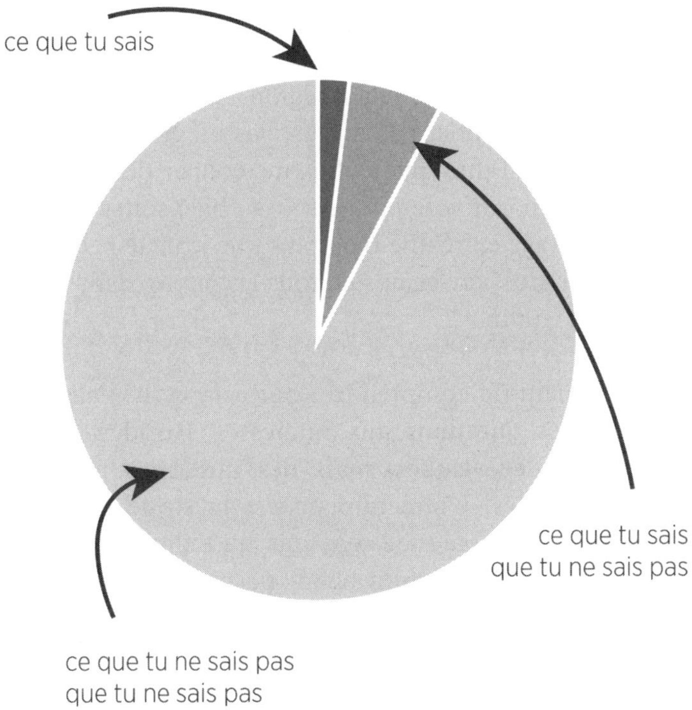

Il y a tant de choses que nous sommes conscients d'ignorer, ce qui n'aide parfois pas à réaliser qu'il y a un nombre encore bien plus grand de choses que nous ignorons ne pas savoir. J'en fais les frais chaque jour. Plus je tente de répondre à des questions, plus des nouvelles me tombent dessus. J'ai eu le même sentiment pendant le voyage. Plus je découvrais le monde, plus je me rendais compte que je n'en voyais qu'une infime partie. Combien de fois j'ai été frustré de ne pas pouvoir me rendre dans telle ville, tel village ou tel site naturel faute de temps. J'affectionne également particulièrement la courbe ci-dessous qui illustre l'effet Dunning-Kruger, ou effet de surconfiance.

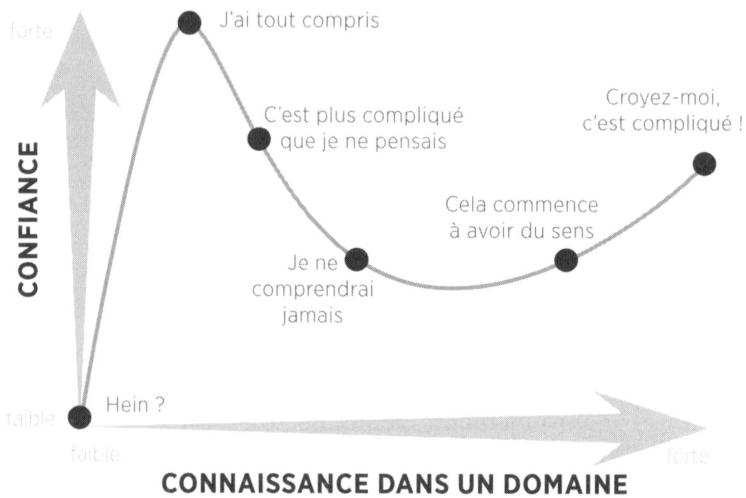

Le risque de l'actuelle dictature du temps court sur les réseaux sociaux et de l'accaparement par tous les moyens du temps de cerveau disponible des internautes est que de plus en plus de monde s'arrête à la deuxième étape de la courbe, ne sachant pas qu'ils sont au tout début d'une phase d'exploration.

« Je sais que je ne sais rien », disait à cet égard Socrate. Poser des questions et reconnaître son ignorance est la meilleure attitude à adopter dans la quête du savoir. Nos croyances, nos convictions et notre environnement social ont une influence considérable sur notre vision du monde. Plus on est sûr de savoir quelque chose, moins on est ouvert. En ce sens, toute certitude renforce notre ignorance et ferme notre accès au savoir. J'ai relevé un jour cette métaphore formidable de Vincent Citot, docteur en philosophie et directeur de la revue *Le Philosophoire*, dans le numéro paru en 2009 sur le thème de l'universel :

> *Mue par une certaine idée de la clarté, la pensée a une tendance remarquable à prendre position pour, ou contre, et à se fixer en un lieu déterminé qu'elle tâchera de protéger de toutes les formes d'adversité. Ce qu'elle appelle une thèse ou une doctrine ressemble ainsi à un camp retranché, où elle pourra édifier une forteresse, tenir un siège, canonner les doctrines concurrentes. C'est un grand confort d'être ainsi établi quelque part. Cela donne un point de vue sur le monde et permet, du haut d'un donjon intérieur, de contempler l'horizon déployé par nos idées. Les plus ambitieux nourrissent alors quelque projet de conquérir le monde, armés de ces idées, c'est-à-dire de leur soumettre le réel.*

On parle souvent de « zones de confort » physiques, qui définissent cet environnement, personnel ou professionnel, que nous avons peur de quitter. Vincent Citot, par sa métaphore guerrière, nous rappelle que nous avons aussi des zones de confort psychologiques, qu'il serait sûrement bon d'abandonner de temps à autre, c'est-à-dire accepter de descendre de son « donjon intérieur ».

Comment poser des questions ?

Au départ, il n'y avait pas à proprement parler 20 questions, mais plutôt une liste de sujets que je souhaitais aborder : le futur, l'éducation, le bonheur, la religion, la culture, les rêves, les peurs, les besoins, etc. Autant de thèmes fondamentaux, jamais simples à cerner, et qui font couler beaucoup d'encre. Pour chacun d'entre eux, j'ai cherché une question très ouverte, universelle (que tout le monde peut comprendre) et qui permettrait d'aborder la thématique avec autant de largesse que possible.

L'exercice n'est pas simple. Comment poser une question qui n'induit pas une réponse « préfabriquée » et conditionnée ? Nous sommes assaillis de contenus, d'idées reçues et d'opinions à longueur de journée. Comment ne pas tomber dans un jeu de questions-réponses formaté par cet environnement médiatique ? Je recherchais l'authenticité, et si possible de l'objectivité, gage d'une compréhension saine du monde.

Par exemple, pour aborder la vision du monde de mon interlocuteur, je ne lui demande pas *Que pensez-vous de l'état actuel du monde ?* mais *Si vous deviez décrire notre planète à un extraterrestre, que diriez-vous ?*. Face à cette question, l'une de mes favorites, la première réaction de mes interlocuteurs est souvent d'esquisser un sourire amusé en levant les yeux au ciel, comme lorsqu'on réfléchit avec une curiosité enthousiaste. C'est alors gagné : j'ai réussi à stimuler leur imagination plutôt que leur mémoire courte, souvent conditionnée par la dernière information lue ou entendue. C'est ainsi qu'ont été construites la majorité de mes questions, auxquelles ont été ajoutées quelques « basiques » comme *Quel est votre rêve ?* ou *De quoi avez-vous besoin ?*.

Outre l'importance d'avoir des questions simples et ouvertes, il est aussi primordial que la personne interrogée se sente libre de dire ce qu'elle pense. C'est pourquoi j'ai choisi de toujours commencer par deux questions qui ne sont pas fondamentales, mais qui mettent mon interlocuteur à l'aise dans l'exercice de l'interview : *Que vouliez-vous faire quand vous étiez enfant ?* et *Avec qui aimeriez-vous boire un café ?*. Qu'elles soient posées à Éric Dupont-Moretti ou à un paysan birman, elles rassurent et, je l'espère, aident la personne en face de moi à se sentir dans des conditions propres à la franchise et à l'authenticité.

Enfin, je n'ai jamais accepté de donner le questionnaire en avance. Je ne voulais pas que mon futur interlocuteur ait le temps de trop réfléchir pour donner « la bonne réponse ». Je cherche la spontanéité, la première réponse qui leur vient à l'esprit.

C'est ainsi que je suis finalement arrivé à vingt questions. En cours de route, pris d'euphorie par l'exercice, j'avoue être passé à vingt-quatre : ce sont celles que vous avez pu découvrir pages 12-13. Mais il était trop tard pour changer de nom, et puis *24 Questions to the World* sonnait moins bien !

Ma démarche est volontairement naïve. Chaque interview est une surprise, une nouvelle source de savoir et de découverte. En rencontrant dans chaque pays des personnes aux profils très différents, l'objectif est de donner un accès libre et aussi objectif que possible à un très large panel d'opinions. C'est une invitation à s'intéresser au monde par le prisme le plus basique qu'est l'humain. C'est une invitation à écouter les opinions des autres dans une démarche de compréhension et d'apprentissage. C'est enfin une invitation à considérer les différences comme une source enthousiaste de curiosité plutôt que comme une source stérile de peur.

Les milliers d'opinions recueillies permettent de mieux comprendre ce qui nous lie ou nous différencie, et de nous rapprocher d'un sentiment de communauté globale, passage essentiel à la résolution de grands enjeux auxquels nous faisons face.

PRENDRE LA ROUTE

J'ai souhaité que le voyage soit au cœur du projet *20 Questions to the World*. Cela peut paraître évident après tout ce que je viens de dire, mais je tiens à insister sur ce point. J'avais cette profonde envie de prendre la route, sans savoir où elle menait. « L'homme ne peut découvrir de nouveaux océans tant qu'il n'a pas le courage de perdre de vue le rivage », a écrit André Gide dans *Les Faux-Monnayeurs* (1925). Parfait résumé de mon état d'esprit de l'époque (et encore d'aujourd'hui !). Mon environnement social, géographique et médiatique devenait trop exigu, j'avais besoin d'inconnu, de contact humain, de « vrai ».

> *Hérodote ne passait pas son temps assis au milieu d'archives, ni n'écrivait une œuvre académique comme l'ont pratiqué par la suite des savants pendant des siècles. Hérodote, lui, voulait s'informer, savoir et décrire comment naît l'histoire quotidienne, comment les hommes créent, comment expliquer que sa direction est souvent contraire à ses aspirations et à ses attentes. Est-ce que les dieux en ont décidé ainsi ? Ou alors est-ce parce que l'homme est incapable de modeler son destin avec sagesse et raison à cause de ses vices et de ses limites ?*

Je cite à nouveau le précieux ouvrage *Mes voyages avec Hérodote* de Ryszard Kapuscinski où l'auteur marche dans les traces de l'historien grec qu'il considère comme le dieu des reporters et des envoyés spéciaux. Le « père de l'histoire », comme disait Cicéron, car le premier, au ve siècle av. J.-C., à parcourir le monde antique avec pour seul désir celui de le connaître, le comprendre et le raconter. C'est avec la même excitation et le même optimisme que j'ai décidé de suivre son exemple.

Les premiers pas

Je n'avais jamais tenu une caméra dans mes mains avant de me lancer dans *20 Questions to the World*, mais ce genre de barrière technique ne me faisait pas peur. Nous étions en 2016, et vu le nombre de blogueurs, vloggeurs et autres instagrameurs qui se lançaient chaque jour, je me disais que cela ne devait pas être bien compliqué. J'ai donc commencé par interroger mes amis et ma famille avec un simple smartphone. Quand j'ai senti que le concept avait du potentiel, je me suis acheté du matériel digne de ce nom. Mon objectif était ensuite de pouvoir très rapidement soumettre des vidéos à la critique.

C'est en testant que l'on se rend compte de ce qui marche, ou pas. Après une dizaine d'interviews seulement, j'ai vite compris qu'une question comme *Si vous pouviez choisir un billet pour aller n'importe où, où iriez-vous ?* n'avait pas vraiment d'intérêt. En revanche, c'est en constatant sur ce même panel de « cobayes » le fort taux de réponses similaires à certaines questions que j'ai compris que l'analyse statistique des réponses serait un élément clé pour la suite.

Après quelques mois d'expérimentations et de réflexions en marge de mon travail de l'époque, j'ai décidé en juillet 2016 de me consacrer à plein temps à cette aventure. Je sentais que le moment était venu. Aller faire des interviews à l'étranger a alors été mon premier réflexe, pour me confronter à la réalité d'autres territoires. Madrid, Londres et Istanbul furent les premières destinations retenues, grâce à de bonnes connexions personnelles sur place. À partir de septembre et à intervalles réguliers, j'ai donc passé une semaine dans chacune de ces villes. Ce fut l'opportunité de tester la méthode que nous utilisons encore aujourd'hui pour faire des rencontres.

Les six degrés de séparation

Avez-vous entendu parler de la théorie des « six degrés de séparation » ? Selon une étude réalisée en 1929 par le Hongrois Frigyes Karinthy, nous sommes reliés à n'importe quel autre habitant de cette planète par une chaîne de relations individuelles comprenant au plus six maillons. Une nouvelle étude de 2016 fait descendre le chiffre à 3,6. Certaines innovations récentes ne doivent pas être étrangères à ce phénomène de « rétrécissement du monde ». En creusant bien, vous n'êtes donc pas si loin de pouvoir prendre un café avec Barack Obama ou Nathalie Portman, selon ce que vous préférez. Si nous n'avons malheureusement pas encore posé nos 20 questions à ces deux personnalités (n'hésitez pas à nous dire si vous les connaissez), j'ai en tout cas vite compris que je n'aurais aucun mal à faire des rencontres riches et variées, voire inattendues.

Voici comment j'ai procédé : une quinzaine de jours avant d'arriver dans un pays, je mettais sur mes réseaux sociaux personnels ainsi que sur ceux de l'association un message du type : « Bonjour Facebook, je pars faire des interviews en Espagne bientôt, qui connaît du monde là-bas ? Taguez-les en commentaire ! » Des dizaines de personnes étaient alors identifiées, avec quelques variations de nombre en fonction des pays. L'étape suivante consistait à écrire à tous ces « nouveaux amis », ainsi qu'à mes connaissances personnelles locales. Mes messages ressemblaient à cela :

> *Hola Belen, como estas ? Je t'écris car je me suis lancé dans un projet un peu fou et je cherche à interviewer à Madrid des personnes aux profils très différents : des entrepreneurs, des ouvriers, des politiques, des paysans, des étudiants, des retraités, des artistes… Une sorte de panel représentatif ! L'idée est de leur poser à tous les mêmes 20 questions très ouvertes pour essayer de mieux comprendre le monde. Si tu penses à des gens que je pourrais rencontrer en Espagne, fais-moi signe et je t'en dirai plus avec plaisir. À bientôt !*

Pour l'anecdote, c'est par exemple grâce à Belen que j'ai interviewé un député espagnol, fils d'un ancien ministre. Ce dernier devait donc probablement connaître le roi d'Espagne, qui lui-même doit connaître Barack Obama. Vous voyez, la théorie des six degrés de séparation se confirme ! J'ai réussi à Madrid à rencontrer des personnes aux profils assez diversifiés : acteurs, journalistes, étudiants, entrepreneurs, retraités… Sans que cela soit parfait, je commençais à entrevoir une richesse dont je prenais la mesure rencontre après rencontre.

Traverser la Manche m'a offert un autre scénario. Mes trois premières interviews à Londres étaient avec deux jeunes Sud-Africains et un avocat écossais. Bienvenue dans une ville monde ! Cela ne me déplaisait pas mais j'étais venu en priorité interviewer des Anglais et à mon goût je n'en avais pas assez vu. Avec une petite dose de courage, je me suis donc aventuré au

« démarchage direct ». Cela consiste à arrêter quelqu'un dans la rue et lui dire : « Hey, j'ai 20 questions à vous poser en vidéo, ça vous dit ? » Cela peut paraître simple comme ça, mais croyez-moi, il faut se lever du bon pied. Ce fut dans une église protestante du quartier de Shoreditch que je fis ma première (é)preuve d'opportunisme, avec le vicaire du lieu. Il accepta promptement de répondre à mes 20 questions et j'installai sans plus attendre le matériel. Encore à ce jour, cette interview figure parmi les plus inattendues (en page 106 de ce livre). Cet homme, personnalité publique anglaise avec une vie riche en rebondissements, a même inspiré une série récompensée sur la BBC. Je ne l'ai découvert que quelques jours après. Disons que j'ai eu la main heureuse !

Istanbul se révéla une expérience encore différente. Premier pays dont je ne parlais pas la langue, j'y allais sur l'invitation d'une amie qui, emballée par mon projet, s'était portée volontaire pour être ma guide et interprète toute la semaine. Elle avait préparé diverses rencontres avec des personnes aux profils très variés, du gardien d'école au riche businessman en passant par un jeune imam, prenant très à cœur son rôle et me permettant de conduire des entretiens 100 % en turc. Cette aide ponctuelle me permit de m'interroger sur la prochaine étape : comment allais-je réussir, au cours du grand voyage, à faire des interviews dans des langues dont je ne comprenais pas un mot ? Car cela s'imposait dans mon objectif de représentativité.

Les derniers ajustements

On m'a souvent demandé comment je contournais la barrière de la langue. La plupart du temps, je trouvais des interprètes bénévoles, rencontrés sur place, qui étaient excités par le projet et qui m'accompagnaient volontiers quand cela était nécessaire. Cela ne m'a pas empêché d'imaginer d'autres méthodes plus créatives, au cas où il fallut réaliser des entretiens sans aide externe. En Russie par exemple, premier pays où je ne parlais pas la langue locale après l'Amérique latine et les États-Unis, j'avais préparé un document expliquant en russe le concept de

20 Questions to the World. Il était demandé au lecteur, en bas de ce papier, s'il acceptait de se prêter au jeu de l'interview. Je m'en servis beaucoup dans la région du lac Baïkal. En cas de réponse affirmative, j'avais un jeu de 24 cartes avec une question différente écrite sur chacune d'entre elles. La personne n'avait ainsi plus qu'à s'asseoir, faire défiler les cartes les unes après les autres et répondre aux questions. Dans ces cas-là, je n'avais aucune idée de ce que mon interlocuteur racontait ! J'en découvrais le sens, souvent avec surprise, uniquement le jour où je recevais la traduction de l'agence Glim, qui a généreusement décidé de nous aider sur ce plan. Car vous l'avez compris, le plus compliqué n'est pas de faire des interviews en langue étrangère, mais bien de les traduire ensuite. Il est en effet nécessaire de s'assurer que la traduction respecte parfaitement ce qui est dit, et nous devons par ailleurs potentiellement pouvoir l'utiliser pour du sous-titrage vidéo, ce qui implique un codage temporel précis.

Une des découvertes de *20 Questions to the World* que ce livre retrace aussi, c'est l'importance de toutes ces personnes qui se sont portées volontaires pour aider le projet à grandir. Interprètes, traducteurs, « fixeurs »… que ce soit pour nous faire rencontrer leur voisin ou voyager plusieurs jours avec nous, le projet n'en serait pas là sans la gentillesse, la bienveillance et la générosité humaine. Un grand merci donc à toutes ces personnes dont la liste est bien trop longue pour être retranscrite ici.

Il est temps à présent de revenir sur ce voyage qui, plus que la réalisation de mon projet, a été avant tout une grande aventure humaine. Toutes les personnes que j'ai rencontrées, du paysan au politique, m'ont parlé de leur culture, de la situation de leur pays, de ce qui les anime ou de ce qui alimente leurs craintes. Les discussions hors caméra étaient également extrêmement riches, tantôt autour d'un verre, tantôt à la table de nos hôtes, ou encore au gré d'une balade. Mes interviews m'ont emmené aussi bien dans le désert mongol que dans la propriété d'un ancien président bolivien ; aussi bien dans un bidonville éthiopien que dans le bureau d'Éric Dupond-Moretti. J'ai exploré chaque pays dans son intimité sociale et géographique, les habitants m'ouvrant tout autant leur cœur que la porte de leur cuisine. Tout cela a nourri chez moi une vision forcément particulière de ces pays, en aucun cas objective, mais qui j'espère vaut la peine d'être racontée. Je vous emmène pendant quelques pages dans mes bagages…

PARTIE 2

LE GRAND VOYAGE

C'est le 21 janvier 2017 que j'ai embarqué à destination de Buenos Aires : le grand départ pour un an de voyage et d'interviews. Une sorte de saut dans le vide. L'émotion en ce jour précis était intense, mêlée de plusieurs types de sentiments. Il y avait la peur de l'inconnu bien sûr, mais cette dernière a toujours été positive chez moi. Il y avait surtout un premier sentiment d'accomplissement. Sur la base d'une volonté de mieux comprendre le monde neuf mois plus tôt, je me trouvais à présent à Roissy-Charles-de-Gaulle avec un aller simple pour le continent sud-américain, un tour de table de partenaires qui avaient cru en moi et une folle envie d'en découdre.

Le chemin jusque-là n'a pourtant pas toujours été facile. Quand j'ai lancé officiellement *20 Questions to the World* en septembre 2016, je savais pertinemment que j'entamais une aventure qui dépasserait largement une année de voyage à travers le monde. C'était comme créer une entreprise pour moi. Et très vite, j'ai senti que j'avais trouvé ma voie. Ce sont mes meilleurs amis les premiers qui me l'ont fait remarquer en me disant combien j'avais l'air épanoui depuis que je travaillais sur ce projet. J'ai été moi-même surpris de l'impact psychologique de ce changement de situation. D'un coup, je me sentais parfaitement à ma place, je voyais la vie en rose et tout ce qui m'arrivait semblait être une bénédiction.

Mais une ou deux personnes qui ne croient pas en vous suffisent parfois à vous faire douter. Ce fut le cas de mon père, notamment, qui ne comprenait pas du tout ce virage professionnel et qui voyait partir en fumée la belle carrière qui m'était promise. D'autres amis me disaient en riant : « T'as réussi à te faire payer tes vacances, t'es bon ! » Je peux comprendre que quelques connaissances lointaines s'imaginaient que je faisais un *break* professionnel. J'étais cependant frustré de ne pas réussir à convaincre certains proches que *20 Questions to the World* n'était pas un concept pour financer une année sabbatique, mais bien un projet de vie qui ne faisait que commencer. C'est sûrement la raison pour laquelle je n'ai pu retenir mes larmes au décollage : pour moi commençait une nouvelle vie.

L'ARGENTINE : VINGT ANS DE CRISE ÉCONOMIQUE

Première pour moi, j'avais réservé des *couchsurfing* pour ma semaine à Buenos Aires. Cette plateforme en ligne référence des personnes qui acceptent de vous accueillir gratuitement chez elles, par pure générosité humaine. Je me disais qu'avec une telle ouverture, elles accepteraient forcément de répondre à vingt petites questions… Puis j'imaginais qu'elles pourraient ensuite me présenter à d'autres personnes, ce qui a bien été le cas. Une avidité de rencontres qui tendait le fil rouge de mon expédition.

Ceux qui ont déjà visité l'Argentine le savent, c'est un pays gigantesque aux multiples cultures. Il y a notamment eu une immigration italienne massive entre les années 1860 et 1940 qui a largement marqué le pays. 45 % de tous les immigrants étaient alors italiens, ce qui en fait la première communauté étrangère, loin devant les Espagnols. La plupart d'entre eux étaient pauvres et travaillaient dur dans les fermes pour ensuite faire venir leur famille. Et que dire de leur influence sur la gastronomie ? Les pizzas napolitaines et les escalopes milanaises sont partout, entre deux restaurants d'empanadas. On dit aujourd'hui que près d'un Argentin sur deux a du sang italien. C'est peut-être l'une des raisons pour lesquelles je n'ai pas été très dépaysé en arrivant dans la capitale.

J'ai choisi de m'arrêter à Buenos Aires, Córdoba, Mendoza, Salta et Tilcara. Aux oubliettes donc les rêves de Patagonie et de cap Horn, mais il faut bien en garder sous le pied pour d'autres périples. S'ajoutent à ces territoires majoritairement urbains des excursions dans les campagnes environnantes pour aller à la rencontre de paysans, notamment des viticulteurs autour de Mendoza. Qui a dit qu'il était interdit de lier *20 Questions to the World* et ma passion pour le vin ?

Une crise qui marque toujours les esprits

J'ai découvert en Argentine un pays rongé par la corruption, les déboires politiques et les incertitudes économiques, qui ne s'est jamais vraiment remis de la grande dépression de 1998. Comment ne pas le souligner tant cela se ressentait dans les réponses de chacun ? Plus qu'ailleurs, on m'a dit avoir peur de la violence et être inquiet pour le futur de ses enfants. L'augmentation de la pauvreté et la dégradation des conditions de vie depuis deux décennies se sont sans surprise accompagnées d'une recrudescence d'attaques et de cambriolages. Toutes les ouvertures des habitations sont aujourd'hui équipées de barreaux. « Non seulement les gens rentrent chez vous pour vous voler, mais ils n'ont pas peur de tuer. Je ne comprends pas cette violence inutile, m'a expliqué Eduardo, paysan de la campagne de Mendoza. Il y a quinze ans, il n'y avait aucun barreau aux fenêtres. » Les impacts de la crise économique sur la vie réelle et les mentalités sont ici bien visibles. Ce même Eduardo était quasiment nostalgique de la dictature militaire, pourtant autoritaire et sanglante. Il faut dire que même la police fait peur. Ludmila, jeune photographe branchée de Córdoba, m'a confessé changer de trottoir quand elle croisait un représentant des forces de l'ordre. « Je n'ai pas confiance en eux, ils ne sont pas honnêtes. Ils peuvent te demander un billet et si tu refuses, ils trouvent des fausses accusations. Le problème, c'est qu'avec le fort taux de chômage et l'insécurité, il n'est pas très compliqué d'entrer dans la police. Six mois de formation suffisent pour avoir un uniforme et un pistolet. Certains se croient alors tout permis. »

Deux conseils capitaux

J'ai vite compris en Argentine que je ne serai pas souvent seul pendant ce voyage. À Buenos Aires, je dînais la plupart du temps avec des amis et autres amis d'amis vivant sur place. À Córdoba, j'ai passé la semaine chez des couchsurfeurs que j'avais moi-même déjà hébergés à Paris et qui étaient depuis devenus des amis. À Mendoza, je suis resté une semaine dans une famille à laquelle j'avais été présenté par le cousin de mon cousin (que je ne connaissais pas lui-même !). Pour la dernière partie, j'ai finalement retrouvé une personne rencontrée à Buenos Aires qui était elle aussi en voyage prolongé dans la région. Pas un instant de solitude ! Il allait falloir trouver mon rythme car, même si j'adore rencontrer du monde, il est parfois bon de s'octroyer quelques moments d'introspection.

C'est lors de ces nombreuses nouvelles rencontres que j'ai reçu deux précieux conseils pour le voyageur en herbe que j'étais. Le premier vint d'un Français grand reporter que j'ai connu lors d'un dîner « français » à Buenos Aires. Il m'a vivement conseillé de prendre mon temps et de ne pas chercher à tout faire dans les pays que je visitais. « Si tu bouges tous les deux jours, tu vas t'épuiser. C'est en restant plusieurs jours dans un même lieu que tu feras les bonnes rencontres et que tu t'imprégneras de la culture locale. » Sage conseil, d'autant plus avec un projet comme le mien. Je l'ai soigneusement suivi, et je l'applique encore aujourd'hui pour des réflexions qui n'ont plus rien à voir avec le voyage. Dans toute chose, il faut accepter de prendre le temps et de laisser la place à l'imprévu.

Le second conseil m'a été donné le soir même de mon arrivée (comme quoi, il n'y a pas de hasard) par Agustin, le couchsurfeur qui m'hébergeait et qui préparait lui-même un voyage de six mois à vélo du Caire au Cap. C'est justement quand il m'a parlé de ce projet que je lui ai demandé s'il n'avait pas peur de se sentir seul, « car c'est quand même plus sympa de voyager à plusieurs ». Et je ne pus m'empêcher de lui citer bêtement la morale du film *Into the Wild* : « Le bonheur n'est vrai que lorsqu'il est partagé. » Je conviens que la remarque était étrange venant de quelqu'un qui se lançait à peine dans un voyage d'un an en solitaire, mais je n'avais pas vraiment conscience de ce que je faisais à ce moment-là. Agustin me répondit qu'il n'était pas du tout d'accord avec cette morale, ou du moins qu'il existait bien des moments de bonheur solitaire, partagés uniquement avec soi-même. « Ces moments n'appartiennent qu'à toi, tu les vis pleinement et entièrement, et cela t'aide à mieux te connaître et à te construire. » Cela a été le point de départ d'un autre voyage, intérieur celui-ci.

LA BOLIVIE : CAS D'ÉCOLE DE L'INGÉRENCE AMÉRICAINE

Je suis entré en Bolivie par la route, depuis le Nord de l'Argentine. Si une bonne partie de la population argentine est d'apparence plutôt européenne, la population bolivienne est très typée andine. Mon premier arrêt fut à Tarija, principale ville du Sud du pays où, grâce à un contact personnel, j'ai passé une semaine chez l'ex-femme de l'ancien président Jaime Paz Zamora (rappelez-vous, la théorie des 6 degrés de séparation…).

Une rencontre présidentielle

J'ai eu la chance de m'entretenir une journée entière avec l'ancien chef d'État (voir interview page 82), dans sa résidence champêtre. J'ai notamment pu y contempler un bout d'aile de l'avion qui s'est crashé quelques mois avant les élections présidentielles auxquelles il était candidat, alors qu'il était à bord, et dont il a été le seul survivant. Certains diront que cette prétendue intervention divine a largement participé à son élection.

Je tiens à préciser que j'accorde la même importance à chaque rencontre. J'ai sincèrement autant voire plus d'excitation à interviewer un paysan qu'un politicien. Mais certaines conversations me font toucher du doigt ce que je cherche à travers mon projet : être dans le « vrai », ou en tout cas éclaircir des zones d'ombre. On voit toujours les chefs d'État à travers les médias, le plus souvent dans des articles très critiques à leur égard, ou bien via des interventions parfaitement orchestrées. J'espérais que le fait de rencontrer une personne de ce niveau de responsabilité dans un cadre intime et décontracté permettrait de faire tomber les remparts de la représentation. Ce fut le cas. Que cela soit face ou hors caméra, j'ai toujours senti une profonde sincérité dans nos échanges. J'ai découvert en Jaime Paz Zamora un homme qui croyait profondément en l'être humain, en sa capacité à être bon et à vivre avec les autres en harmonie. Comme vous pourrez le lire plus loin, il parle beaucoup d'amour, d'espoir et de démocratie.

De mes cours de géopolitique, je me souvenais de la très forte influence des États-Unis sur le continent sud-américain. L'interventionnisme américain : une « destinée manifeste » théorisée dès 1823 avec la doctrine Monroe qui condamnait toute intervention européenne dans les affaires des Amériques au sens large. Une zone d'intervention privilégiée dont le statut n'a pas particulièrement changé aujourd'hui. L'histoire a pourtant montré que l'influence des États-Unis, sous couvert de bienveillance, n'a pas toujours été exercée au profit des pays du Sud. Des républiques bananières aux renversements politiques, la superpuissance américaine semble surtout avoir préservé au fil des décennies ses propres intérêts. Quand je lui ai demandé quelle était la réalité des choses, Jaime Paz Zamora m'a volontiers apporté quelques explications concrètes, pour ne pas dire croustillantes.

Lorsqu'il est arrivé au pouvoir en 1989, les États-Unis lui ont fortement recommandé quelques personnes à intégrer dans son gouvernement, en laissant entendre que d'importants accords commerciaux étaient à la clé ou à l'inverse pourraient être brisés s'il refusait. Pis encore, le pays aux cinquante et un États, alors en guerre ouverte contre le trafic de cocaïne, aurait délibérément empêché la réélection de Paz Zamora. La Bolivie ayant toujours été un gros producteur de coca, en raison de l'importante consommation locale, Jaime Paz Zamora s'est battu pour faire reconnaître les bienfaits de la coca non transformée et a donc refusé de brûler la quasi-totalité des champs du pays comme les États-Unis le lui demandaient. En plus d'être consommée localement, la production de coca fait vivre un grand nombre de petits paysans boliviens pour lesquels les États-Unis ne proposaient aucun plan de substitution. Cette résistance, en apparence pourtant légitime, n'a pas plu à la première puissance économique mondiale qui a laissé courir le bruit que Jaime Paz Zamora était associé aux narcotrafiquants. Ces accusations ont grandement participé à faire baisser sa cote de popularité nationale peu avant les élections. Le tour était joué. Entendre ces histoires me donnait des frissons d'excitation.

La beauté des Andes

Je tiens également à mettre en avant toute la beauté de la Bolivie. Le salar de Uyuni et l'île du Soleil sur le lac Titicaca sont deux endroits mythiques et mystiques. Toute la puissance de la nature s'y exprime, vous laissant bouche bée et songeur. La population bolivienne ne vous laisse pas non plus indifférent. C'est un peuple fier et digne, pauvre mais pas miséreux. Ils vous accueillent toujours chaleureusement à condition qu'ils sentent chez vous l'envie sincère de découvrir leur culture et leur manière de vivre. En d'autres termes si vous les respectez.

J'ai fait les frais de cette très grande fierté sur l'île du Soleil. La communauté aymara qui y vit, un peuple indigène qui défend corps et âme sa culture et ses rites ancestraux, n'a pas toujours été réceptive à mon concept. Sans tomber dans le cliché, ils voient dans l'afflux de touristes un risque de perversion et d'homogénéisation culturelle dont ils se passeraient bien. Quand je leur expliquais ma démarche, les vieux messieurs assis sur les bancs aux visages marqués par le labeur et le soleil me répondaient souvent sans sourciller : « *Mmmm, no gracias.* » Même ma guide, pourtant bolivienne, sachant leur méfiance, n'osait pas vraiment leur demander. Heureusement certains se sont montrés plus ouverts, comme Roberto dont vous retrouverez l'interview en page 161. À la question *Si vous deviez décrire notre planète à un extraterrestre, que diriez-vous ?*, il a eu cette réponse géniale : « Si c'est un extraterrestre qui vient avec un grand progrès scientifique et technologique, je lui dirais de repartir. »

L'île du Soleil fut pour moi l'occasion de me confronter aux premiers refus, et d'y associer certains questionnements : si je n'ai pas certains types de personnes, est-ce que mon projet sera quand même complet ? Ne sont-ce justement pas les personnes qui ne veulent pas répondre à mon questionnaire qui sont les plus intéressantes ? Mais je les ai vite balayés. Peu de gens ont finalement refusé l'exercice, et à moins d'interroger 7,5 milliards de personnes, ce projet ne sera jamais « parfait ». Ce qui est sûr, c'est que je mets tout ce que j'ai de passion, d'énergie et de sérieux pour qu'il soit au mieux.

LE BRÉSIL : CORRUPTION ET PATRONAGE DE BAS ÉTAGE

J'ai beaucoup lu qu'il était difficile de trouver des facteurs d'unité entre les pays d'Amérique latine. Leur similarité apparente n'est rien face aux différences culturelles profondes qui les caractérisent. Si le sujet vous intéresse, je vous recommande chaudement le livre *Amérique latine – Introduction à l'Extrême-Occident* d'Alain Rouquié, qui m'a accompagné pendant mes quelques mois sur le « continent des malentendus », comme l'auteur aime l'appeler. J'avais en effet coutume, avant et pendant mon séjour dans les différents pays que je visitais, de me documenter autant que possible afin de pouvoir confronter mes lectures avec mon ressenti sur place.

Une gangrène généralisée

Malgré les évidentes différences – religieuses, culturelles, économiques ou sociales –, j'ai cependant pu constater un point commun à tous les pays du continent que j'ai visités : l'omniprésence du débat politique, et de la corruption. Chaque parti accuse l'autre de populisme et de gestion douteuse, et il n'est pas un gouvernement qui n'ait été entaché de scandale de détournement de fonds depuis les trente dernières années. Un peu comme en France, me direz-vous ? Non, je vous assure, au Brésil, c'est un autre *level*. L'instabilité politique permanente anime avec ferveur le débat public. C'est simple : quasiment tous mes interlocuteurs m'ont parlé de politique. La réponse la plus caractéristique fut celle de Priscila (interview page 139), habitante d'une favela de Rio et femme de chambre dans un petit hôtel. À la question *Quelle innovation, réaliste ou non, faciliterait grandement votre quotidien ?*, elle a répliqué du tac au tac : « Une machine pour faire disparaître tous les politiciens au Brésil. Comme ça, ensuite, on pourrait tout recommencer de zéro. J'essaierais de choisir des personnes qui ont un cœur sincère, qui aiment s'occuper des autres. Pour moi, il n'y a pas de perspective sans changement. Les politiciens sont les seuls à avoir le pouvoir ici et ils ne se soucient pas de nous. Ils ne feront jamais rien pour moi. J'inventerais donc une machine et je les emporterais tous. Cela me faciliterait la vie si de bonnes personnes pouvaient prendre leur place. Des gens plus intelligents et disposés à éduquer les pauvres. Aujourd'hui, les politiciens ne veulent pas que les pauvres deviennent intelligents. Sinon, ils seraient jetés. » En temps normal, j'entends plutôt parler de téléportation ou de voiture volante en réponse à cette question.

Les scandales sont d'une telle ampleur au Brésil qu'ils font la une des journaux mondiaux. Qui n'a pas suivi l'affaire du coup d'État contre Dilma Rousseff pour cause de corruption massive, alors que les protagonistes de ce même coup d'État sont loin d'être tout blancs ? Ou les multiples rebondissements au sujet de la potentielle candidature de Lula aux dernières élections présidentielles depuis sa cellule de prison ? Au-delà du médiatique, j'ai essayé de comprendre la réalité des choses sur place. La presse vante par exemple souvent les mérites de Lula, le président des pauvres, ancien ouvrier métallurgique et syndicaliste, qui a sorti quarante millions de personnes de la pauvreté. Une information que semble confirmer le documentaire *Brésil – Le grand bond en arrière* diffusé sur Arte en 2016 que j'ai pu visionner juste avant d'arriver dans le pays. Pourtant, Francisco, l'un de mes interviewés, propriétaire de restaurants chic à Rio de Janeiro et São Paulo, a modéré ce bilan, m'expliquant que pendant l'ère Lula, il ne trouvait plus d'employés pour travailler dans ses restaurants. Ceux-ci étaient en effet mieux payés à ne rien faire – comprenez à recevoir les subventions de l'État, la fameuse *bolsa familia* – qu'à venir travailler. Dans ce cas, les subventions publiques, en apparence utiles pour réduire la pauvreté et développer le pays, ont eu l'effet inverse, encourageant une certaine forme d'oisiveté. Le même phénomène m'avait été maintes fois souligné en Argentine, où des gestionnaires de terres agricoles ne trouvaient pas de main-d'œuvre alors que le taux de chômage du pays dépassait les 10 %. « Le pire, m'avait dit Pablo, architecte argentin, c'est que les enfants voient leurs parents ne rien faire en recevant l'argent public, et ils cherchent donc à reproduire le même schéma. Ils n'ont plus du tout la notion de ce qu'est le travail. » Ce type de situation est parfois, je dis bien parfois, le fruit de politiques publiques populistes, où l'argent achète les votes, mais n'aide pas vraiment à développer le pays.

J'ai aussi eu la chance de pouvoir poser mes questions à un petit dealer dans une favela de Rio. Les favelas, ces amas désorganisés de petites maisons sur des versants de collines en plein cœur de la ville, sont toutes composées de la même façon : plus on monte dans les hauteurs, plus les trafiquants qui y résident sont importants, et plus c'est dangereux ! Mon interlocuteur vivait dans le bas de la favela, ce qui ne m'a pas empêché d'y aller accompagné (gage de sécurité) par un professeur de capoeira que j'ai aussi interviewé. En discutant avec eux, j'ai appris que l'État de Rio était totalement ruiné à la suite de l'organisation des Jeux olympiques et de la Coupe du monde de football. Cela faisait plusieurs mois que les policiers n'étaient pas payés, sans droit de grève – ceux qui ont essayé ont terminé en prison. La conséquence était logique et immédiate : montée en puissance de la corruption au sein de la police et recrudescence de violence dans les favelas où les gangs reprennent le pouvoir en achetant les policiers appauvris. Là encore, je constatais concrètement les conséquences d'une crise économique sur la vie réelle. Comme souvent, cela se traduisait par une augmentation de l'insécurité et de la violence. Voilà peut-être un autre point commun aux pays sud-américains que j'ai visités.

L'importance de la religion

En tant qu'amateur de marche et de grandes étendues, quand on m'a parlé de la « plus belle randonnée du Brésil » dans l'État de Bahia (et je vous promets que ce n'est pas un guide touristique qui m'a dit ça), je me suis dit que c'était un prétexte suffisant pour faire une escale entre Rio et le Nordeste. Après quelques jours à Salvador de Bahia, je me suis donc dirigé vers la petite ville de Lençóis située à six heures de là en bus et point de départ d'excursions de quatre à six jours dans la Vale do Pati. Non seulement j'y ai fait des interviews extraordinaires comme celle d'Humberto (page 177), notre guide, ancien chercheur de diamant dans la région, mais j'ai par ailleurs eu des discussions passionnantes avec les autres membres de notre groupe. Nous étions huit en tout, dont deux guides. Il y avait un avocat d'une quarantaine d'années, Francisco le patron de restaurants cité juste avant avec sa compagne de 30 ans sa cadette, et un autre couple de consultants informatiques d'une soixantaine d'années, tous brésiliens. C'est en discutant avec l'homme de ce dernier couple, dont j'avoue ne pas me souvenir du prénom, que j'en ai appris davantage sur le lien étroit entre religion et politique au Brésil. Tout en marchant au milieu de paysages grandioses, j'ai commencé par lui parler de ce que j'avais lu ou entendu sur la montée en puissance étonnante de la religion évangéliste ces dernières années, avec près de 29 % de la population qui se réclame de cette confession aujourd'hui au Brésil contre seulement 2 % en 1940, et des liens particulièrement mal dissimulés entre les dirigeants religieux et politiques. Il a acquiescé puis m'a décrit l'impressionnant réseau qu'avait réussi à déployer l'organisation évangéliste, raflant la mise à l'Église catholique dans bon nombre de régions et quartiers pauvres où cette dernière n'arrivait plus à assurer de permanences. Il me parla alors de sa propre expérience lors d'un précédent voyage en Amazonie : en arrivant dans un petit village perdu de quelques centaines de personnes où le pasteur catholique de la région ne venait célébrer la messe qu'une seule fois par mois, on lui expliqua que les évangélistes avaient construit depuis quelques années une église avec une célébration par semaine, et distribution de vivres au passage. De quoi convaincre les habitants, pauvres pour la plupart, de se convertir à ce nouveau courant en vogue. Les responsables religieux savaient également donner des consignes de vote très claires lors des élections, au nom de la Bible bien sûr.

La soif de bonheur malgré tout

EN IMAGES

Malgré les déboires économiques, sociaux et politiques, et malgré l'insécurité qui plane à chaque coin de rue, il y a une chose qui vous fera aimer le Brésil : la joie de vivre des habitants. Eux-mêmes en sont conscients puisqu'une majorité m'en a parlé quand je leur demandais *Quelle est la spécificité culturelle de votre pays qui vous rend le plus fier/fière ?*. « Ce qui me plaît, c'est que les gens sont gentils malgré tant de problèmes. Tout le monde est toujours souriant, ils veulent aider, vous obtenez toujours de l'aide quand vous en avez besoin », m'a répondu Priscila. « Beaucoup de gens n'ont pas d'argent, pas beaucoup de choses, mais si c'est l'anniversaire de quelqu'un, ils organisent une fête ! Ils dansent comme si la vie était belle, même s'ils doivent faire beaucoup de sacrifices », m'a aussi dit Lenice, enseignante retraitée à Salvador. J'ai entendu les mêmes arguments de Rio de Janeiro aux montagnes de la Chapada Diamantina en passant par les plages de Jericoacoara. Je serais tenté de faire une comparaison cynique avec la France, où la tendance est inversée – des Français jamais contents malgré une situation pas si mauvaise –, mais je ne tomberai pas dans la facilité !

Une chose est sûre, plus je découvrais la situation politique et sociale de certains pays, plus je validais la phrase de Sylvain Tesson entendue sur France Inter : « La France est un paradis peuplé de gens qui se croient en enfer. »

LES ÉTATS-UNIS : *THE AMERICAN DREAM*

J'ai ensuite passé un mois aux États-Unis, également réparti entre les villes de Dallas (Texas), La Nouvelle-Orléans (Louisiane), Detroit (Michigan) et New York (New York). Bien trop peu pour comprendre la complexité sociale et la diversité géographique de ce pays, mais suffisamment pour déceler quelques tendances fortes dans mes interviews : la croyance inébranlable des Américains dans le célèbre « rêve américain » et leur « destinée manifeste », un racisme encore bien réel, et, plus anecdotique, une organisation urbaine très normée.

La ville états-unienne

Je l'ai d'abord découvert avec étonnement à Dallas, puis la surprise est devenue normalité destination après destination. Le visage de la ville nord-américaine (hors mégalopoles comme New York, Chicago ou Los Angeles) est bien différent de celui qu'on peut voir en Europe. Le centre-ville où s'alignent les gratte-ciel n'est qu'une zone de travail, très active en journée mais relativement vide les week-ends. La grande majorité des habitants vit dans les *suburbs* (banlieues), zones résidentielles où chacun a une maison et un petit jardin. Ces quartiers sont souvent organisés par origines ethniques. Malgré des différences de richesses apparemment importantes et avérées d'une rue à l'autre, je n'ai pas trouvé cela saisissant à l'œil nu, et je continue de penser un peu naïvement que la qualité de vie y semble bien agréable. On est en tout cas loin des barres d'immeubles à la française. J'avais plutôt l'impression de me promener dans un décor résidentiel de série B américaine.

Ce modèle d'urbanisation crée des villes « horizontales », c'est-à-dire très étendues géographiquement, et met la voiture au cœur du système. Que ce soit pour aller au travail, au supermarché ou au restaurant, on allume le moteur. Les piétons sont donc rares en dehors des *downtown*. À tel point que, lorsque j'ai expliqué à la coiffeuse que j'ai interviewée à Fort Worth (Texas) que j'avais marché 45 minutes de la gare à son salon de coiffure, elle m'a pris pour un fou. Je dois reconnaître n'avoir croisé aucun autre piéton pendant cette balade, pour autant très agréable.

Les États-Unis sont aussi le premier pays « cher » de mon périple. Si le Brésil et l'Argentine ne sont pas donnés, la Bolivie et la Colombie, d'où j'arrivais, sont des pays où on se prend facilement pour Crésus. On dort pour 10 euros la nuit et on dîne au restaurant pour 5 (hors boissons…). Il m'a donc fallu trouver des moyens de ne pas casser ma tirelire au pays de Trump. À Dallas, c'est ma cousine franco-américaine qui m'a accueilli ; j'ai opté pour le *couchsurfing* à Detroit ; et j'ai quémandé à plusieurs amis new-yorkais une place sur un canapé pour éviter de payer 50 dollars par nuit dans l'auberge la moins chère de la ville. Il n'y a finalement qu'à La Nouvelle-Orléans où j'ai dû me payer un logement, ce qui a tout de même l'avantage de pouvoir s'accorder un temps de répit social.

Un racisme toujours présent

C'est là le fait notoire qui s'est révélé au cours de mes discussions aux États-Unis. La tendance était d'autant plus marquée dans les États du Sud, avec une recrudescence de témoignages sur le sujet en Louisiane.

Historiquement, l'esclavage a été aboli dans les États du Nord des États-Unis au cours du XVIIIe siècle, emporté par l'esprit de libre entreprise et de concurrence lié au développement de l'industrie. Mais dans les États du Sud, le secteur agricole traditionnel (tabac et coton) prédominait encore, et la traite des Noirs dans les exploitations n'était en aucun cas remise en cause. Deux types de sociétés se développaient alors dans le pays. Ce fossé grandissant a mené en 1861 à la guerre de Sécession, lorsque les États du Sud ont souhaité prendre leur indépendance. L'élection d'Abraham Lincoln, foncièrement opposé à l'esclavage, n'a fait que mettre de l'huile sur le feu. Le Nord sortira finalement vainqueur de cette guerre et imposera au Sud l'abolition de l'esclavage. Le célèbre 13e amendement de la Constitution a officiellement scellé le sort des pratiques esclavagistes aux États-Unis. C'est sûrement le caractère imposé de l'abolition qui laisse encore aujourd'hui des cicatrices ouvertes au Sud. Bien plus que dans la partie septentrionale, la majorité des personnes noires avec qui j'ai discuté dans ces régions ont d'elles-mêmes évoqué le problème. *Avez-vous la sensation que votre vie est plus simple ou plus compliquée que celle de vos parents ?* « Je suis un Afro-Américain noir et gay, ma vie est forcément compliquée », m'a rétorqué Lucius, chanteur à La Nouvelle-Orléans. « Ma famille est aux États-Unis depuis dix générations, je suis donc plus américain que pas mal de ceux [les Blancs] qui prétendent l'être plus que nous », a aussi argumenté Rahn, professeur de sciences naturelles, comme s'il devait se justifier d'être américain. Outre les bavures policières qui font régulièrement scandale à la télévision, rappelons que les Noirs constituent 38 % de la population carcérale américaine alors qu'ils ne représentent que 12 % de la population. 27 % d'entre eux vivent sous le seuil de pauvreté contre une moyenne nationale de 15 %. Enfin, en 2010, 74 % des enfants noirs étaient inscrits dans une école majoritairement fréquentée par des élèves noirs. À Dallas, je me suis moi-même rendu dans une université « noire » d'un quartier très pauvre de la ville pour y faire des interviews. Cette université – le Paul Quinn College – se trouve dans ce qu'ils appellent un « *food desert* » (désert alimentaire). Cela signifie qu'il n'y a aucune épicerie ni aucun supermarché dans ce quartier pauvre et isolé. L'impossibilité financière d'avoir une voiture pour la majorité des habitants les met en conséquence dans une situation de très grande précarité alimentaire.

De belles initiatives

C'est aussi à Dallas que j'ai découvert deux des initiatives qui m'ont le plus touché pendant mon voyage. Je n'étais pas en recherche d'idées, mais je garde ces deux-là dans un coin de ma tête dans l'hypothèse d'une reconversion future…

À Paul Quinn College d'abord, l'université « noire » que je viens d'évoquer, le terrain de football américain – autrement dit le carré d'herbe le plus fréquenté par tous les garçons de l'école – a été transformé en ferme biologique. Les élèves, pauvres pour la plupart, peuvent venir y travailler contre rémunération. Les légumes produits servent à nourrir gratuitement la communauté noire locale en grande précarité, et sont aussi vendus aux meilleurs restaurants de la ville, car de très bonne qualité. Un combo gagnant pour tout le monde.

C'est d'ailleurs dans l'un des restaurants clients de la ferme que j'ai découvert une autre initiative fantastique. Le Café Momentum, créé par Chad Houser, chef reconnu dont vous pourrez découvrir la touchante interview en page 195, est un restaurant gastronomique qui n'emploie que des jeunes sortis de maison d'enfance – comprenez prison pour mineurs. Au Texas, le taux de récidive pour ces délinquants est de 47 %. Quand l'un d'eux sort de prison, vous pouvez donc jouer à pile ou face pour savoir s'il va y retourner. Chad et son associé ont décidé de leur venir en aide en leur proposant de gérer le restaurant avec eux. Par promotions de 20 à 30 élèves sur une période de 12 mois, les jeunes sont formés sur le terrain à tous les postes de la restauration, de la cuisine au service en passant par la vaisselle. Je rappelle que le Café Momentum est un restaurant haut de gamme, servant de la nourriture élaborée et de grande qualité. Cette initiative génère donc un profond brassage social entre la population aisée qui vient y dîner et les anciens délinquants. À la sortie de ce stage, le taux de récidive des jeunes n'est plus que de 11 %. Normal puisque bon nombre d'entre eux trouvent un emploi dans la restauration ou l'hôtellerie. Autant de vies sauvées et d'argent économisé pour l'État. Tout simplement brillant.

Un rêve fortement ancré dans les esprits

EN IMAGES

Les États-Unis est l'un des pays où j'ai fait le plus d'interviews – 40 exactement – avec un panel riche : entrepreneurs à succès (voir l'interview de Fred, page 96), artistes, Afro-Américains, Asio-Américains et Latinos, jeunes actifs, ouvriers… Malgré toutes ces différences, la question *Quelle est la spécificité culturelle américaine qui vous rend le plus fier/fière ?* a été source d'une grande homogénéité dans les réponses. Quasiment tous ont encensé le « rêve américain », cette possibilité pour n'importe qui, né ou arrivé sur cette terre d'accueil, de s'accomplir et de s'élever socialement par le travail et la détermination. « Le fait que tout soit possible aux États-Unis », « Personne ne nous dit non », « Vous pouvez réussir dans ce pays qui que soient vos parents », « L'individualité, au sens de la capacité à faire des choses même si certains vous disent que c'est impossible ». Croyez-moi, ces quelques verbatim viennent de personnes extrêmement différentes. Je m'attendais à entendre ce genre de choses de la bouche de ceux qui ont réussi, mais pas forcément de ceux qui sont restés en bas de l'échelle sociale, et qui en parlent pourtant avec tout autant de ferveur. Plus surprenant encore était d'entendre dans une même interview quelqu'un déplorer le taux croissant de précarité dans le pays et vénérer en parallèle ces valeurs individualistes. Comme si les deux phénomènes n'étaient pas liés. Comme-ci le rêve américain avait valeur d'idéal, gravé en chacun, indépendamment du contexte économique réel. Les États-Unis sont un pays où les idéaux sont plus forts que tout, où la croyance en une destinée commune est paradoxalement liée à un individualisme poussé à l'extrême. En ce qui me concerne, j'appelle plutôt cela le « marche ou crève », car en contrepartie il y a peu de pitié pour ceux qui restent sur la touche. Cet « *American way of life* » a en tout cas des retombées bien au-delà de leurs frontières, puisque plusieurs personnes en Inde ou en Éthiopie, pour ne citer qu'elles, m'ont dit rêver que leur pays devienne un jour comme les États-Unis.

Un regard en arrière

Les États-Unis ont enfin été l'occasion d'un premier bilan. Il y eut d'abord ce moment de laisser-aller à Dallas, arrivé sans prévenir tandis que je lisais paisiblement dans le fauteuil sur le parvis de la maison de ma cousine, comme dans une scène de *Gran Torino*. Je venais d'enchaîner en quelques jours des rencontres et interviews d'une diversité et d'une profondeur extrêmes, du manutentionnaire d'usine latino au chef Chad Houser en passant par des étudiants afro-américains en situation difficile à Paul Quinn College. Des larmes de bonheur ont alors surgi sans que je ne puisse rien contrôler. Je prenais subitement la mesure de la chance que j'avais d'être là, de découvrir de la sorte notre planète et ses habitants. Ces larmes n'étaient autres qu'un débordement d'humanité accumulé depuis quelques mois.

Il y eut ensuite le 31 mai, jour de mon anniversaire. L'un de mes bons amis qui avait lui-même réalisé un tour du monde quelques années auparavant m'a dit au téléphone : « Je me souviens très bien du jour de mon anniversaire pendant mon voyage. J'avais fait l'exercice de me remémorer où je me trouvais lors de mon anniversaire précédent, et de constater tout le chemin parcouru depuis. » Deuxième moment émotion en quelques jours. Le 31 mai 2016, je travaillais encore dans l'industrie musicale, je n'étais pas particulièrement épanoui et j'avais une idée encore vague de ce que pourrait potentiellement être *20 Questions to the World*. 365 jours plus tard, j'avais créé mon association, construit le projet et déjà réalisé 250 interviews dans près de 10 pays. Le genre de bilan qui vous donne la pêche, et la conviction que vous êtes sur la bonne voie.

Il y eut enfin le premier retour en France, où un stop de 15 jours était prévu entre les États-Unis et la Russie. La moitié du voyage était déjà quasiment passée. Impossible alors de ne pas regarder en arrière en se posant quelques questions. Où j'en suis ? Est-ce que cela se passe comme prévu ? Qu'est-ce que je peux améliorer ? Je dois dire que l'auto-évaluation était plutôt positive. J'avais posé mes questions dans des tours de Dallas et New York comme dans des villages andins ou dans l'ethnie indigène Wiwa en Colombie. *20 Questions to the World* avait suscité l'enthousiasme partout où j'étais passé, me valant des articles dans plusieurs journaux papier en Argentine comme dans *Forbes* à New York, et j'entrevoyais déjà des tendances fortes dans les réponses qui présageaient une analyse passionnante. Comme pressenti, ce projet n'allait sûrement pas se résumer à un simple tour du monde.

LA RUSSIE : CELA POURRAIT ÊTRE PIRE

J'ai commencé mon étape russe par un séjour de dix jours à Moscou, suivi d'une semaine en Transsibérien avec un arrêt de quelques jours à Irkoutsk et au lac Baïkal. On ne peut donc pas dire que j'aie beaucoup exploré le pays, du moins par rapport à sa taille gigantesque. Comme pour le Brésil, ce n'est qu'en étant sur place et en se déplaçant d'une région à l'autre que l'on prend la mesure de l'immensité du pays, autant que de sa diversité culturelle. Les Russes de la Sibérie du Sud ressemblent davantage à des Ouzbeks, voire à des Asiatiques, qu'à l'image que l'on se fait du russe « standard » – prenez Vladimir Poutine par exemple. Il fallait s'y attendre pour un pays qui fait plus de 26 fois la France. En un peu plus de quinze jours, j'ai réussi à interviewer des personnes d'horizons assez larges : Moscovites, habitants de la région du Caucase (incluant des Géorgiens), ruraux sur l'île du lac Baïkal, artistes, Ouzbeks aux emplois peu qualifiés, etc. Les habitants de l'ex-URSS, notamment les Ouzbeks et les Kazakhs, représentent une forte part de la population immigrée installée à Moscou. En quête de travail après leurs études ou de salaires leur permettant d'envoyer de l'argent à leur famille restée au pays, ils y trouvent généralement des emplois peu qualifiés dans les travaux publics ou les usines.

L'ombre du passé

En Russie comme dans ses pays frontaliers, le spectre de l'URSS plane encore. La fin récente de l'expérience communiste laisse des souvenirs dans toutes les têtes. Pour écrire ce livre dans de bonnes conditions, j'ai décidé de me retirer quelques semaines en Géorgie, un pays qui m'a toujours attiré, et pas seulement parce que c'est le berceau du vin. Sans y faire d'interviews, je n'ai pu cependant m'empêcher d'engager quelques discussions avec des locaux, et le sujet de l'Union soviétique revient souvent dans ces conversations. Quand la jeune serveuse de l'hôtel où j'ai pris mes quartiers à Kazbegi m'a dit : « Il y a encore des vieux qui vantent l'époque de l'URSS, je pense que ce serait bien qu'ils meurent vite », cela m'a effectivement remémoré ces quelques Russes, Mongols ou Ouzbeks d'un certain âge qui m'avaient fait l'apologie du communisme. « Au moins, à l'époque, le pays était stable et personne n'avait à chercher de travail », m'avait ainsi dit Gulnara, femme de ménage ouzbèke vivant à Moscou. Les vignerons géorgiens que j'ai eu la chance de rencontrer, pas forcément représentatifs car adeptes d'une culture et d'une vinification naturelle du raisin, c'est-à-dire sans pesticides ni intrants chimiques, ont eux aussi exprimé leur avis sur l'URSS : « Pendant l'ère soviétique, tout était une question de quantité. Personne ne s'intéressait à la qualité et à la méthode de production. Le seul objectif était de produire plus et toujours plus. » C'est ainsi que les méthodes traditionnelles de vinification en amphore ont quasiment disparu, faute de rendements suffisants, et de liberté. Pesticides et monoculture pour tout le monde ! Ainsi parla le parti. Le communisme soviétique et le capitalisme seraient-ils des jumeaux séparés à la naissance ?

La situation actuelle

La Russie est pour beaucoup un pays mystérieux, voire dangereux. Il faut dire que les médias occidentaux s'en donnent à cœur joie sur son dirigeant. J'ai donc logiquement voulu éclaircir quelques zones d'ombre. Sans question engagée dans mon questionnaire, les discussions politisées se déroulaient souvent en *off*, et les avis se rejoignaient en un concept simple : « Cela pourrait être pire. » Les Russes sont bien conscients que leur dirigeant a du sang sur les mains et que la corruption gangrène chaque échelon du pouvoir. Cependant, quand ils pensent au passé, ils se disent que tout n'est pas si noir. Avant Poutine, Boris Eltsine était un alcoolique qui ne contrôlait plus grand-chose de ce qui se passait dans le pays. Les enlèvements et les attentats de groupuscules tchétchènes étaient par exemple monnaie courante, alors qu'ils sont inexistants aujourd'hui. Chacun connaît par ailleurs les méthodes utilisées par les dirigeants communistes pendant l'ère soviétique. Bref, Poutine n'est peut-être pas le meilleur dirigeant, mais les Russes sont loin d'être aussi critiques que les Occidentaux à son égard.

Un phénomène unique s'est enfin passé en Russie lors des interviews. À la question *Fermez les yeux, vous êtes en 2100, que voyez-vous ?*, une majorité de Russes m'a répondu : « Pas grand-chose de nouveau. » C'est la première fois que j'entendais ce genre de réponses, qui contrastaient particulièrement avec les réactions usuelles que j'obtenais partout ailleurs : « Des immeubles géants, des voitures volantes, des nouvelles technologies partout… » Comme si on ne croyait pas en l'évolution en Russie. Je réclamais donc des explications, et on me rétorquait de manière désenchantée que le pays ne changeait pas beaucoup. Vladimir Poutine était au pouvoir depuis maintenant dix-huit ans et venait d'être réélu pour un nouveau mandat. S'ils ne savaient pas combien de temps encore il garderait les rênes, les Russes anticipaient déjà un dirigeant du même acabit pour lui succéder. Sans parler de ce qui se faisait avant lui. J'ai été stupéfait de voir à quel point un régime politique pouvait amputer toute illusion dans l'esprit des habitants d'un pays.

EN IMAGES

LA MONGOLIE : AU CŒUR DE L'OCCIDENTALISATION

La Mongolie est sûrement le pays que j'attendais le plus, tant il m'intriguait et me fascinait. Grand comme deux fois et demie la France avec seulement trois millions d'habitants, dont près de la moitié vivent à Oulan-Bator la capitale, c'est l'un des derniers pays à connaître une phase de sédentarisation massive. Très tôt, il a été membre de l'URSS – Lénine parlait de faire passer le pays directement « du féodalisme au socialisme en sautant l'étape capitaliste ». Pendant l'ère soviétique, le pays a vu des institutions publiques fortes se mettre en place, jusqu'alors inexistantes. Petit à petit, les nomades mongols, qui représentaient la grande majorité de ce peuple, venaient donc s'installer à Oulan-Bator. Dans le même temps, Staline faisait raser les temples bouddhistes, massacrant au passage tous les moines qui y vivaient, et détruisait autant que possible la culture traditionnelle ancestrale. Tiens, cela rappelle un autre épisode de conversion forcée qu'on vient d'évoquer en Géorgie… Décidément, dans le régime communiste soviétique, pas de place pour la différence !

Impossible par ailleurs de parler de la Mongolie sans parler de son heure de gloire. Aux XIIe et XIIIe siècles, sous l'égide de Gengis Khan, l'Empire mongol fut l'un des plus vastes et puissants qui ait jamais existé dans l'histoire de notre planète. Au cas où vous l'ignoreriez avant d'arriver dans le pays, les places, les rues ou les marques de vodka vous le rappelleront, puisque tout est à l'effigie du défunt empereur.

Démocratie indépendante depuis 1990, la Mongolie fait aujourd'hui face à des influences d'une autre nature, étroitement liées entre elles. Il s'agit d'une part de l'occidentalisation au sens large – entendez par là la vie urbaine connectée – et d'autre part de l'ingérence de puissances étrangères pour mettre la main sur les ressources minières nationales. Le pays dispose en effet de réserves gargantuesques de charbon, capables d'alimenter la demande chinoise pendant les cinquante prochaines années, ainsi que de minéraux très convoités comme du cuivre, de l'or ou de l'uranium. Les investissements étrangers affluent donc depuis plusieurs années, sous la pression de ses deux puissants voisins qui bordent le pays : Pékin et Moscou, rien que ça. Après, c'est une histoire classique. Les mines de charbon sont très consommatrices de main-d'œuvre locale, et des milliers de nomades deviennent donc mineurs. En parallèle, la capitale se développe vite et de manière anarchique, avec un exode rural massif essentiellement composé de jeunes nomades en demande d'éducation et de modernité.

Cette introduction académique sur la Mongolie constitue une approche historique qui m'était familière avant d'arriver dans le pays. Mon but sur place était de tenter de comprendre les mentalités face à ces changements brutaux et rapides. Il serait simpliste de se dire, depuis nos tours d'ivoire occidentales, qu'on est en train de détruire un mode de vie et une culture pour des enjeux capitalistes et financiers. Et la population dans tout cela, elle en pense quoi ?

La spécificité mongole

Il s'est produit un phénomène atypique dans le pays de Gengis Khan, une tendance extraordinaire. *Selon vous, qui est la personne la plus heureuse du monde ?* « Moi ! », « Les Mongols ! ». Voilà deux verbatim qui ont concentré 70 % des réponses de la vingtaine de Mongols interviewés, qu'ils soient nomades ou résidents à Oulan-Bator. La proportion dans les autres pays ne dépasse jamais 10 %. *De quoi avez-vous besoin ?* « De rien. » Même concentration de réponses. J'étais très surpris, à tel point qu'à la fin, je voulais faire davantage d'interviews simplement pour entendre ces réponses, et confirmer la tendance. Ce fut le cas.

J'ai bien envie de tenter une analyse de ce phénomène, qui résulte de quelques discussions que j'ai eues sur place ainsi que de mon avis personnel. Je vais pour cela séparer la population en trois groupes.

D'un côté, les nomades, interviewés au beau milieu des steppes, qui ont un mode de vie très simple, avec pour seul objectif de répondre à leurs besoins élémentaires. L'interview de Zorgit page 116 en est une bonne illustration. Vous verrez, il ne s'encombre pas trop de questions existentielles : à vie simple, bonheur simple.

Côté Oulan-Bator, on peut encore distinguer deux types d'habitants.

D'une part les jeunes qui affluent des steppes pour aller à l'université, laissant leur famille nomade derrière eux.

Le bonheur de ces étudiants néo-urbains est assez facile à comprendre. L'un d'eux me l'a défini de la sorte : « Tu ne te rends pas compte, pour nous, c'est comme si on arrivait à Las Vegas. » Oulan-Bator est en effet la seule grande ville du pays, regroupant l'ensemble des universités et entreprises du pays. La deuxième ville mongole a moins de 100 000 habitants. Arriver à Oulan-Bator signifie donc rencontrer beaucoup d'autres jeunes de son âge (alors que les nomades vivent traditionnellement isolés), acquérir de nouvelles compétences et découvrir tous les plaisirs de la vie urbaine, notamment les karaokés clubs. Quelles raisons auraient-ils de ne pas se réjouir d'un tel eldorado ?

On trouve enfin à Oulan-Bator une grande pauvreté, incarnée par les nomades qui ont choisi l'exode rural. La ville s'est étendue de manière rapide, sans aucun plan urbain, au gré de l'arrivée de ces familles entières en quête de sédentarisation, plantant le plus souvent simplement leur yourte là où il y avait un carré d'herbe. J'ai eu la chance de pouvoir aller à leur rencontre, ainsi qu'auprès de mères seules en grande précarité dans un centre d'aide. Eh bien même là, mes interlocuteurs revendiquaient leur bonheur, n'exprimant aucun besoin particulier autre que le bonheur de leur enfant ou de leur famille.

Peut-être ai-je tort, mais d'une manière générale, je pense que « l'état d'esprit » nomade est encore très présent en Mongolie. Toutes les personnes que j'ai interviewées ont fait preuve d'une grande sérénité et d'une certaine sagesse, comme si le sens de la vie n'avait pas de secret pour elles et qu'elles savaient ce qui était important : la famille.

Une nuance toutefois. J'ai parlé en introduction de cette population d'anciens nomades travaillant aujourd'hui dans les mines et alimentant, peut-être sans le savoir, la machine capitalistique globale. J'ai tenté d'aller les interviewer mais l'accès m'y a été refusé. Il nous est donc impossible de savoir pour le moment si les mineurs mongols pensent eux aussi être les hommes les plus heureux du monde…

Un sentiment de bout du monde

La Mongolie est un pays magnifique. Il y a bien sûr les fameuses steppes mongoles, mais également d'autres types de paysages naturels variés à couper le souffle. Ma première excursion de dix jours en tour-opérateur dans le Sud du pays, durant laquelle j'en ai profité pour interviewer quelques nomades croisés en route grâce à notre guide reconvertie de force en interprète, m'a amené jusqu'au désert de Gobi. Je ne sais pas pourquoi mais la simple évocation de ce mot, comme c'est également le cas avec le lac Baïkal, éveille en moi un sentiment de lointain, d'aventure et de mystique. En arrivant devant les dunes gigantesques qui bordent cet immense désert de sable, j'ai été envahi d'un sentiment de bout du monde. Il nous a fallu près de quarante-cinq minutes pour gravir dans la douleur la dune de sable fin au versant abrupt qui se dressait devant nous. Arrivés au sommet, avec un vent d'une telle violence qu'il brouillait toute tentative de communication orale, c'est un horizon interminable de sable et de collines qui s'est offert à nous. Dire que des évadés du goulag seraient passés par là il y a quatre-vingts ans, tout comme Sylvain Tesson il y a quinze ans, sur leurs traces justement.

La Mongolie est aussi le paradis du voyage nomade. Ma seconde expédition dans le pays, vers le Nord verdoyant et vallonné, s'est faite en voiture et en tente avec un groupe de jeunes Mongols ravis de voyager avec des Occidentaux (ma meilleure amie était de la partie). Après quelques points d'étapes rapidement identifiées sur la carte, nous prenions la route en suivant des sentiers qui ne semblaient mener nulle part. Dans un pays de cette dimension, avec une population aussi réduite, il ne faut pas s'étonner de ne croiser personne. C'est pendant ce voyage que nous avons fait un petit tour à dos de cheval (pour la photo), nourri des aigles sauvages ou encore passé quelques nuits glaciales sous la tente, surpris par les prémices de l'hiver, un 25 août. La Mongolie n'est définitivement pas un pays comme les autres.

SINGAPOUR : UNE DÉMOCRATIE AUTORITAIRE

À l'inverse de la Mongolie, je ne m'étais pas vraiment documenté sur Singapour, et j'avais honnêtement peu d'attentes sur la cité État. J'y allais dans une logique de diversité – le choc entre la Mongolie et Singapour est intense – et je comptais peu ou prou retrouver une atmosphère semblable à celle de villes comme Shanghai ou Hong Kong, que j'avais visitées lors de précédents voyages. Ce parallélisme s'est révélé totalement infondé. Singapour a été l'étape la plus surprenante de mon voyage, et pas forcément dans le bon sens.

La première surprise est venue du refus de certaines personnes de répondre à mes questions. Non pas qu'ils n'en avaient pas l'envie, mais ils préféraient ne pas prendre le risque de tenir des propos compromettants devant la caméra. C'est pour cette raison qu'un ami d'ami singapourien, jeune urbaniste employé par la cité État, refusait au départ de faire l'interview. J'ai dû insister un peu lourdement pour qu'il finisse par accepter, en lui garantissant qu'il n'aurait pas à répondre à toutes les questions. Il en a passé 50 %. Je lui ai donc demandé à la fin pourquoi il avait par exemple refusé de répondre à la question *Si vous pouviez faire n'importe quel métier, sans rapport à l'argent, que feriez-vous ?* Il m'a répondu, après s'être bien assuré qu'aucun appareil d'enregistrement n'était allumé, qu'il ne voulait pas que le gouvernement, son employeur, puisse l'entendre dire qu'il préférerait un autre travail à celui pour lequel il avait été embauché. Cela a été pour moi le point de départ d'une semaine d'investigation pour comprendre le fonctionnement de cet État qui, d'apparence, semblait en tous points parfait.

Une façade immaculée

Il faut en effet commencer par là. Quand vous arrivez à Singapour, tout est facile, tout est lisse, tout est beau et tout est propre. Il n'y a pas de pauvreté apparente, la ville est un mélange précis de gratte-ciel modernes et d'espaces verts – une tour est même entièrement recouverte de verdure, et tous les parcs sont reliés entre eux par des chemins verts, ce qui fait que vous pouvez vous déplacer dans la ville en ayant parfois l'impression d'être en forêt –, le métro brille et n'a jamais une minute de retard, la délinquance et l'insécurité n'existent pas, et le multiculturalisme, valeur fondatrice de la cité État, semble ici fonctionner à merveille. On croit un instant être témoin d'une société parfaite. Mais tout cela a en réalité un prix.

C'est en 1965 que l'État de Singapour a été fondé, ou plutôt qu'il a gagné son indépendance vis-à-vis de la Malaisie. Les différends entre les deux parties venaient majoritairement du fait que Singapour est une terre peuplée de 74 % de Chinois au milieu d'un monde malais. Au vu des multiples problèmes dont souffrait Singapour – chômage massif, émeutes raciales, absence de ressources naturelles –, la Malaisie n'a pas rechigné à s'en défaire. Rapidement après l'indépendance, la cité État a cependant connu un développement économique incroyable, au point de devenir l'un des pays les plus riches du monde par habitant. Connu comme un État largement partisan du libéralisme économique, Singapour n'applique pas la même ouverture au niveau politique. La même famille est au pouvoir depuis le premier jour, et les médias sont largement contrôlés. On trouve à Singapour 74 % de Chinois, 13 % de Malais et 9 % d'Indiens. Les quelques pour cent restants sont majoritairement constitués d'expatriés. Le premier enjeu pour la ville fut de réussir à faire vivre toutes ces personnes ensemble. Une partie de la réponse fut trouvée avec les HDB (*Housing and Development Board*), des logements publics *low cost* créés et gérés par le gouvernement. Dans ces grands immeubles en béton, destinés à l'origine à reloger les personnes vivant dans les bidonvilles, des quotas ethniques sont imposés pour promouvoir la cohésion sociale. Autrement dit, si, comme 82 % des Singapouriens aujourd'hui, vous vivez dans des HDB, vous êtes sûr de croiser tous les jours des Chinois, des Malais et des Indiens. La mesure s'est révélée plutôt efficace, puisque très peu d'émeutes raciales sont à déplorer depuis cinquante-deux ans.

L'emprise des règles

Le discours change relativement lorsqu'on en discute avec les personnes concernées, qui vous diront que de toutes les manières ils n'ont pas le choix car, à Singapour, on ne proteste pas. Les règles sont en effet très strictes et celui qui les transgresse peut s'attendre à de fortes représailles, financières ou carcérales. Nous venons de toucher ce qui fait la base de tout le système singapourien : la règle, et son respect. Soit on accepte les règles du jeu, qui ont le mérite d'être clairement définies, soit on ne reste pas longtemps à Singapour. Interdiction de cracher, interdiction d'importer des chewing-gums, interdiction de boire ou manger dans le métro, grèves interdites, manifestations publiques uniquement sur autorisation, censure… Voilà ce qui fait le quotidien des habitants. Et voilà pourquoi j'ai eu tant de refus d'interviews : la peur. « *Slavery* » (esclavage), m'a dit en *off* une jeune Singapourienne d'origine chinoise en réponse à la question *Si tu devais écrire un livre sur le monde actuel, quel titre lui donnerais-tu ?*. Elle a refusé que je la filme.

J'ai eu la chance de rencontrer (et d'interviewer cette fois) des personnes travaillant dans les milieux artistiques. Ils m'ont confessé qu'il était très dur d'être créatif à Singapour, car le gouvernement n'aidait en rien ce type d'initiatives. « À l'école, on nous apprend à obéir, pas à réfléchir », m'a dit Clarisse, réalisatrice. Le site français de recrutement Cadre Emploi, qui fournit librement des fiches pratiques par pays, décrit parfaitement comment cela se traduit dans les milieux professionnels : « Dans cette société éminemment paternaliste, les subordonnés doivent obéissance et respect absolus à leur chef. Ils attendent de lui des décisions claires et des instructions précises. Ils ignorent le management participatif : les décisions sont prises par le patron et les ordres sont exécutés immédiatement et sans discussion. Il y a peu de place pour la créativité et l'initiative individuelle. Il n'y a pas d'échange d'opinions, ni de débat ou de commentaires. Le manager devra cependant aider ses collaborateurs à surmonter leur peur de commettre des erreurs et la crainte de perdre ou faire perdre la face. » Tous les expatriés que j'ai interviewés sur place me l'ont confirmé.

Je suis arrivé l'esprit naïf à Singapour, et j'en suis parti avec un point de vue extrêmement mitigé. D'abord émerveillé par la beauté et l'intelligence urbaine, j'ai ensuite découvert la partie immergée de l'iceberg au fil de mes conversations. Je suis encore incapable aujourd'hui de donner un avis tranché sur mon expérience. Y ai-je vu les prémices d'une société parfaite ? Ou ai-je vécu huit jours durant l'expérience d'une dictature ? Cela nous rappelle en tout cas toutes les précautions qu'il faut prendre avant de juger, et à quel point il est complexe de se faire un avis.

LE MYANMAR : SOCIÉTÉ BOUDDHISTE

Ayant choisi au dernier moment d'aller à Singapour, je n'avais plus que dix jours à passer au Myanmar avant de rejoindre l'Inde. J'ai choisi de me cantonner à Rangoon plutôt que de courir partout : c'est en restant un certain temps dans chaque ville qu'on décroche les bonnes interviews. À noter d'ailleurs que depuis 2006, Rangoon a laissé son titre officiel de capitale du Myanmar à la ville de Naypyidaw. La construction de celle-ci, née d'un désir vaniteux du dirigeant de l'époque de marquer l'histoire de son pays, aurait coûté entre trois et quatre milliards de dollars, soit 5 % du produit intérieur brut du pays. Appelée « la ville fantôme », elle a l'une des densités de population les plus faibles du monde, et elle est traversée par des autoroutes à vingt voies. Elle est prévue pour mesurer quatre fois la taille de Londres (bien que le chantier n'ait jamais été achevé), ce qui donne une bonne idée de l'esprit de démesure de certains dictateurs.

Colonie britannique depuis le XIXe siècle, le Myanmar a retrouvé son indépendance en 1948 pour ensuite devenir une dictature militaire en 1962 à la suite d'un coup d'État. Constitué d'une myriade de groupes ethniques et religieux, le pays a été ravagé par divers affrontements internes depuis l'indépendance. Les tensions largement médiatisées récemment dans l'État de Rakhine au nord du pays durent par exemple depuis 1948. Le conflit armé birman a été tristement labellisé comme la plus longue guerre civile en cours dans le monde. Le pays est cependant en train de vivre une période enthousiasmante de son histoire : la junte militaire au pouvoir a été déchue en 2011, et pour la première fois un président a été élu démocratiquement. Même si tout est loin d'être encore parfait, on ne peut que se réjouir de cette évolution qui a mené en 2015 à l'élection de Aung San Suu Kyi, prix Nobel de la paix 1991, à un équivalent local du poste de Premier ministre. Le pays n'a cessé de s'ouvrir au monde depuis, pour le plus grand plaisir des touristes et de l'économie.

Une philosophie de vie

C'est la culture bouddhiste qui m'a le plus surpris au Myanmar. Cette religion est pratiquée par 89 % de la population, et cela se ressent dans tout, notamment dans la gentillesse des gens. Ajoutez à cela le fait que le pays vient à peine de s'ouvrir aux touristes et au monde en général, et vous obtenez des jeunes Birmans avides de découvertes qui vous arrêtent dans la rue en vous demandant : « Bonjour, est-ce que vous voudriez prendre un café ? Nous pourrions discuter et devenir amis, j'aimerais beaucoup savoir comment cela se passe dans votre pays. » On est surpris la première fois, puis on s'y fait assez facilement ! Je parlais beaucoup en Amérique latine de la violence liée à la grande pauvreté. Au Myanmar, celle-ci n'a pas engendré de délinquance. Je suis sûr que le bouddhisme y est pour quelque chose. Sans entrer dans les détails, cette culture est basée sur la recherche du bien-être spirituel, de « l'éveil » – Bouddha veut dire « Celui qui est éveillé ». Le postulat est que toute vie est une souffrance, notamment à cause de l'attachement que nous portons aux choses, matérielles ou non. La connaissance et la médiation sont les seuls moyens de s'en libérer, c'est-à-dire de s'émanciper de nos ennuis et de nos soucis, et d'atteindre la sérénité absolue (*nirvana*). Tout attachement matériel est ainsi rejeté, et un mode de vie sain et sobre est encouragé. L'instant présent est valorisé, tandis que le passé et le futur ne peuvent qu'être respectivement source de dépression ou d'anxiété.

Cet état d'esprit s'est largement ressenti dans les réponses à mes 20 questions. Quand j'ai posé la question *Quelle est la spécificité culturelle de votre pays qui vous rend le plus fier ?* à Khaing, fondateur d'une association formant de jeunes villageois à l'agriculture durable, il m'a répondu du tac au tac (et avec un grand sourire) : « Je suis fier que les Birmans sourient tous tout le temps. Je veux dire entre eux, et pas seulement aux touristes. » Vous le verrez dans les interviews de Kyinue (page 86) et Khin Swe (page 148), le bouddhisme est une philosophie de vie avant d'être une religion. Bien que pauvres, les deux m'ont dit qu'elles n'avaient besoin de rien quand je leur ai demandé *De quoi avez-vous besoin ?.* Plus intéressant encore, elles m'ont dépeint un tableau similaire et tout à fait atypique du futur en réponse à la question *Fermez les yeux, vous êtes en 2100, que voyez-vous ?* : « Je vois beaucoup d'arbres, la mer bleue, avec beaucoup de poissons. Les gens sourient et vivent ensemble », m'a répondu Khin Swe. Kyinue imagine quant à elle que « des enfants jouent et tous les gens marchent dans un parc, un très joli parc ». Le Myanmar est le seul pays où j'ai eu ce type de réponses abstraites et non corrélées à des évolutions technologiques ou environnementales, que Khin Swe et Kyinue n'ignoraient pourtant pas. Je serais tenté de considérer que la recherche de plénitude spirituelle les incite à ne concevoir que des images neutres, belles et joyeuses. C'est une vision de la vie très éloignée de la nôtre, qu'il est indispensable de connaître si l'on veut comprendre ces pays et leurs habitants. Le seul moine bouddhiste que j'ai réussi à interviewer a répondu à la même question : « Je ne vois rien. » Il fallait s'y attendre, moment présent oblige.

D'ailleurs, cela n'a pas été facile de rencontrer ce moine. Je voulais absolument interroger l'un d'eux, mais impossible d'aller spontanément à leur rencontre dans un temple : très peu comprennent l'anglais et on ne sait jamais si on a le droit de leur parler ou pas. Quand j'ai demandé aux premiers locaux que j'ai rencontrés de m'aider, on me disait que cela serait très difficile car mes questions (sur le futur, le monde, les peurs, etc.) risquaient de « polluer » leur karma. Loin de moi l'idée d'abandonner. Je ne croyais pas qu'on puisse être le représentant d'une religion aussi ouverte et refuser de répondre à 20 questions simples ! C'est finalement une professeure indonésienne musulmane enseignant à l'école indonésienne de Rangoon, interviewée au milieu de mon séjour, qui m'a dit qu'elle connaissait peut-être quelqu'un qui connaissait un moine… Trois jours plus tard, je l'interviewais, avec l'aide d'un interprète. Même si, sur le moment, je ne comprenais pas grand-chose de ce qu'il racontait, il est resté très souriant pendant toute l'interview et je n'ai pas la sensation d'avoir altéré de quelque manière que ce soit sa quête spirituelle !

Qu'est-ce que je fais là ?

Je me souviens de désagréables moments de doute au Myanmar. Dans les instants de faiblesse, un rien peut vous faire sombrer dans le pessimisme extrême. J'étais choqué par la très grande pauvreté à Rangoon : c'était la première fois que je la voyais aussi dure, aussi répandue, aussi proche de moi. Alors que les favelas de Rio étaient majoritairement constituées de maisons en briques, que les Mongols en grande précarité dormaient le plus souvent dans une yourte, ce sont ici des bidonvilles de tôle sales et désorganisés qui occupaient une grande partie du paysage. Vous ne pouvez pas y échapper, et j'ai eu grande peine à vivre sereinement au milieu d'une telle misère, bien incapable de m'y accommoder. Je me souviens parfaitement être en train de déjeuner dans un mauvais boui-boui du quartier de mon auberge en regardant la misère dans la rue. Je remettais alors tout en question. Qu'est-ce que je fais là ? J'aimerais interviewer cette vieille dame visiblement marquée par la vie que je viens de voir passer. Mais qu'est-ce qu'elle en a à faire, elle, de mes 20 questions ? Qui suis-je pour venir embêter ces gens avec mes interrogations personnelles ? Et puis t'en as pas marre, de te poser des questions sans réponses ? Tu sais très bien que ce monde est impossible à comprendre, elle n'existe pas, la réponse que tu cherches. Tu voudrais que les gens se comprennent et qu'il y ait une plus grande solidarité humaine, mais tu crois qu'elle a que ça à faire, cette vieille dame, de se préoccuper des humains qui vivent à des milliers de kilomètres de chez elle ?

Ce sont de mauvais moments à passer.

Étrangers à l'étranger

C'est au cours de mon séjour au Myanmar que j'ai fait cette constatation : j'avais interviewé des personnes de plus de 70 nationalités en ne parcourant que 20 pays. C'était le jeu de rencontres, volontaires ou non, avec des personnes étrangères vivant dans les pays où je me trouvais. Avant d'arriver à Rangoon, j'avais posté un message sur un groupe Facebook de petites annonces de la ville nommé « Yangon Connection », qui regroupe plus de 100 000 personnes. J'y expliquais mon projet et demandais si des personnes accepteraient d'y participer. Je n'ai jamais eu autant de réponses à ce type de demande qu'à Rangoon. J'ai franchement dû passer une à deux journées entières à éplucher les messages, et y répondre. C'est comme cela que j'ai rencontré Nia, la professeure indonésienne citée plus haut, et Oliver, un formateur international de polices spéciales anti-radicalisation. Même si, dans un pays donné, je me focalisais avant tout sur les locaux, quand Oliver m'a dit qu'il avait passé cinq à sept ans par pays en Éthiopie, au Kosovo et au Tadjikistan à former les polices anti-radicalisation, je me suis dit que cela valait la peine de le rencontrer. Ma surprise fut encore plus grande quand, lors de nos discussions en marge de l'interview filmée, il me raconta qu'il connaissait bien l'actuel numéro deux de l'État islamique. Sans entrer dans les détails, ce dernier faisait à l'époque partie des forces anti-radicalisation tadjikes, qu'Oliver avait formées pendant cinq ans ; ils avaient même noué une certaine amitié. Malheureusement, peu de temps après le départ de l'instructeur, l'homme s'est radicalisé pour rejoindre l'État islamique. Je suis resté sans voix plusieurs minutes. La parole retrouvée, je lui ai demandé s'il pensait que ce passage du côté obscur était prémédité depuis le début ou non. Oliver m'a assuré que non. C'était un homme qui avait toujours eu des doutes, m'a-t-il dit, et qui rejetait fortement toute influence américaine ou russe dans son pays. C'est seulement lorsqu'il a compris que son gouvernement négociait officieusement avec ces deux puissances qu'il a décidé de changer de camp. Comme lors de ma rencontre avec Jaime Paz (l'ancien président bolivien), j'avais le sentiment d'avancer dans ma quête de compréhension du monde. Pour l'anecdote, Oliver m'a ensuite introduit auprès d'un grand nombre de personnes en Éthiopie, pays où je me suis rendu quelques mois plus tard. J'ai par ailleurs encore un rendez-vous à prendre pour une interview avec l'ancien président du Kosovo, qui est un ami d'Oliver. Ce projet a été et est toujours une suite sans fin de rencontres toutes plus enrichissantes les unes que les autres.

L'INDE : SIX MOIS N'AURAIENT PAS SUFFI

Il n'y a pas d'autres pays comme celui-ci. On dit souvent : « L'Inde, tu aimes ou tu détestes », ou bien : « Prépare-toi à vivre un vrai choc culturel. » C'est vrai, je n'ai jamais rien vu de tel. Le paysage urbain, très pauvre et anarchique, s'apparente un peu à Rangoon, mais la comparaison s'arrête là. Mon parcours d'un mois en Inde m'a fait passer par le Ladakh dans la région du Kashmir, New Delhi et Calcutta, autant dire un millième de ce que l'Inde a à offrir.

Le Ladakh, s'il est un exemple de la grande diversité de cultures et paysages que l'on peut trouver en Inde, reste une exception. C'est une région perchée dans les montagnes de l'Himalaya, souvent à plus de 3 000 mètres d'altitude, coincée entre le Pakistan et la Chine. Ces deux puissances voisines, historiquement rivales de l'Inde, justifient la présence d'un nombre exceptionnel de bases militaires dans la région. Cela a un avantage : les routes de montagne sont dans un état impeccable pour de grandes virées à moto. Je ne me suis pas privé de ce plaisir qui m'a conduit à passer le plus haut col carrossable du monde culminant à plus de 5 600 mètres : le Khardung La. C'est aussi la proximité géographique de la Chine et du Pakistan qui aide à comprendre la culture du Ladakh. Région historiquement bouddhiste, avec une grande communauté de réfugiés tibétains, la présence musulmane y est aussi très forte. Rappelons que l'indépendance du Pakistan voisin, largement musulman, ne date que de 1947. Je ne vous parlerai pas d'interviews faites au Ladakh, pour la simple et bonne raison que je n'en ai pas fait ! C'était ma semaine de « vacances ».

Les deux mégalopoles

La parenthèse du Ladakh fermée, revenons à des villes plus « classiques » de l'Inde : New Delhi et Calcutta, où j'ai passé respectivement dix et huit jours. Il m'est difficile de dresser des portraits bien distincts de ces deux mégalopoles aux langues et cultures pourtant bien différentes. Des deux côtés, on m'a témoigné d'une grande fierté régionale – régions du Pendjab et Uttar Pradesh pour Delhi, et région du Bengale pour Calcutta – mais je n'ai pas eu le temps de suffisamment comprendre les subtilités qui les caractérisent. Je vais donc maladroitement exprimer mon sentiment de manière commune pour ces deux villes.

Le premier constat est, comme on me l'avait annoncé, celui d'une désorientation totale. La pauvreté, l'insalubrité, la saleté, la misère vous sautent aux yeux et vous contractent l'estomac. La rue fait office de poubelle, où les chiens errants et les corbeaux s'empressent de déchirer tout sac en plastique pour y trouver de quoi manger. Les trottoirs sont partout inachevés ou brisés, créant des bosses et des trous où se logent des eaux stagnantes. Dormir dehors semble normal pour une bonne partie de la population. Tout endroit couvert, à commencer par le dessous des routes suspendues, est utilisé comme campement de fortune. En l'absence d'abri, ce sont les bidonvilles qui font office de toit au reste des populations les plus démunies. À chaque feu ou coin de rue, on vous demandera l'aumône. Enfants (souvent shootés à je ne sais quelle substance), culs-de-jatte, vieilles dames… les profils sont variés. Tout cela ne serait rien sans l'odeur. Tantôt celle des poubelles, tantôt celle des toilettes, tantôt celle des huiles de friture… difficile à décrire mais impossible à oublier. Tout cela fait qu'une simple marche dans la rue demande une énergie incroyable. Il faut faire attention à chaque pas et tenter de s'accommoder de la misère qui est franchement dure à regarder en face. Un petit topo sur le trafic enfin : c'est celui qui forcera le plus le passage qui passera, et le klaxon est plus utile que le clignotant. J'ai même eu un chauffeur qui klaxonnait seul sur une autoroute vide… Cela est révélateur du degré de courtoisie des Indiens. Pas de belles files d'attente mais un amas d'hommes et de femmes qui jouent des coudes. On vous passera partout devant sans un regard si vous ne vous battez pas pour tenir votre rang. On a au début envie de leur rappeler les règles de courtoisie, puis on se rappelle que nos règles ne sont en réalité pas les leurs, et que c'est à nous de nous adapter. Le meilleur moyen de comprendre cela est sûrement de regarder un débat télévisé. Ce n'est souvent qu'une cacophonie d'hommes et de femmes qui tentent tous de crier plus fort que les autres. Bref, l'Inde est un pays à part, et cela tombe bien car c'est le genre d'expérience que je cherchais.

L'inconfort demande un effort d'adaptation supplémentaire. Si j'ai eu la chance d'être invité dans le magnifique hôtel Scarlette à New Delhi, véritable havre de paix au sein d'une ville bouillonnante, le retour à la réalité à Calcutta a été d'autant plus violent. Je n'ai trouvé aucune auberge de jeunesse sympathique et abordable dans la ville de mère Teresa, comme il y en a souvent dans les lieux touristiques. J'ai donc dû m'accommoder d'un hôtel « classique » à 30 euros la nuit. C'était au-dessus de mon budget habituel mais le strict minimum pour espérer éviter les cafards dans la chambre. Par chance, il n'y en avait pas, mais j'osais à peine marcher dans la salle de bains crasseuse et puante où il faisait 35 °C, et que je devais pourtant utiliser régulièrement pour cause de problèmes d'estomac aigus. J'ai par ailleurs eu du mal à trouver des contacts à Calcutta, ni même un café agréable où travailler et qui aurait pu me tenir lieu de bureau pendant quelques jours. Le cumul de l'insalubrité, des problèmes gastriques et d'une certaine forme de solitude m'a parfois donné l'impression d'être en milieu hostile, où chaque nouvelle journée est un supplice. J'avoue donc que j'attendais avec impatience le jour de mon avion pour le Népal où j'étais impatient de retrouver des connaissances nouées sept ans plus tôt lors d'un voyage humanitaire de deux mois là-bas.

Des thématiques sensibles

J'ai fait 45 interviews indiennes, ce qui en fait le second pays le plus représenté, après la France et devant les États-Unis. Patron d'usines textiles et ses employés, professeur de yoga, cadre supérieur, femme de ménage, policier, réfugié « sexuel », jeunes de bidonvilles… La liste des profils est longue et variée, tout comme leurs réponses qui sont complexes à analyser. Pas de tendance générale ici, mais des microtendances ou revendications propres au pays. Plusieurs Indiennes ont ainsi évoqué la situation de la femme. « J'ai peur pour ma fille, je veux qu'elle grandisse en sécurité », m'a par exemple confié Isha, faisant allusion aux quatre viols par heure qui se produisent en Inde, triste record mondial. Cause ou conséquence, près de 80 % des femmes indiennes entre 15 et 24 ans sont analphabètes selon l'ONG Plan International. La femme n'est souvent simplement pas considérée comme apte à l'éducation ou au travail et doit s'occuper des tâches ménagères.

C'est en France que j'ai fait une interview indienne qui reste encore à ce jour l'une des plus dures, avec Keshar (page 186), réfugié « sexuel ». « Mon professeur m'a violé quand j'avais 12 ans. Je l'ai dit à mon père, mais personne ne m'a cru. Mon père était un officier de l'armée, il est colonel. Son subalterne m'a violé. Je l'ai aussi dit, mais si vous allez voir la police, la police vous viole également. […] Quand j'étais en Inde, tout le monde me haïssait et voulait me tuer, parce que je suis gay. Mes parents aussi. Mon père et mon frère voulaient me tuer, me tirer dessus. Mon père m'a dit un jour : “Tu as une nuit, si tu es toujours ici demain matin, je te tire dessus.” Voilà de quoi j'ai peur. » Témoignage poignant d'une autre dure réalité en Inde.

Phénomène plus réjouissant, les habitants de la « plus grande démocratie du monde » valorisent beaucoup la diversité de leur pays. *Quelle est la spécificité culturelle indienne qui vous rend le plus fier/fière ?* « L'unité et la diversité », « Nous vivons tous ensemble, et j'aime cela », « Il y a un mélange incroyable de cultures et de religions qui rendent l'Inde unique », « Nous sommes un pays multiculturel » sont quelques-unes des réponses qu'on m'a données. La diversité saute en effet aux yeux, l'unité pas toujours.

Peut-être me trouvez-vous dur ou pessimiste, c'est le cas et je ne m'en cache pas. L'Inde m'a pris beaucoup d'énergie et mon incapacité à la comprendre n'est pas sans effet sur le sentiment que j'en garde. Je tiens cependant à vous relater une discussion qui a bouleversé ma façon de juger les choses. Je parlais avec Rajeev (interview page 204), directeur d'une usine textile près de New Delhi, de « mariage arrangé ». Cette notion a sûrement une connotation péjorative pour vous, comme c'était le cas pour moi, tant l'amour véritable ne peut qu'être choisi et non subi. C'est alors que Rajeev m'a dit ceci : « Vous savez, vous, les Occidentaux, vous croyez que le mariage arrangé est quelque chose de mauvais en soi. Mais ce n'est pas forcément le cas pour nous. Nous faisons confiance à nos parents pour nous trouver une femme qui nous convient. Et après nous apprenons à l'aimer. Il y a une certaine vertu dans le fait d'apprendre à aimer une personne. » Quelle claque. Ne vous méprenez pas, je ne suis pas en train de dire que tous les mariages arrangés sont une bonne chose. Je dis en revanche que tous ne sont pas une mauvaise chose, comme j'avais tendance à le penser avec un peu trop d'assurance. J'ai peut-être quitté l'Inde un peu frustré, mais sans conteste aussi plus ouvert. « Je sais que je ne sais rien », disait Socrate.

L'IRAN : *THE TRUMAN SHOW*

Il y a tellement de clichés à faire tomber sur l'Iran que je ne sais pas par où commencer. J'ai d'abord cru que je ne pourrais y faire aucune interview. Comme je le faisais pour les autres pays, j'ai contacté l'ambassade française en Iran deux semaines avant mon arrivée pour leur expliquer ma démarche, leur demander de l'aide pour trouver des personnes à interviewer, et potentiellement faire un événement avec eux sur place. Leur réponse ne fut cependant pas celle que j'attendais. Leur première réaction fut de me demander si j'avais un visa journaliste, sans quoi je courais le risque d'être pris pour un espion. Je n'en avais évidemment pas. Les remerciant de cette mise en garde, je leur répondis que je ferais mes interviews en lieu sûr pour ne pas attirer l'attention. Leur réponse ne se fit pas attendre :

Cher Monsieur Bruyelle,

Au vu de votre réponse, cette ambassade souhaiterait renouveler et clarifier sa mise en garde.

Nous comprenons que l'obtention d'un visa « journaliste » ne soit, à la lumière des éléments que vous nous avez communiqués, pas une option viable dans votre cas. Vous devez cependant avoir à l'esprit que si votre démarche n'est pas déclarée auprès des autorités iraniennes et par ces dernières, elle sera considérée comme suspecte, donc illégale.

Mener à bien votre projet d'une manière discrète ou contournée ne fera que rendre votre démarche plus suspecte aux yeux des services de sécurité iraniens, particulièrement bien informés (soyez à cet égard bien certain qu'il n'existe pas de lieux « sûrs » au sens où vous l'entendez en Iran) et vigilants à l'égard de tout ce qui peut s'apparenter, de leur point de vue, à des tentatives d'« infiltration » ou de recrutement d'agents étrangers. C'est à travers ce seul prisme sécuritaire, indépendamment de vos intentions humanistes et universalistes dont nous ne doutons pas, que votre démarche sera appréhendée par ces services. Vous ne ferez ainsi que vous exposer davantage, et ferez dans le même temps courir un risque réel à tout Iranien que vous mobiliserez pour ce projet.

Dans ces conditions, nous ne pouvons que vous déconseiller de nouveau, pour votre sécurité comme celle des ressortissants iraniens que vous seriez amené à rencontrer, de conduire votre projet sans avoir reçu préalablement d'autorisation en bonne et due forme de la part des autorités iraniennes.

Charmant. Je m'apprêtais donc à passer trois semaines de vacances en Iran. Connaissant le caractère souvent alarmiste des informations du ministère des Affaires étrangères ou des ambassades sur la situation d'un pays, chose que l'on ne peut leur reprocher, j'ai quand même voulu aller plus loin. Sur un groupe Facebook très populaire en Iran nommé « See You in Iran » regroupant plus de 146 000 personnes, j'ai donc demandé s'il y avait parmi les membres des journalistes iraniens à qui je pourrais parler. Il y en avait beaucoup. J'ai même pu échanger avec un reporter des Gardiens de la Révolution islamique. Leurs conseils étaient globalement les mêmes : pas d'interviews dans les lieux publics, mais en privé il ne devrait pas y avoir de problème. C'était suffisant pour me convaincre.

Des préjugés qui tombent

Si j'ai pris conscience de la qualité de la gastronomie française en passant un an loin de mon pays, l'Iran est un des seuls endroits où elle ne m'a pas manqué – exception faite de l'alcool qui est interdit dans tout le pays. L'Iran est un pays extrêmement raffiné, cultivé, on ne peut plus accueillant, et avec une histoire qui a peu d'égales dans le monde. En passant une soirée avec des jeunes Iraniens, l'un d'eux m'a affirmé : « En Iran, nous sommes un peu racistes envers les Arabes, car ils ont apporté la religion musulmane chez nous. » De quoi faire tomber quelques clichés ethniques et religieux. Les Iraniens ne sont en effet pas des Arabes, à l'inverse de leurs voisins les Irakiens, mais des Perses. Situé en face de l'Arabie saoudite et à côté de l'Irak, l'Iran est souvent amalgamé avec ses voisins. C'est au cours du VIIe siècle, en 651 plus précisément, qu'a lieu la conquête musulmane en Iran, à l'époque appelé Empire perse sassanide. La religion qui prédominait alors dans l'Empire était le zoroastrisme, culte né au cours du Ier millénaire av. J.-C. et petit à petit devenu religion officielle. L'histoire de la Perse et de l'Iran est très riche. La cité antique de Persépolis, dont la construction remonte à 521 av. J.-C. sur ordre du roi Darius Ier (père de Xerxès Ier), fait partie des vestiges les plus célèbres. Elle sera d'ailleurs ensuite partiellement détruite par Alexandre le Grand en 331 av. J.-C.

Mais l'histoire de la région remonte bien avant cela puisque des vestiges de civilisation datant de trois voire quatre millénaires avant notre ère ont été retrouvés au sud-est du pays. De quoi faire de l'Iran, avec la Mésopotamie voisine, l'un des grands berceaux de la civilisation. Les Iraniens connaissent bien leur histoire et en sont extrêmement fiers.

La phrase du jeune Iranien citée plus haut sur les Arabes fait aussi référence à l'époque contemporaine, dans un contexte très tendu de République islamique autoritaire et de récents conflits armés. La révolution iranienne de 1979 a en effet conduit au renversement de l'Empire du shah d'Iran, ouvertement pro-américain et déjà sanguinaire, au profit d'une République islamique dirigée par le guide spirituel Rouhollah Khomeini. La théocratie mise en place est rapidement devenue autoritaire et répressive, avec nombre d'exécutions et d'assassinats d'anciens sympathisants du shah, des médias contrôlés de près, une liberté d'expression largement entravée et l'élimination rapide de tout opposant politique. Les règles strictes de l'islam conservateur sont par ailleurs appliquées : obligation pour les femmes de porter le tchador, interdiction de la vente et consommation d'alcool, et lois basées sur le Coran. En plus de toutes ces violences internes, l'Irak voisin, soutenu entre autres par les États-Unis (tiens, tiens), pensant profiter de la faiblesse du nouveau régime iranien en place, attaqua le pays en 1980. La guerre Iran-Irak ne s'achèvera que huit ans plus tard, après avoir fait entre 500 000 et 1 000 000 de morts selon les sources, et sans qu'aucun pays n'ait atteint ses objectifs. La République islamique est aujourd'hui toujours au pouvoir en Iran, avec des privations de libertés de plus en plus contestées. Aucun concert autre que de musique traditionnelle iranienne n'est par exemple autorisé. La danse en public est interdite et les femmes n'ont toujours aucun droit. Le gouvernement est aussi largement entaché de scandales de corruption et la situation économique, notamment à cause des sanctions internationales prises contre le pays, ne cesse de se dégrader. Tout cela crée une atmosphère générale assez tendue. En discutant hors caméra avec de nombreux Iraniens, on se rend cependant compte que le gouvernement, par crainte d'une nouvelle révolution, est contraint de lâcher un peu de lest. Le représentant de l'ambassade de France avait raison dans son message : les autorités savent tout. Il y a quinze ou vingt ans, m'a-t-on dit, lorsqu'on organisait une soirée illégale avec de l'alcool chez soi, la police venait presque toujours et les organisateurs finissaient en prison. Aujourd'hui, même si le gouvernement n'ignore sûrement aucune soirée illégale, les interventions de police sont moins nombreuses, de peur probablement que le peuple iranien ne fasse son « printemps perse ».

Des rencontres malgré tout

J'ai donc décidé de prendre le risque de faire des interviews en Iran, mais encore fallait-il trouver des sujets. C'est encore grâce au groupe Facebook « See You in Iran » que j'en ai trouvé la plupart. J'ai pris le risque d'y mettre un post public, expliquant que je recherchais des personnes à interviewer. Étant le groupe Facebook le plus important du pays, c'est là que j'avais le plus de chance de trouver des sujets, mais c'est aussi là que j'avais le plus grand risque d'être « repéré ». Les demandes d'interviews ne se sont pas fait attendre. C'était en majorité de jeunes Iraniens urbains, désireux de s'exprimer sur leur pays, pour rétablir une certaine forme de vérité. Les médias internationaux ne sont en effet pas tendres avec l'Iran, et les personnes que j'ai rencontrées sur place ont toutes eu à cœur de montrer une chose : leur hospitalité. Quelle plus belle manière pour démonter un lynchage médiatique que de simplement accueillir les touristes avec la plus grande ouverture et le plus grand respect possibles. Partout on veut vous rassurer, vous montrer par des gestes simples de générosité que la réalité d'un peuple n'est pas celle que l'on voit dans les journaux. Bravo à eux. J'ai tant bien que mal réussi à interviewer des personnes aux profils assez variés en Iran : jeunes actifs urbains de différentes classes sociales, artistes, hommes d'affaires influents, chauffeurs de taxi, nomades dans le Sud du pays, un imam, etc. Mais une catégorie me manque : des religieux conservateurs. Je savais que j'avais peu de chance d'interviewer des femmes conservatrices puisque ce sont leurs maris qui décident pour elles, mais j'espérais tout de même avoir un ou deux hommes. Ce sera pour une prochaine fois.

J'ai enfin été étonné par le fort taux d'acceptation des Iraniens aux interviews. Peu d'entre eux ont décliné l'offre par peur de représailles, comme à Singapour par exemple. En revanche, quasiment tous m'ont confirmé qu'il valait mieux faire l'interview dans un lieu privé. Seul un jeune étudiant à Ispahan a souhaité procéder dans un parc public. J'avoue avoir passé les trente minutes d'entretien à vérifier que la police n'arrivait pas. La seule question problématique fut : *Que représente la religion pour vous ?* « Je préfère ne pas répondre », m'ont dit certaines personnes non musulmanes qui avaient dû quitter le pays suite à la révolution de 1979 et qui avaient perdu des proches pendant les purges. Parfois, je sentais même l'inquiétude chez mes interlocuteurs qui n'osaient pas se prononcer, sûrement du fait de la caméra. D'autres comme Tina (page 171) se sont laissés aller.

L'ÉTHIOPIE, UNE FIN DIFFICILE

Je n'ai toujours pas bien compris comment, mais les trois mois que j'avais prévu de passer en Afrique à la fin du voyage se sont transformés en un mois. J'ai dû traîner un peu en route… Adieu Tanzanie, Madagascar et Afrique du Sud, mon itinéraire initial, et bonjour Éthiopie. Oliver, le policier international allemand rencontré plus tôt au Myanmar, m'a mis en contact avec un grand nombre de personnes là-bas, des hauts diplomates comme des chefs de tribu. Cela s'annonçait donc bien. Depuis quelques mois, je faisais face à des variations culturelles plutôt intenses. L'Inde, l'Iran et l'Éthiopie n'ont rien à voir. Géographiquement, culturellement, religieusement, socialement, c'est à chaque fois un nouveau départ, une nouvelle histoire à s'approprier. J'ai été accueilli à Addis Abeba chez Svante, un ami suédois d'Oliver marié à Léah, une diplomate kenyanne travaillant à l'Union africaine, l'équivalent africain de l'Union européenne.

Les premières recommandations de Svante furent de faire attention à mes affaires et de me méfier des Éthiopiens, peu aimables et parfois racistes envers les Blancs. Il me parla ainsi des différentes techniques dont ils usent pour vous faire les poches. La plus classique étant de vous cracher dessus « involontairement » puis de vous offrir instantanément un mouchoir pour vous essuyer, et profiter ainsi de votre distraction pour tâter votre portefeuille et votre téléphone. J'en ai été victime lors de ma première sortie dans le centre-ville. En quittant l'une des rues principales, je me suis retrouvé au beau milieu d'un bidonville, avec tout mon matériel audiovisuel sur le dos, et des regards de toutes parts braqués sur moi, moyennement sympathiques. Un jeune homme qui me suivait me doubla et me cracha dessus en s'excusant immédiatement. Je lui ai dit de s'en aller. Un taxi passant par là s'est arrêté et m'a dit de monter. « Il vaut mieux que vous ne restiez pas ici », m'a-t-il conseillé avant de me déposer gratuitement quelques rues plus loin. Le ton était donné.

Un contexte déroutant

Il règne une pauvreté extrême en Éthiopie, plus que partout ailleurs où je suis passé. L'Inde est choquante quand on y découvre la misère, mais cette dernière côtoie une grande richesse. Ce n'est pas le cas en Éthiopie. La misère est partout, tout le temps. J'ai fait cent mètres en dehors de la rue principale d'Addis Abeba pour me retrouver au milieu de ce bidonville. Chaque espace de terre non construit se voit instantanément recouvert de quelques bouts de tôle, c'est-à-dire d'une habitation. Les rivières sont un mélange de fosses septiques et de décharge, vous obligeant à vous boucher le nez chaque fois que vous traversez un pont. Svante avait raison, je n'ai pas trouvé les Éthiopiens accueillants, sauf quand c'était pour me vendre quelque chose. J'avais vraiment l'impression d'être un portefeuille ambulant, ce qui devenait pesant à la longue.

Dans un contexte si déroutant, je suis content de la diversité d'interviews que j'ai réussi à faire. On m'avait mis en contact avec plusieurs personnes aisées et éduquées, mais comme vous avez pu le comprendre, elles ne sont vraiment pas représentatives de la population éthiopienne. J'ai ainsi réussi à interviewer Daniel, un mendiant à Addis Abeba qui m'a accosté dans la rue comme beaucoup d'autres en me demandant de l'argent. J'ai aussi eu la chance de rencontrer Armelle et Stéphane, un couple de Français d'une soixantaine d'années installés à une vingtaine de kilomètres de la capitale où ils ont créé une ferme de roses. Après plus de dix ans d'activité, ils emploient près de 350 Éthiopiens, venant quasiment tous du petit village voisin. Ce fut pour moi un grand vivier de répondants. Léah, mon hôtesse à Addis Abeba dont j'ai déjà parlé plus haut, m'a aussi ouvert les portes de l'Union africaine. Diplomates angolais, zimbabwéen, zambiens ou kenyans sont donc passés derrière mon objectif. J'ai enfin passé une semaine dans le petit village de Dorze, à 450 kilomètres au sud d'Addis Abeba, où, malgré la barrière du dialecte local (seulement parlé par 30 000 personnes dans le monde, dont 10 000 monolingues, bonjour les traductions…), j'ai pu poser mes questions à des villageois extraordinaires.

Les sept jours passés dans ce village reculé où vit le groupe ethnique du même nom m'ont laissé un goût amer et mitigé. J'ai vite senti l'attrape-touriste en arrivant. Le village était certes authentique, dans un décor magnifique et mettant en valeur des pratiques ancestrales incroyables, mais il était évident qu'un petit groupe de personnes, à commencer par le jeune chef du village aux allures de Bob Marley, avait décidé d'en faire un juteux business. Ce dernier m'assurait que l'argent gagné avec le tourisme servait à construire des écoles et développer la zone, mais je l'ai surtout vu le dépenser dans l'alcool et la prostitution. J'ai d'ailleurs constaté que ce dernier service n'était pas exclusif puisqu'un guide roumain qui a dormi au village un soir avec son groupe et qui avait l'air de connaître la maison a lui aussi « commandé » une nuit d'amour. De quoi m'énerver d'avoir payé une fortune mon séjour en pensant que c'était le prix d'une véritable expérience atypique, même si en quelque sorte c'était le cas. Je ne peux pourtant nier y avoir fait des rencontres incroyables. Les femmes potières que j'allais interviewer avec mon interprète dans leurs maisons faites de bambou et de feuilles de bananier, définitivement hors des sentiers touristiques cette fois, étaient d'une beauté et d'une dignité incroyables. Jamais elles n'avaient quitté le village, et jamais elles n'ont fait autre chose que de modeler des objets ensuite vendus au marché ou utilisés par les habitants du village. C'était avec beaucoup d'admiration et de respect que je me permettais de les interroger. J'écoutais aussi les jeunes rêver d'université et de vie urbaine, chose que personne n'avait eu la prétention ou la chance d'imaginer avant eux dans ce village, et signe d'une évolution positive de leur qualité de vie. C'est enfin la nuit que se confirmait l'aspect authentique de mon expérience, quand les hyènes rôdaient en ricanant ou en grognant juste derrière la paroi en bambou de ma minuscule hutte. J'étais plus enthousiaste qu'apeuré mais j'ai vite appris à prendre mes précautions pour ne pas avoir à aller aux toilettes la nuit.

De l'influence de la religion

L'Éthiopie est considérée comme le seul pays du continent à n'avoir jamais été colonisé. Seuls les Italiens y ont exercé un court protectorat à la fin du XIXe siècle sans jamais réussir à soumettre le pays. Je crois que les Éthiopiens en retirent encore quelque fierté aujourd'hui. C'est le deuxième pays le plus peuplé du continent, derrière le Nigeria, avec 105 millions d'habitants. C'est surtout le premier pays chrétien d'Afrique, avec près de 63 % de la population revendiquant cette confession. Ces 63 % se décomposent en 43,6 % d'orthodoxes, 18,7 % de protestants et 0,7 % de catholiques. La deuxième religion est l'islam, regroupant 34 % des Éthiopiens. J'apporte ces précisions tant le fait religieux était important dans toutes les interviews que j'ai réalisées. Kokobe (page 93), employée de la ferme de roses, m'a d'ailleurs bien certifié que le bonheur était impossible si on ne croyait pas en Dieu. La religion est aussi ce qui lui a fait dire qu'il fallait bannir l'homosexualité dans le monde entier…

Même s'il est toujours risqué de faire des généralisations, l'Afrique est un continent où les droits de la communauté

LGBT sont largement bafoués. Être homosexuel est considéré comme un crime dans trente-trois pays africains sur cinquante-quatre, dont l'Éthiopie. C'est une pratique présentée comme contre nature, et donc illégale. Je ne pense pas cependant qu'il faille accabler Kokobe pour sa réponse, mais plutôt tenter de comprendre son origine. Pourquoi pense-t-elle comme cela ? Certains dirigeants africains disent que l'homosexualité est un concept qui vient des pays occidentaux, et s'en servent comme un outil politique contre l'influence étrangère. Le concept de « maladie venue de l'Occident » est aussi largement repris par les représentants des deux principales religions monothéistes présentes en Afrique noire, à savoir l'islam et le christianisme. L'équation est simple : prenez les deux organes d'influence les plus puissants en Afrique – politique et religieux – et donnez-leur une population non éduquée à manipuler. Nelson Mandela a dit : « Personne ne naît en haïssant une autre personne à cause de la couleur de sa peau, ou de son passé, ou de sa religion. Les gens doivent apprendre à haïr, et s'ils peuvent apprendre à haïr, on peut leur enseigner aussi à aimer, car l'amour naît plus naturellement dans le cœur de l'homme que son contraire. » Il a sûrement oublié « ou de son orientation sexuelle » dans sa première phrase. L'enseignement de la haine est sûrement l'un des plus faciles qui soient. Il conviendrait juste d'en trouver les professeurs, et de s'en débarrasser.

ET LE RETOUR…

Constatant que mon année autour du monde s'était principalement résumée à faire des interviews ou à travailler, certains amis m'ont demandé à mon retour : « As-tu pu profiter quand même ? N'es-tu pas frustré de ne pas avoir davantage visité tous ces pays ? » Ma réponse était toujours limpide : « Je ne pouvais pas rêver meilleur voyage. » Dans chaque pays, j'ai posé les mêmes questions sur les peurs, les rêves, le passé, le futur, la religion ou l'éducation à des personnes aux profils sociaux très variés. Quelle meilleure manière de visiter et comprendre un pays ? C'est d'ailleurs la première chose que je dis à tous les nouveaux voyageurs qui partent faire des interviews. Préparez-vous à vivre un voyage d'une rare intensité humaine.

Aujourd'hui encore, je sens que je n'ai pas tout à fait « digéré » cette expérience. Les 500 histoires de vies entendues aux quatre coins du monde ont forcément bouleversé la mienne. J'ai beau faire des statistiques, des contenus ou des concepts créatifs, ce qui reste dans ma tête, ce sont des visages, des lieux et des conversations. À votre tour, je vous propose à présent de rencontrer 30 de ces personnes, à travers la plus simple retranscription de leurs réponses.

PARTIE 3

UN ATLAS HUMAIN EN 30 PORTRAITS

Le court récit de voyage que vous venez de lire est largement subjectif, puisque intrinsèquement lié aux rencontres que j'ai faites, et surtout à la manière dont je les ai interprétées. Voici maintenant de quoi faire votre propre analyse.

Les 30 interviews qui suivent représentent moins de 5 % des entretiens réalisés. Autant que possible, elles ont été choisies dans un objectif de représentativité. Vous y trouverez une grande diversité de profils et de réponses. Les retranscrire en intégralité dans ce livre, telles quelles, sans coupe ni filtre, me donne la sensation de vous faire vivre pleinement ce que j'ai expérimenté depuis le début de *20 Questions to the World*. Cela m'émeut beaucoup. Pour un profil donné – paysan, entrepreneur, politicien –, vous allez accéder à certains traits profonds de sa personnalité – ses rêves, ses peurs, ses besoins –, ainsi qu'à sa vision globale du monde – son idée du futur, de l'éducation, de la religion. Un précieux mélange d'émotions et d'opinions qui permet, je l'espère, de dépasser la stigmatisation dogmatique et hâtive que j'évoquais au début de ce livre. C'est une sorte de miniature de l'humanité qui va défiler sous vos yeux.

Lire ces interviews, c'est aussi se prendre au jeu de la comparaison. Très vite, la réponse de l'un vous renverra à celle d'un autre, lue quelques instants plus tôt. Vous comparerez alors leur profil social mais aussi peut-être le reste de leur entretien, en essayant de comprendre les principaux points de divergence ou de rapprochement.

Je parle beaucoup de différences depuis le début du livre. Différentes personnes, différentes opinions, différentes nationalités… J'espère que vous allez aussi percevoir les convergences dans les interviews qui vont suivre, et qu'elles vous surprendront comme elles m'ont surpris. Étonnamment (ou pas), certaines questions amènent souvent les mêmes types de réponses. Doit-on trouver cela ennuyant ? J'ai la naïveté de penser que ces redondances mettent en lumière la solide base d'humanité qui est en chacun de nous.

portrait page 1 du cahier photo

JAIME PAZ ZAMORA, ANCIEN PRÉSIDENT BOLIVIEN

Jaime Paz Zamora est l'ancien président de la Bolivie (1989-1993). Il est le fondateur du Mouvement de la gauche révolutionnaire (MIR) et a vécu en exil pendant plusieurs années avant de réussir à gagner le pouvoir. Il s'est toujours présenté comme un fier défenseur de la démocratie. En 1980, il a été victime d'un mystérieux accident d'avion dont il a été le seul survivant. Certains disent que cela l'a aidé à se faire élire.

EN IMAGES

Que vouliez-vous faire quand vous étiez enfant ?

D'abord, je voulais être aviateur. Après, ingénieur. Et ensuite, grâce à l'influence religieuse de ma famille, je voulais être prêtre, missionnaire. Je sentais vraiment une vocation religieuse qui, après quelque temps, s'est transformée en vocation politique.

Avec qui aimeriez-vous boire un café ?
Avec quelqu'un qui sait boire un café, qui sait le déguster, qui s'y connaît en café. Comme cela, on pourra parler de café, et aussi d'autres choses.

Si vous pouviez faire enseigner quelque chose dans toutes les écoles du monde, qu'est-ce que ce serait ?
La tolérance. Comprendre l'autre, l'accepter, partager avec lui. C'est le plus important, je pense.

Selon vous, quelle est la principale caractéristique commune à tous les êtres humains ?
La tendresse. Au fond du fond de l'être humain, ce qu'on trouve, c'est la tendresse.

Selon vous, qui est la personne la plus heureuse du monde ?
Moi, je me considère comme heureux. Quelle autre personne a l'air heureuse ? Le pape doit être heureux, je pense. Cela se voit qu'il est heureux.

Si vous étiez président des États-Unis, quelle serait votre première réforme ?
Générer les conditions pour établir un leadership amical. C'est-à-dire un leadership basé sur l'amour, sur la compréhension. Les États-Unis peuvent le faire, ce sont même peut-être les seuls à pouvoir le faire. Je pense d'ailleurs qu'après la guerre froide, les États-Unis ont perdu leur *momentum*. Clinton a été un président qui n'a pas réussi à gérer ce leadership. Parce qu'après les tensions de la guerre froide, les États-Unis étaient les grands vainqueurs, et c'est le moment précis où ils auraient pu organiser un nouvel ordre mondial amical, basé sur les concepts de l'amour et de la compréhension. C'est le moment où les États-Unis ont perdu. Depuis, ils avancent à la dérive, ce qui a mené à l'événement grotesque de l'élection de Trump. Mais Trump est la fin. Je pense qu'après cela, les États-Unis auront à nouveau l'opportunité de créer un leadership mondial amical.

De quoi avez-vous besoin ?
D'illusions, à tous les niveaux. Parce que les illusions mènent à l'espérance.

Que feriez-vous si l'on vous donnait maintenant un million de dollars ?
Je l'utiliserais pour organiser une alternative politique démocratique en Bolivie.

Quelle innovation, réaliste ou non, faciliterait grandement votre quotidien ?
Une invention magique qui fait disparaître la fatigue, et qui alimente mon optimisme.

Quel est le fait d'actualité qui vous touche le plus dans votre pays et pourquoi ?
La précarité de certaines populations en Bolivie. Par exemple celle qui conduit à la mort, sur certaines routes extrêmement dangereuses dans les collines boliviennes. Les gens n'ont d'autre choix que de les emprunter, avec des véhicules la plupart du temps en piteux état, presque comme un voyage vers la mort. Le nombre d'accidents en Bolivie à cause de la précarité est énorme. Et il en va de même pour la précarité liée à la faim et à la malnutrition. La précarité sous toutes ses formes, c'est cela qui m'affecte le plus en Bolivie.

Si vous deviez créer une entreprise, ce serait quoi ?
Ce serait une entreprise qui crée une technologie de pointe, qui pour moi est l'amour. L'amour va être la technologie de pointe du XXIe siècle. Les gens vont chercher à acheter l'amour. Les gens vont aller dans des lieux où ils sentent l'amour, dans des lieux où ils sentent de la solidarité, de la tranquillité. Cela sera le produit le plus cher d'ici un siècle. Mais ce que je te dis n'est pas simple : comment produit-on de l'amour ? Cela se fait en produisant des comportements amicaux, des situations amicales, des lieux amicaux. En espagnol, amical [*amable* dans l'interview, NDA] est un synonyme d'amour. Donc je pense que l'entreprise qui réussit à produire de telles situations peut avoir beaucoup de succès. Si tu

peux créer les conditions de l'amour, alors tu crées l'amour. De même que la vie apparaît quand il y a les conditions pour qu'elle apparaisse. On cherche bien des planètes où il y aurait potentiellement des conditions pour qu'il y ait de la vie. Là est toute la question, quelle entreprise va trouver comment on génère les conditions de l'amour ? C'est une entreprise originale en tout cas !

De quoi avez-vous peur ?
De la surprise, de l'inconnu, dans quelque circonstance que ce soit. J'ai peur qu'on me prenne par surprise. Si je savais, je n'aurais pas peur. Parce que je penserais directement à comment je pourrais réagir, y faire face. Ce dont j'ai peur, c'est d'être sans défense. Ou quand tu marches seul, la nuit dans un lieu sombre, par exemple. Tu ne contrôles pas ton environnement. La peur serait en quelque sorte le résultat d'un manque d'information.

Fermez les yeux, vous êtes en 2100, que voyez-vous ?
Je me vois en train d'atterrir sur Mars, avec l'impression que je ne vais pas y trouver de vie.

Quelle est la plus belle chose que vous ayez vue dans votre vie ?
La femme.

Si vous deviez écrire un livre sur le monde actuel, quel titre lui donneriez-vous ?
Le meilleur est à venir.

Qui est Dieu pour vous ?
L'énergie.

Quelle est la spécificité culturelle de votre pays qui vous rend le plus fier ?
La tendresse. La Bolivie est un pays tendre. Il y a d'ailleurs un passage de l'hymne national qui n'est pas beaucoup chanté et qui dit : « Cette terre innocente et belle. » La définition de la Bolivie comme une terre innocente, je pense que c'est tout à fait vrai. Notre peuple est un peuple innocemment tendre. Hommes et femmes. Cela se note aussi dans le langage. La façon de

parler bolivienne est pleine de diminutifs. On ne dit pas *soldado* (un soldat), on dit *soldadito*. On ne dit pas *chico* (mec), mais *chiquito*. Ce sont des diminutifs qui expriment la tendresse.

Si vous pouviez faire n'importe quel métier, sans rapport à l'argent, que feriez-vous ?
Ce que je fais. Avec un rapport à la nature, à l'environnement, à l'écologie, à la politique et à l'art de la terre. Quelque chose autour de tout ça.

Avez-vous la sensation que votre vie est plus simple ou plus compliquée que celle de vos parents ?
Meilleure, bien meilleure. De tous les points de vue.

Si vous deviez décrire notre planète à un extraterrestre, que diriez-vous ?
Je lui dirais : « Regarde, là où tu vois une planète bleue, c'est nous. Ici, il y a plus d'eau que de terre. Et encore beaucoup de place pour beaucoup de monde. »

Et vous, quelle question aimeriez-vous poser au monde entier ?
Êtes-vous prêts à construire un monde meilleur ?

portrait page 1 du cahier photo

KYINUE, DIRECTRICE DE MATERNELLE BIRMANE

EN IMAGES

Kyinue est professeure d'école maternelle à Rangoon au Myanmar. Âgée de 30 ans, elle a décidé de créer sa propre école où elle prodigue une éducation centrée sur l'humain et la compréhension de l'autre. Les frais de scolarité sont volontairement très bas pour permettre aux enfants en situation de précarité d'accéder à son école.

Que vouliez-vous faire quand vous étiez enfant ?
Je voulais participer à l'éducation des enfants dans mon pays.

Avec qui aimeriez-vous boire un café ?
Avec des personnes âgées. Je suis très intéressée par leurs histoires. Je veux pouvoir apprendre de leur expérience.

Si vous pouviez faire enseigner quelque chose dans toutes les écoles du monde, qu'est-ce que ce serait ?
J'apprendrais aux enfants à comprendre leur cœur et notre mère la Terre.

Selon vous, quelle est la principale caractéristique commune à tous les êtres humains ?
Nous avons tous un grand cœur, capable de comprendre l'autre.

Selon vous, qui est la personne la plus heureuse du monde ?
Les personnes éclairées. D'un point de vue bouddhiste, nous pensons que les gens souffrent. Ils ont beau être riches physiquement ou matériellement, ils souffrent psychologiquement. Ils s'énervent et ne sont pas toujours contents de leur manière de vivre. Nous estimons que la méditation peut nous permettre de nous laver de ces impuretés et de cette souffrance. C'est la raison pour laquelle nous pensons que les personnes éclairées, celles qui ne souffrent plus mentalement, sont les plus heureuses du monde. Mais ce n'est que mon avis !

Si vous étiez présidente des États-Unis, quelle serait votre première réforme ?
Ce serait autour de l'éducation et du réchauffement climatique. Je ferais des campagnes publiques sur la nécessité de protéger notre nature ou sur l'importance du recyclage, par exemple.

De quoi avez-vous besoin ?
D'un esprit en paix. Je n'ai besoin de rien d'autre. Je veux simplement être une bonne personne, qui peut méditer chaque jour jusqu'à la fin de sa vie. Cela me rend très heureuse et c'est la seule chose dont j'ai besoin.

Que feriez-vous si l'on vous donnait maintenant un million de dollars ?
Je voyagerais autour du monde, et j'en donnerais une partie pour contribuer à l'éducation dans mon pays. J'en donnerais aussi une partie à ma mère et au reste de ma famille.

Quelle innovation, réaliste ou non, faciliterait grandement votre quotidien ?
Une machine pour faire grandir les arbres plus vite !

Quel est le fait d'actualité qui vous touche le plus dans votre pays et pourquoi ?
Le conflit entre les bouddhistes et les musulmans. Nous n'en voulons pas. Je crois au concept de citoyen du monde, au fait que nous soyons tous une grande famille. Cela m'affecte de voir une telle situation conflictuelle.

Si vous deviez créer une entreprise, ce serait quoi ?
Travels and tours, parce que j'aime beaucoup voyager.

De quoi avez-vous peur ?
De la vie en général, de ne plus pouvoir méditer et être une bonne personne.

Quel est votre rêve ?
Quand je serai plus âgée, je rêve de vivre dans un village, cultiver et planter des arbres, lire, continuer à éduquer des enfants, et être dans un environnement naturel sain. C'est mon grand rêve.

Fermez les yeux, vous êtes en 2100, que voyez-vous ?
Des enfants jouent et tous les gens marchent dans un parc, un très joli parc.

Quelle est la plus belle chose que vous ayez vue dans votre vie ?
Je participe chaque jour à l'éducation d'enfants, sans en tirer aucun profit.

Si vous deviez écrire un livre sur le monde actuel, quel titre lui donneriez-vous ?
L'Éthique.

Que représente la religion pour vous ?
La religion n'est qu'un nom. Nous pouvons choisir notre propre chemin. La religion est bonne en soi, mais nous n'avons pas besoin d'en avoir peur. Nous n'avons pas besoin de suivre les règles d'un autre temps. Nous sommes assez intelligents pour savoir ce qui est bon et ce qui ne l'est pas. Être religieux, ce n'est pas juste prier et suivre des règles bêtement ; chacun doit être capable de réfléchir par lui-même.

Quelle est la spécificité culturelle de votre pays qui vous rend le plus fière ?
Bagan.

Si vous pouviez faire n'importe quel métier, sans rapport à l'argent, que feriez-vous ?
Je suis heureuse de participer à l'éducation des enfants de mon pays. Et je préfère travailler avec les plus jeunes.

Avez-vous la sensation que votre vie est plus simple ou plus compliquée que celle de vos parents ?
La vie est dure, nous devons nous battre en permanence. En ce qui me concerne, je prends beaucoup de risques et je suis heureuse comme cela. La vie continue, la vie avance. C'était la même chose pour mes parents. Ma mère est une mère seule, et c'est pour cela qu'elle a toujours dû se battre pour s'en sortir. La seule différence est qu'elle a trois enfants, et moi je n'en ai aucun.

Si vous deviez décrire notre planète à un extraterrestre, que diriez-vous ?
Je regarderais d'abord à quoi il ressemble, et je lui demanderais de prendre une photo avec lui pour la mettre sur Instagram !

Et vous, quelle question aimeriez-vous poser au monde entier ?
Comment pouvons-nous sauver les pingouins ?

portrait page 2 du cahier photo

HUSSAM, CHEF SYRIEN RÉFUGIÉ EN FRANCE

Hussam est arrivé en France en 2014. Comme la plupart des réfugiés syriens que j'ai interrogés, qu'ils soient en France, en Turquie ou aux États-Unis, son seul rêve est de voir son pays en paix et de pouvoir y retourner pour retrouver ses proches restés là-bas. Les épisodes de vie très durs qu'il a vécus ont forcément altéré sa vision de l'humanité.

Que vouliez-vous faire quand vous étiez enfant ?
J'aurais aimé pouvoir faire quelque chose dans le domaine de l'aviation, de l'aviation civile, quelque chose comme ça. Mais je ne pouvais pas parce que c'était un peu compliqué. J'aime cuisiner depuis que je suis enfant, c'est dans ma nature. Je suis passionné par ça. Alors je suis allé dans ce domaine et j'ai réussi, loué soit Allah.

Avez qui aimeriez-vous boire un café ?
Avec ma mère.

Si vous pouviez faire enseigner quelque chose dans toutes les écoles du monde, qu'est-ce que ce serait ?
J'aimerais que les écoles soient colorées. Les enfants aiment les couleurs, et personnellement, moi aussi. Je sens que cela donne de l'énergie et de la motivation dans la vie. La présence de belles couleurs et de lumière dans l'enfance aura un impact positif sur eux quand ils seront grands.

Selon vous, quelle est la principale caractéristique commune à tous les êtres humains ?
Pour être honnête, cela semble être une question facile, mais la réponse est complexe. Les gens ont beaucoup de choses en commun, mais malheureusement, ce sont souvent de mauvaises choses. En vérité, les gens sont méchants les uns envers les autres et rares sont ceux qui veulent vraiment faire le bien. Laissez-moi réfléchir… Si je veux le dire en un mot… Ce qu'ils partagent tous à mon avis, c'est la haine.

Si vous étiez président des États-Unis, quelle serait votre première réforme ?
Arrêter la guerre dans tous les pays. Ce que je souhaite et que je ferais, c'est arrêter les guerres et laisser tout le monde vivre en paix dans ce monde. Les États-Unis ne peuvent pas être les seuls à exister alors que d'autres disparaissent pour pouvoir vivre. La première décision que je prendrais serait donc d'aider à faire cesser les guerres dans le monde entier. Tout le monde a le droit de vivre, ce n'est pas réservé aux Américains.

Que feriez-vous si l'on vous donnait maintenant un million de dollars ?
J'en garderais la moitié et enverrais immédiatement l'autre moitié en Syrie.

Quel est le fait d'actualité qui vous touche le plus dans votre pays et pourquoi ?
Ce qui se passe dans mon pays, la Syrie, est connu de tous. Le pays est en très mauvais état. Je ne pense pas que cela soit arrivé à d'autres pays dans l'histoire de l'humanité. À mon avis, il n'y aura pas de solutions, pas avant cinq ans, du moins. Tout le monde sait que ce qui se passe est très mauvais et je pense que cela ne changera pas de sitôt…

Si vous deviez créer une entreprise, ce serait quoi ?
Un petit restaurant.

Quel est votre rêve ?
La fin de la guerre en Syrie. C'est mon seul rêve, vraiment.

Fermez les yeux, vous êtes en 2100, que voyez-vous ?
Je vais être très honnête avec vous… Je ne pense pas que les choses vont bien se passer. Je suis pessimiste… C'est peut-être à cause de ce qui se passe dans mon pays. J'imagine que la technologie va prendre de plus en plus de place, que les gens iront le plus loin possible dans les innovations technologiques, avec Internet et ce qui y est lié. Mais il y aura moins de contact entre les gens, moins d'amour et d'attention. Ce seront des robots. Ni plus ni moins.

Quelle est la plus belle chose que vous ayez vue dans votre vie ?
Je serai franc et honnête avec vous dans mes réponses. C'est la Sainte Kaaba à La Mecque, en Arabie saoudite.

Si vous deviez écrire un livre sur le monde actuel, quel titre lui donneriez-vous ?
Amour. Un mot seulement. S'aimer les uns les autres.

Quelle est la spécificité culturelle de votre pays qui vous rend le plus fier ?
Je suis très fier que ma ville figure parmi les premiers et les plus anciens territoires habités au monde et qu'elle existe toujours. Il y a beaucoup de monuments en Syrie, notamment à Damas. Il y en avait à Alep mais ils ont été détruits. J'espère et prie Dieu pour que ces monuments restent et qu'ils ne disparaissent pas.

Si vous deviez décrire notre planète à un extraterrestre, que diriez-vous ?
Je lui dirais que c'est une planète merveilleuse, elle a tout : la nature, l'eau, les animaux… Elle a beaucoup de bonnes choses que Dieu nous a accordées. Cette planète nous rend tout ce que nous lui donnons, et même plus. Lorsque nous plantons une graine par exemple, elle nous donne un arbre.

Mais il y a quelque chose de mauvais sur cette planète : des êtres humains qui n'apprennent rien de la nature. Ils croient encore que s'ils prennent la place de quelqu'un d'autre, ils seront plus heureux ; ils sont incapables d'apprendre à vivre les uns avec les autres. Je me demande toujours : pourquoi y a-t-il des gens affamés sur la Terre ? Des gens qui se sentent vaincus ? Des gens opprimés ? Sachant que même les animaux ne s'oppriment pas, nous n'avons jamais vu un animal sauvage tuer un autre animal, ou un animal attaquer un autre animal plus faible. Tous les animaux peuvent vivre les uns avec les autres, sauf l'homme. Je demanderais donc à l'extraterrestre de prendre soin de cette planète. Éloignez-vous des êtres humains, limitez le plus possible vos interactions avec eux.

Et vous, quelle question aimeriez-vous poser au monde entier ?
Ma question sera liée à ce que j'ai demandé précédemment. Pourquoi n'est-il pas possible pour tout le monde de vivre dans les mêmes conditions ? Ou dans des conditions plus ou moins similaires ? Avec très peu de différence ? Pourquoi les gens ne peuvent-ils pas vivre ensemble ? C'est une des choses qui me préoccupent le plus.

portrait page 2 du cahier photo

KOKOBE, EMPLOYÉE DE FERME ÉTHIOPIENNE

Kokobe est une jeune femme éthiopienne d'une trentaine d'années, mère d'un enfant. Elle habite un petit village à quelques dizaines de kilomètres de la capitale Addis Abeba, et travaille dans une ferme de roses. Certaines de ses réponses, une en particulier, peuvent paraître choquantes. Plutôt que de juger, l'important est de se demander comment une personne comme Kokobe, en l'occurrence non éduquée, peut en arriver à dire des choses pareilles.

Que vouliez-vous faire quand vous étiez enfant ?
Je voulais devenir une personne éduquée et réussir à atteindre un bon niveau de vie. Mais je ne peux pas vous dire mes autres rêves.

Avec qui aimeriez-vous boire un café ?
Nous, les Éthiopiens, aimons beaucoup le café et nous apprécions le prendre avec tout le monde. Nous sommes très accueillants, cela fait partie de notre culture.

Si vous pouviez faire enseigner quelque chose dans toutes les écoles du monde, qu'est-ce que ce serait ?
Je ne sais pas trop. La science, peut-être. Oui, c'est cela, j'aimerais que tous les enfants apprennent la science. C'est par la science que nous pouvons tout comprendre, et c'est connecté à tout ce que nous faisons, n'est-ce pas ?

Selon vous, quelle est la principale caractéristique commune à tous les êtres humains ?
Nous partageons tous cette planète. C'est la principale chose que nous avons en commun.

Selon vous, qui est la personne la plus heureuse du monde ?
Celui qui croit en Dieu. Sans Dieu, je ne crois pas que le bonheur soit possible.

Si vous étiez présidente des États-Unis, quelle serait votre première réforme ?
Je vais dire quelque chose qui ne va peut-être pas plaire. Il y a des choses que je n'aime pas trop aux États-Unis, comme l'homosexualité par exemple. J'empêcherais cela. Je l'arrêterais partout, car les États-Unis ont beaucoup d'influence pour le faire.

De quoi avez-vous besoin ?
Je voudrais avoir un enfant de plus, et être riche.

Que feriez-vous si l'on vous donnait maintenant un million de dollars ?
Pour être honnête, j'aiderais ceux qui sont dans le besoin. Si je pouvais, c'est ce que je ferais.

Quel est le fait d'actualité qui vous touche le plus dans votre pays et pourquoi ?
Je n'aime pas quand je lis des mauvaises nouvelles sur mon pays. Cela me rend triste.

Si vous deviez créer une entreprise, ce serait quoi ?
Je ferais quelque chose pour les enfants orphelins, qui n'ont plus rien.

De quoi avez-vous peur ?
Je n'ai pas peur des humains, donc il faudrait trouver peut-être parmi les animaux. J'ai peur des hyènes. Les gens ici ont aussi peur des chiens errants.

Quel est votre rêve ?
Je rêve d'être mère à nouveau. Et je veux aussi donner une bonne éducation à mes enfants.

Fermez les yeux, vous êtes en 2100, que voyez-vous ?
Je pense que notre pays aura beaucoup changé et sera devenu très beau. Un peu comme les États-Unis. C'est ce que j'espère en tout cas.

Quelle est la plus belle chose que vous ayez vue dans votre vie ?
Mon enfant.

Que représente la religion pour vous ?
C'est croire en Dieu et savoir que le Christ est la bonne voie à suivre. C'est savoir que tout le monde peut être sauvé par Jésus-Christ. Nous vivons dans ce monde mais je pense qu'il y en a un autre après. C'est ça, la foi, pour moi.

Quelle est la spécificité culturelle de votre pays qui vous rend le plus fière ?
Les fêtes religieuses. Pâques est ma préférée.

Si vous pouviez faire n'importe quel métier, sans rapport à l'argent, que feriez-vous ?
J'aimerais travailler avec des gens bien. Des personnes reconnues, même sans être payée.

Avez-vous la sensation que votre vie est plus simple ou plus compliquée que celle de vos parents ?
Je ne peux pas dire que leur vie était meilleure, mais ce n'est pas non plus très facile pour moi. Il se passe beaucoup de choses dans ma vie mais je ne peux pas vous en parler.

Si vous deviez décrire notre planète à un extraterrestre, que diriez-vous ?
C'est dur. Je lui dirais quelque chose de positif, je pense. Notre planète est magnifique avec des paysages incroyables. Je ne sais pas trop.

Et vous, quelle question aimeriez-vous poser au monde entier ?
Il faudrait que j'y réfléchisse. Je dirais sûrement « *selam* » (bonjour) au monde.

portrait page 3 du cahier photo

FRED, *SERIAL* ENTREPRENEUR AMÉRICAIN

> *Fred est un* serial *entrepreneur américain basé à Dallas au Texas. Après plusieurs entreprises fondées avec succès dans le secteur de la finance et de l'assurance, il a plus récemment créé Robokind, une entreprise développant des robots haute technologie destinés à aider et éduquer les enfants atteints d'autisme.*

Que vouliez-vous faire quand vous étiez enfant ?
J'ai toujours voulu être un homme d'affaires. En deuxième, peut-être athlète, mais je n'ai jamais été suffisamment bon.

Avec qui aimeriez-vous boire un café ?
Sûrement avec Jack Nicklaus. J'étais l'un de ses grands fans. Il était à la fois un grand golfeur et un homme d'affaires intéressant, voire un peu philosophe parfois.

Si vous pouviez faire enseigner quelque chose dans toutes les écoles du monde, qu'est-ce que ce serait ?
Je pense qu'il faut apprendre aux enfants l'économie, et comment les choses fonctionnent vraiment, plutôt que de la philosophie un peu abstraite. Je crois aussi qu'apprendre la littérature et l'histoire est très important. Je respecte beaucoup, dans le business, les gens qui ont un diplôme de littérature ou d'histoire, parce qu'ils s'expriment très bien et avec des connaissances réelles.

Selon vous, quelle est la principale caractéristique commune à tous les êtres humains ?
Je pense que tout le monde cherche à avoir des interactions avec d'autres personnes. Je connais des gens qui ont tenté

des périodes d'hibernation mais cela les rendait un peu fous. Je pense que les gens ont besoin de connexions avec d'autres humains.

Selon vous, qui est la personne la plus heureuse du monde ?
J'ai lu dans une étude que les Danois étaient les gens les plus heureux du monde. Cela m'a étonné parce que leur revenu moyen n'est pas très élevé, mais ils ont beaucoup de services à leur disposition. Le dalaï-lama est sûrement, véritablement, l'une des personnes les plus heureuses du monde.

Si vous étiez président des États-Unis, quelle serait votre première réforme ?
Je crois en réalité que ce que fait le président actuel [Donald Trump, NDA] est bien. Il essaye de changer le système de santé et le code des impôts. C'est ce qu'il faut faire car ils ne marchent pas du tout ensemble.

De quoi avez-vous besoin ?
J'ai juste besoin de rester en bonne santé, et peut-être d'un peu de chance dans la vie. Je suis arrivé à un stade où je n'ai pas besoin de beaucoup plus que cela.

Que feriez-vous si l'on vous donnait maintenant un million de dollars ?
Cela ne changerait pas grand-chose à ma vie… Il faudrait que cela soit un chiffre bien plus grand ! En réalité, je n'ai plus besoin de beaucoup de choses. Je suis à un stade de mon existence où j'essaye de réduire mes besoins. J'avais une grande maison que nous avons vendue pour déménager dans un condominium, et nous sommes même sur le point de partir vers un plus petit condominium. Ce n'est pas pour des raisons financières, mais simplement parce que c'est plus facile et plus agréable. Il n'y a pas beaucoup de choses dont j'aie envie matériellement parlant. Je préfère la simple liberté de pouvoir faire ce que je veux quotidiennement, de voyager où je veux. Les grosses voitures et autres choses de ce type ne m'intéressent pas.

Je crois en une théorie que j'ai imaginée qui s'appelle *bigger box*. C'est une théorie selon laquelle la société veut par essence vous faire travailler dur pour qu'elle puisse vous donner des boîtes toujours plus grosses. Mais quand vous atteignez un certain âge, une certaine expérience, vous vous rendez compte que beaucoup de ces grosses boîtes ne sont pas vraiment nécessaires. Par exemple, si vous vivez dans une maison de 500 m^2, vous êtes sûrement tout à fait content de ce que vous avez. Mais si vous passez dans une maison de 3 000 m^2, finalement vous aurez plus de problèmes avec certaines parties de la maison, des choses qui se cassent, etc. Vous penserez peut-être au début que c'est extraordinaire mais après un moment vous vous demanderez à quoi cela sert. Donc, quand les gens essayent de gagner de l'argent pour ensuite s'accommoder de beaucoup de choses, acheter de nombreuses maisons, la plupart du temps ils ne font que se créer une vie plus compliquée, et rien qui ne les rende plus heureux. Je pense que les gens se font aspirer par cette théorie de la *bigger box*.

Quelle innovation, réaliste ou non, faciliterait grandement votre quotidien ?

Notre entreprise a été créée à l'intention des enfants atteints d'autisme, pour les aider dans leur éducation et leur apprendre à coder. Nous sommes sur le point d'achever ce sur quoi nous travaillons depuis trois ans : un avatar en 3D qui est une réplique exacte d'un ordinateur à l'intérieur d'un robot, avec une application pour smartphone associée et beaucoup d'autres caractéristiques. Nous sommes en train de terminer cette innovation et nous pensons qu'elle permettra à notre entreprise de connaître un grand succès. C'est donc l'innovation que j'attends aujourd'hui ! [Rires]

Quel est le fait d'actualité qui vous touche le plus dans votre pays et pourquoi ?

Je pense que le terrorisme affecte tout le monde, parce que cela crée une peur généralisée. Et je pense qu'il est important que les gouvernements s'impliquent davantage dans la lutte contre le terrorisme. Regardez en France, par exemple, quand vous aviez l'ancien président socialiste, c'était évident que ce qu'il a fait n'allait pas marcher. On se préoccupe beaucoup de la stabilité des pays d'Europe, c'est important pour tout le monde que cela reste un continent stable. Je trouve que les informations sur ce qui s'y passe sont souvent décevantes quand on regarde la manière avec laquelle les choses avancent. Je souhaite juste que le monde reste stable.

Si vous deviez créer une entreprise, ce serait quoi ?
J'ai lancé cette compagnie, Robokind, qui travaille dans le secteur de l'éducation et des robots. Nous pouvons créer un enseignement parfait avec les robots. Créer une éducation bien meilleure que le système des écoles, parce que beaucoup de professeurs sont incompétents et ne savent pas bien présenter leurs cours. Et nous le faisons pour beaucoup moins cher. J'espère que cette entreprise pourra être une grande réussite.

De quoi avez-vous peur ?
Aujourd'hui, sûrement du cancer. J'aimerais vivre encore quinze ou vingt ans. J'ai beaucoup d'amis qui vont très bien et qui d'un coup se retrouvent avec un cancer du pancréas ou autre, et trois mois plus tard ils ne sont plus là. J'espère donc que je pourrai encore garder la santé pour un petit moment.

Fermez les yeux, vous êtes en 2100, que voyez-vous ?
Tout d'abord, je vois d'incroyables véhicules sur la route. Ils sont tous sans chauffeur. Et quand je regarde par la fenêtre, tout le monde a l'air en pleine forme. Les véhicules volent d'ailleurs, et les routes n'ont plus beaucoup d'importance puisqu'il y a quatre niveaux de trafic. Il y a des avions qui sont quasiment magnétiques. Et il y a aussi des bâtiments géants partout, bien plus grands que ce que nous avons l'habitude de voir aujourd'hui.

Quelle est la plus belle chose que vous ayez vue dans votre vie ?
Sûrement la naissance de mon premier enfant. C'est une émotion qui n'a pas d'égal.

Si vous deviez écrire un livre sur le monde actuel, quel titre lui donneriez-vous ?
Futurself. C'est un livre qui expliquera que les gens doivent mettre le présent au service du futur. Pas seulement vivre au jour le jour sans réfléchir. Nous avons la responsabilité de préparer le futur.

Qui est Dieu pour vous ?
Je ne crois pas en Dieu.

Quelle est la spécificité culturelle de votre pays qui vous rend le plus fier ?
Le fait que tout soit possible aux États-Unis. Si vous travaillez dur et innovez, avec une bonne idée, soyez sûr que vous trouverez des gens pour vous aider. Dallas est une ville qui représente bien cet état d'esprit. Beaucoup d'institutions et d'innovations sont créées par des gens qui se regroupent pour trouver des solutions à certains problèmes. J'ai créé huit entreprises, on m'en a refusé d'autres, mais quand j'avais de bonnes idées, les gens étaient toujours prêts à m'accompagner. C'est très excitant. L'état d'esprit entrepreneur est très fort aux États-Unis. D'ailleurs, les gens ont de plus en plus envie de travailler pour eux-mêmes, de développer leurs propres idées. Beaucoup de choses sont possibles. C'est aussi pour cela qu'il y a une grande mobilité sociale. Par exemple, cela m'a pris quatre ans avec ma première entreprise pour totalement changer ma situation financière, du stade où je devais aller m'acheter un film avec un sac de pièces à celui où je n'avais plus aucun problème financier. Si vous vous donnez les moyens de vos ambitions, il peut se passer beaucoup de choses pendant cette période de quatre ou cinq ans.

Si vous pouviez faire n'importe quel métier, sans rapport à l'argent, que feriez-vous ?
Si j'en avais les compétences, ce que je n'ai malheureusement pas, cela me plairait d'être golfeur professionnel. J'étais de handicap 2 au lycée. J'étais bon mais pas assez, et il y a une grande différence entre être bon et être un vrai professionnel. Le simple fait d'avoir une compétence spéciale, qui est en vous, cela doit être incroyable.

Avez-vous la sensation que votre vie est plus simple ou plus compliquée que celle de vos parents ?
Bien plus facile. Rien que physiquement, je suis sportif, je joue au tennis et au golf très régulièrement. Mon père a arrêté tout cela à 40 ans, et il a eu une attaque cardiaque à 55 ans. Vous savez, le nouveau monde, avec toutes ses possibilités – la communication, la technologie, les smartphones… C'est une chose et c'est fantastique, mais je peux surtout prendre soin de moi et de ma santé bien mieux que mon père ne le faisait. J'ai une qualité de vie bien meilleure.

Si vous deviez décrire notre planète à un extraterrestre, que diriez-vous ?
Je lui dirais que notre planète n'est qu'à un des premiers stades de l'incroyable évolution des espèces. Je ne pense pas du tout que nous allons disparaître. Je crois plutôt que nous sommes au début de l'évolution, en témoignent toutes les innovations qui se développent. Je lisais l'autre jour qu'on pense que notre espèce est sortie d'Europe il y a 7,2 millions d'années. Quand on voit que d'une certaine manière pas grand-chose n'a changé pendant les sept premiers millions d'années, on peut imaginer que beaucoup de choses peuvent encore arriver. J'espère juste que nous n'allons pas surcharger la planète en le faisant.

Et vous, quelle question aimeriez-vous poser au monde entier ?
Je souhaiterais savoir si les gens sont plutôt optimistes ou pessimistes à propos de leur vie, savoir comment ils se positionnent de ce point de vue.

ortrait
age 3
cahier
hoto

OLESYA, EMPLOYÉE RUSSE

EN IMAGES

> *J'ai rencontré Olesya sur l'île d'Olkhon, au beau milieu du lac Baïkal. N'ayant aucun contact sur place, j'ai d'abord alpagué la maîtresse de la petite auberge où je dormais qui ne parlait pas*

> *un mot d'anglais. Heureusement, grâce à un peu de langue des signes, ma fiche explicative de* 20 Questions to the World *écrite en russe et mon jeu de cartes de questions, elle a accepté l'interview. C'est après son entretien qu'elle m'a fait rencontrer Olesya, son amie également originaire de l'île qui travaillait alors dans les ressources humaines à Irkoutsk. Tout comme la maîtresse de l'auberge, Olesya ne parlait pas un mot d'anglais. Je n'ai donc rien compris à ses réponses sur le moment, et je les ai découvertes avec joie quelques mois plus tard lorsque j'ai reçu la traduction. Vous remarquerez sur le portrait photo d'Olesya que le cadre était assez agréable, avec vue plongeante sur le Baïkal.*

Que vouliez-vous faire quand vous étiez enfant ?
Je ne sais pas pourquoi, mais je voulais être mannequin photo. Je ne voulais pas participer à des spectacles mais simplement être en couverture. J'ai abandonné ce rêve pendant l'enfance, évidemment.

Avez qui aimeriez-vous boire un café ?
En ce moment, dans cet endroit magnifique, j'aimerais prendre une tasse de café avec mes amis les plus chers et les plus proches.

Si vous pouviez faire enseigner quelque chose dans toutes les écoles du monde, qu'est-ce que ce serait ?
Je pense que nous devrions apprendre à entretenir les traditions. Les traditions familiales, les traditions nationales… S'il y avait à l'école une matière sur l'histoire des différents clans, et si tout le monde l'étudiait vraiment, je pense que beaucoup de choses changeraient dans le monde.

Selon vous, quelle est la principale caractéristique commune à tous les êtres humains ?
Je pense que c'est l'amour.

Selon vous, qui est la personne la plus heureuse du monde ?
Celui qui s'écoute et qui vit en harmonie avec la nature.

Si vous étiez présidente des États-Unis, quelle serait votre première réforme ?
Je ne souhaite pas répondre à cette question.

De quoi avez-vous besoin ?
Je ne pense pas avoir besoin de quoi que ce soit. J'ai tout.

Que feriez-vous si l'on vous donnait maintenant un million de dollars ?
Je donnerais cet argent pour la réhabilitation de la nature, en premier lieu pour le lac Baïkal.

Quelle innovation, réaliste ou non, faciliterait grandement votre quotidien ?
Je pense que si je pouvais plonger dans la tête de… Osho [gourou spirituel indien, NDA], par exemple, pendant quelques minutes, pour comprendre ses pensées, pour faire l'expérience de son état d'esprit pendant quelques minutes, beaucoup de choses changeraient dans ma vie. En fait, pas seulement dans ma vie, mais dans tout ce qui m'entoure.

Quel est le fait d'actualité qui vous touche le plus dans votre pays et pourquoi ?
Je ne regarde pas les nouvelles. Je ne pense pas qu'il faille croire aux informations qui proviennent des médias de masse. Mes amis et les gens que je connais me disent tout ce que je souhaite savoir.

Avez-vous la sensation que votre vie est plus simple ou plus compliquée que celle de vos parents ?
Je vis définitivement mieux, et je pense que j'essaye de les aspirer dans mon monde.

Si vous deviez créer une entreprise, ce serait quoi ?
J'y ai déjà pensé de nombreuses fois. J'aime le concept d'un écovillage où je suis allée en Lettonie et j'aimerais en construire un ici, sur le lac Baïkal, en y intégrant des valeurs telles que la protection de la nature et certaines règles à respecter pour vivre en harmonie avec la nature.

De quoi avez-vous peur ?
J'ai beaucoup pensé à la possible disparition du Baïkal, ces derniers temps. C'est vraiment affreux, honnêtement ! En regardant les informations à ce sujet, je m'aperçois des dommages que les gens infligent à la nature. C'est vraiment effrayant. Que va-t-il se passer dans cent ans, comment sera notre planète Terre ? La seule chose qui me fait peur est ce que les gens font.

Quel est votre rêve ?
Je pense que je veux voyager dans le monde entier. Je veux voyager avec ma famille. Actuellement, je n'ai pas cette possibilité, mais je réalise à quel point ce serait formidable. Comme notre planète est belle ! Et comme tous les recoins de notre planète sont beaux ! Je veux prendre l'énergie de tous ces coins du monde.

Fermez les yeux, vous êtes en 2100, que voyez-vous ?
J'ai médité sur ce sujet. Et je vois la séparation de deux mondes. Il y aura un monde très avancé technologiquement d'un côté, et de l'autre on trouvera un territoire sans technologies ni progrès. Les gens y vivront comme on vivait auparavant, dans des tentes en matériaux naturels et en respectant les traditions du passé. Les gens du monde technologique viendront là pour donner naissance à leurs enfants, pour les porter comme ils le faisaient il y a plusieurs siècles. C'était ma vision du monde futur.

Quelle est la plus belle chose que vous ayez vue dans votre vie ?
Je sais que cela peut sembler ordinaire mais c'est le lac Baïkal. Il est tellement différent tous les jours, il change chaque minute. Tout change, particulièrement ici sur l'île d'Olkhon. C'est l'un des endroits les plus magiques et puissants de la planète que je connaisse.

Si vous deviez écrire un livre sur le monde actuel, quel titre lui donneriez-vous ?
Je l'appellerais *La vie telle que je la vois.*

Qui est Dieu pour vous ?
Si vous apprenez à aimer tout ce qui vous entoure et acceptez les gens tels qu'ils sont, vous reconnaîtrez Dieu. Dieu est nous, Dieu est tout ce qui nous entoure.

Quelle est la spécificité culturelle de votre pays qui vous rend le plus fière ?
Les danses en cercle, les cérémonies traditionnelles. C'est dommage que nous ayons perdu ces traditions. Mais les temps changent et un tournant s'opère actuellement vers des valeurs moins matérialistes. Je suis heureuse que des gens recommencent à se rassembler, à organiser des fêtes, à s'asseoir près du feu et à danser en cercle. Je pense que ces traditions sont une valeur primordiale de notre peuple. C'est leur force. Quand nous nous unissons, il n'y a rien de plus fort que l'esprit russe, croyez-moi.

Si vous pouviez faire n'importe quel métier, sans rapport à l'argent, ce serait quoi ?
Si j'avais une telle chance, j'aiderais les gens. Ceux qui en ont vraiment besoin. Des gens du monde entier, en dépit de leurs nationalités.

Si vous deviez décrire notre planète à un extraterrestre, que diriez-vous ?
Oh, c'est simplement un monde magique. Je leur ferais faire un tour.

Et vous, quelle question aimeriez-vous poser au monde entier ?
Je demanderais à tout le monde… Non, je préférerais les convoquer pour leur demander de s'unir afin de rendre le monde meilleur. Sinon, nous risquons simplement de le perdre dans un futur proche. J'aimerais que nos enfants et petits-enfants puissent voir le monde aussi beau qu'aujourd'hui. Si nous pouvions ramener la beauté primitive de la nature, ce serait un miracle.

portrait page 4 du cahier photo

PAUL, VICAIRE ANGLAIS

EN IMAGES

Paul Turp est le pasteur de l'église Saint-Léonard à Shoreditch, Londres. Il est très compliqué de décrire sa vie en quelques lignes tant le personnage est particulier, et tant il a accompli de choses. Il a même inspiré une série récompensée sur la BBC : Rev. *Depuis trente-cinq ans qu'il est pasteur, le trafic de drogue, la prostitution et l'alcoolisme ont fait partie de son environnement quotidien. Il lui est d'ailleurs déjà arrivé de se faire assommer avec une bouteille par un alcoolique du coin. Mais ce sont surtout 35 années d'amour et de tolérance, en lançant une multitude de projets pour aider les personnes en difficulté, d'un centre de désintoxication à un café solidaire pour leur permettre de recréer du lien avec la société. Vous trouverez facilement plus d'informations sur lui sur Internet.*

Que vouliez-vous faire quand vous étiez enfant ?

C'est une question étrange pour moi. Je voulais travailler dans les chemins de fer, en tant que conducteur de train. J'ai aujourd'hui 68 ans et j'aimerais toujours être conducteur de train. Mais il s'est passé quelque chose en moi quand j'avais 8 ans. J'ai soudain voulu devenir un grand pasteur. Je ne savais pas vraiment ce que cela voulait dire, mais c'est venu comme ça. C'est étrange. Quelque chose à l'intérieur de moi voulait que je fasse ce que je fais aujourd'hui, car je suis né pour cela. Mais sinon, j'aurais aimé travailler dans les chemins de fer.

Avec qui aimeriez-vous boire un café ?

Il y a une personne qui a fait partie de ma vie dans le passé. Une personne qui m'a méprisé, qui a dit des mensonges sur moi et qui m'a conduit en dépression clinique. Je ne pouvais même plus exercer mon métier, ni quasiment rien faire. Je sais pourquoi ces gens se sont alliés contre moi. Ils avaient quelques problèmes avec leur sexualité. Je ne peux pas vous dire qui c'est. J'accepte toujours les gens comme ils sont, et cette personne était un violeur, un homophobe. À tel point que si vous étiez gay, il aurait pris du plaisir à vous voir brûler vif. Une personne très mauvaise donc, qui a finalement décidé de s'en prendre à moi. J'aimerais aujourd'hui prendre un café avec lui. Et s'il est toujours aussi mauvais, je voudrais lui casser la gueule. Oups, je ne sais pas si j'ai le droit de dire cela…

Si vous pouviez faire enseigner quelque chose dans toutes les écoles du monde, qu'est-ce que ce serait ?
L'anglais. Pour que tout le monde puisse communiquer.

Selon vous, quelle est la principale caractéristique commune à tous les êtres humains ?
La culpabilité. Au fond d'eux, les gens se sentent coupables. Des gens se sentent coupables de qui ils sont, d'autres se sentent coupables de ce qu'ils font, de la manière dont ils vivent. Nous essayons de ne pas montrer cela, de trouver des compromis et faire avec. Mais la plupart des gens que je rencontre ont une part de culpabilité en eux.

Selon vous, qui est la personne la plus heureuse du monde ?
Ma petite-fille Emily, qui a trois ans et demi.

Si vous étiez président des États-Unis, quelle serait votre première réforme ?
J'abolirais le commerce du pétrole en dollars, car cela contraint beaucoup l'économie mondiale, et affecte l'économie américaine. Les pétrodollars sont une invention des Américains qui date de la fin des années 1950. Cela rend les États-Unis ridiculement riches, mais crée aussi directement un grand nombre de conflits. C'est quand Saddam Hussein a déclaré qu'il allait retirer ses ressources en pétrole du système des pétrodollars, et que les autres pays du Golfe ont menacé d'en faire de même, que les Américains ont commencé à leur faire la guerre. D'ailleurs, la première chose qu'ont faite les États-Unis quand ils sont arrivés en Irak, avant quoi que ce soit d'autre, a été de prendre tout l'argent du pétrole et de le transférer à la Banque centrale américaine.

De quoi avez-vous besoin ?

En termes d'argent, j'ai besoin d'environ six millions de livres, pour restaurer entièrement cette église. Nous sommes actuellement assis dans ce qui est potentiellement le site le plus ancien d'Angleterre à avoir connu un culte continu. En dessous de cette église du XIIe siècle se trouve une église anglo-saxonne, en dessous de laquelle se trouve une chapelle romaine. Les premiers chrétiens en Angleterre étaient dans l'armée romaine, et nous nous trouvons au point central où les Romains ont installé leurs armées. Toutes les routes principales construites par les Romains en Angleterre mènent à l'église de Shoreditch.

Si vous deviez créer une entreprise, ce serait quoi ?

Il y a quarante ans, j'étais analyste financier à la City de Londres, donc je connais un peu le monde de l'entreprise. Ce serait plutôt une association qu'une entreprise. Je suis vraiment tenté de créer une association qui aiderait des gens venant d'horizons très différents à vivre ensemble. Je ne sais pas exactement comment cela fonctionnerait. Je serais très heureux de réussir à créer ce type de communauté, qui serait sûrement risquée et précaire, mais très utile.

Que feriez-vous si l'on vous donnait maintenant un million de dollars ?

Je l'investirais en achetant des livres sterling. Je pense que la livre est très basse en ce moment, et qu'elle sera très haute dans trois ans. Je ferais donc un gros profit et je ne laisserais évidemment pas le gouvernement y toucher. Je ne le déclarerais pas et je le dépenserais dans quelque chose de délicieux.

Quelle innovation, réaliste ou non, faciliterait grandement votre quotidien ?

Ce ne serait pas une innovation, mais plutôt une éducation. J'aimerais qu'on m'apprenne à utiliser mon téléphone mobile. Je n'arrive pas à recevoir mes e-mails sur mon smartphone. J'ai toutes ces choses qu'on appelle applications. Ces petits carrés colorés dont je n'ai aucune idée de l'utilité. J'ai un ordinateur à la maison sur lequel j'arrive à envoyer des e-mails et aller un peu sur Internet. Mais je ne peux rien faire d'autre. Je regarde en ce moment même dans une caméra, et je n'ai pas la moindre idée de comment cela fonctionne.

Pouvez-vous dessiner quelque chose de beau ?
[En montrant le dessin d'un visage de femme.] Ceci est le visage de ma femme Sandra. Nous partageons notre vie depuis quarante-sept ans, et pour moi elle est toujours aussi belle que le jour où je l'ai embrassée en 1970.

De quoi avez-vous peur ?
De l'échec.

Quel est votre rêve ?
Je ne sais pas si je peux le dire en public. Et je ne vais d'ailleurs pas vous le dire. Je peux en revanche vous dire que suis tout à fait conscient de mon âge, et je sais que dans deux ans je ne pourrai plus être ici, à exercer mon métier. J'ai donc deux années pour rendre à cet endroit sa grandeur et sa beauté, pour lui donner un nouveau souffle. Cela est mon grand rêve pour notre communauté et la ville de Londres.

Fermez les yeux, vous êtes en 2100, que voyez-vous ?
Les gens auront changé à Londres. En regardant un peu dans le passé, la vie était assez difficile, mais les gens n'avaient pas trop peur. Aujourd'hui, nous ne savons pas bien où va l'économie, beaucoup de personnes sont inquiètes. Les gens sont devenus plus centrés sur eux-mêmes. Pas forcément moins généreux, mais plus individualistes. Et de façon paradoxale, il y a de plus en plus de personnes qui rejettent le concept de religion en tant qu'institution organisée. Les gens cherchent plutôt une spiritualité profonde à propos de leur vie et du sens de la vie. Ce phénomène grandit tandis qu'en même temps, l'optimisme des gens disparaît. Les gens n'ont plus de grandes espérances pour le futur. Cela était différent il y a encore quelques années.

Si vous deviez écrire un livre sur le monde actuel, quel titre lui donneriez-vous ?

J'écris en ce moment même un livre. Une maison d'édition célèbre m'a demandé d'écrire un livre. Son titre est *The Bad Boy of the Clergy* (« Le Mauvais Garçon du clergé »). C'est l'histoire du développement de ma conception spirituelle du monde, du temps où j'étais très jeune jusqu'à maintenant. C'est vraiment une histoire spirituelle, où je parle aussi des problèmes qu'ont les gens comme moi avec la religion institutionnalisée.

Qui est Dieu pour vous ?

Dieu n'est pas un « Qui », Dieu n'est pas un « Quoi », Dieu est. Il n'y a rien qui n'est pas Dieu. La divinité est partout et dans toute chose. Ma relation avec ce que j'appelle Dieu est une relation avec ce qui est vrai et ce qui est réel. Ce n'est pas de la fantaisie ou de l'imagination. C'est une réalité basique, et c'est ce qui est tellement excitant, et satisfaisant.

Quelle est la spécificité culturelle de votre pays qui vous rend le plus fier ?

C'est difficile de trouver quelque chose de global. J'aime Londres. Je m'occupe d'un petit quartier qui s'appelle Shoreditch. Il n'y a pas énormément de monde qui vit ici, mais un tiers de la population est musulmane. Si les tendances démographiques actuelles continuent, dans six ans, le principal groupe ethnique sera les Chinois. Et je trouve que c'est merveilleux, ce sont des personnes formidables. Je me rappelle quand j'avais 9 ans, le tout premier homme noir que j'ai vu de ma vie, son nom était Elijah, il vivait à Aven Road, au coin de ma rue. À l'église aujourd'hui, il y a un grand nombre de pays représentés. La chose la plus extraordinaire de Londres, ce sont les gens qui sont ici. Je me souviens des conflits raciaux, et des problèmes entre les différents groupes ethniques, entre les différentes cultures. La plupart de ces conflits sont aujourd'hui apaisés, et la vie est devenue plus tranquille. J'ai récemment acheté une maison pour ma retraite, dans une ville qui s'appelle Norwich, à 170 kilomètres de l'église de Shoreditch. Il n'y a quasiment pas de Noirs là-bas. C'est une ville très blanche, de classe moyenne. Ce sont des gens très sympathiques, mais c'est un peu comme retourner en arrière, dans les années 1950.

Maintenant je vais vous parler en tant que pasteur. Seulement deux fois en trente-cinq ans, j'ai dit à une personne : « Vous n'êtes pas la bienvenue dans cette église, maintenant et à jamais. » C'était à chaque fois lié au racisme. Nous devons vivre ensemble. Quand des personnes rejettent les Noirs, ou les gens avec les cheveux frisés, ou les Asiatiques, ou simplement les gens différents d'eux, j'essaye vraiment, avec beaucoup de patience, d'être généreux, de prendre du temps pour leur enseigner la chance que c'est d'être capable d'aimer quelqu'un qui est différent d'eux. Mais s'ils ne veulent pas, et qu'ils continuent à dire ou faire de mauvaises choses à leur égard, je leur dis de s'en aller et de ne pas revenir. Cela me rend malade.

Si vous deviez décrire notre planète à un extraterrestre, que diriez-vous ?
Je leur dirais que nous ne sommes pas aussi stupides que nous en avons l'air. Notre planète va maintenir la vie qu'elle a créée. Je leur dirais que pour nous, la planète est si belle qu'on ne peut même pas la décrire avec des mots. La multiplicité de la vie est extraordinaire. Même la forme de ce qui n'est pas la vie, que ce soit un désert, une montagne, une falaise ou un océan, a une beauté. Si vous venez faire un tour sur notre planète, dites-vous simplement : « C'est beau, c'est très beau. »

Et vous, quelle question aimeriez-vous poser au monde entier ?
Je voudrais demander : « Pourquoi ne vous réveillez-vous pas ? Et ne devenez-vous pas plus humain ? »

portrait page 4 du cahier photo

LENICE, ENSEIGNANTE RETRAITÉE BRÉSILIENNE

À Salvador de Bahia, j'ai rencontré Lenice, une personne qui incarne la joie et la gentillesse. Elle est la mère de Sayuri, qui m'a accueilli chez elles en couchsurfing. *Voici ce qu'elle m'a répondu quand je lui ai demandé de se présenter : « Je m'appelle Lenice, j'ai 73 ans, je suis retraitée et j'étais auparavant dans le secteur de l'éducation, pour enfants et adultes. J'ai travaillé avec des communautés à faible revenu, dans des bidonvilles, des lieux très violents, des fils et des filles de personnes exclues. J'ai aussi travaillé avec des enfants bien éduqués. J'ai été professeure et j'ai également eu la chance d'être directrice d'école. Sans le savoir, je réalisais les rêves des enfants ainsi que ceux de leurs parents. J'ai passé la plupart de mon temps à Salvador, mais j'ai beaucoup déménagé avec mon mari japonais qui travaillait dans d'autres États. Dans chaque nouveau lieu, j'ai essayé d'étudier un peu plus, d'apprendre et de connaître la réalité de la région. Je gagnais très peu d'argent en travaillant dans l'éducation, mais mon mari en gagnait plus et entretenait toute la famille. »*

Que vouliez-vous faire quand vous étiez enfant ?
Je voulais chanter, toujours chanter. Je n'étais pas une bonne chanteuse. Les gens pensaient que je n'avais pas le sens du rythme, mais j'ai toujours chanté.

Avec qui aimeriez-vous boire un café ?
Oh, j'aimerais prendre un café avec une chanteuse du Nord du Brésil. Elle s'appelle Elba Ramalho.

Si vous pouviez faire enseigner quelque chose dans toutes les écoles du monde, qu'est-ce que ce serait ?
Ce serait apprendre à faire du bien et respecter les autres. Prendre soin de leur santé, mentalement et physiquement. Donner de l'amour aux autres et faire en sorte que les gens s'aiment est très important. Pas de violence, seulement de l'amour.

Selon vous, quelle est la principale caractéristique commune à tous les êtres humains ?
Chaque être humain a quelque chose de mauvais et de bon en lui, mais c'est à lui de se développer. Les enfants qui ont grandi dans un environnement sain deviennent de très bons adultes. S'ils sont élevés dans un mauvais environnement, ils deviennent de mauvais adultes. Cela dépend aussi de leurs traditions et de leurs croyances. Les gens qui ont la foi placent Dieu au-dessus de tout, et Dieu est bon pour tout le monde. Les gens doivent comprendre cette dichotomie et en tirer les conséquences. Il s'agit de choisir entre le mauvais ou le bon côté, et ils devraient apprendre à choisir le bon. Parfois, les gens manquent simplement d'opportunités. Ils sont bons au fond, mais ne peuvent pas développer cet aspect.

Selon vous, qui est la personne la plus heureuse du monde ?
C'est la personne qui s'aime, qui croit en sa force, en son potentiel. Avant tout, les personnes doivent être heureuses avec elles-mêmes afin d'être heureuses avec les autres. Pour les gens heureux, tout va bien. Si c'est simple, c'est bien. Si c'est très chic, c'est bien. S'ils ont beaucoup d'argent, c'est bien. S'ils n'ont pas beaucoup d'argent, ils vivent avec ce qu'ils ont, une belle vie, et ils parviennent à être très heureux aussi.

Si vous étiez présidente des États-Unis, quelle serait votre première réforme ?
Ce serait la réforme pour la paix, la réforme pour éviter les effusions de sang. La violence conduit à plus de violence. Nous devons toujours prêcher pour la paix et le dialogue.

De quoi avez-vous besoin ?
J'ai besoin de vivre, de vivre en bonne santé. La santé est la chose la plus importante. Je fais de l'exercice physique pour rester en forme et je fais aussi de la gymnastique mentale, parce que la santé mentale est aussi très importante.

Que feriez-vous si l'on vous donnait maintenant un million de dollars ?

Un million de dollars ? D'abord, j'achèterais un appartement pour Sayuri [sa fille, NDA]. Ensuite, j'achèterais certaines choses dont j'ai besoin, juste quelques-unes. Et j'ai une famille qui a besoin d'aide. Je donnerais enfin une partie pour aider à l'éducation des enfants.

Quel est le fait d'actualité qui vous touche le plus dans votre pays et pourquoi ?

La violence. De nos jours, les gens verrouillent leurs portes, ont peur de sortir, ont peur des autres, voire des enfants. Tout le monde vit dans des espaces fermés avec des barreaux, comme une prison. C'est terrible. Mon enfance était très libre, car on avait confiance en les autres.

Avez-vous la sensation que votre vie est plus simple ou plus compliquée que celle de vos parents ?

Je crois que, sous certains aspects, je vis mieux. Sur d'autres points, je vis moins bien. Mes parents n'avaient pas d'argent, ils n'ont pas étudié car ils devaient commencer à travailler jeunes, mais ils avaient la chance de vivre librement en pouvant se promener dans la rue le jour ou la nuit sans aucun problème. Aujourd'hui, j'ai un certain confort de vie, le confort d'aller au marché et d'acheter ce que je veux. Mes parents achetaient seulement ce qu'ils pouvaient. J'ai eu la chance d'avoir un mari qui avait aussi une culture très riche [japonaise, NDA]. Nous avons donc mélangé ma joie à sa culture. Il était timide et silencieux, mais il lisait beaucoup de journaux et de livres. Je n'avais pas ces choses dans mon enfance, je veux dire une enfance intellectuelle. J'ai vécu quarante ans avec lui en apprenant beaucoup, puis je l'ai transmis à mes enfants. Aujourd'hui, ils aiment tous les choses culturelles, ils sont bien éduqués, ils travaillent très bien. Cela me rend heureuse.

Si vous deviez créer une entreprise, ce serait quoi ?

Ce serait quelque chose lié aux loisirs des gens, à la musique, parce que les gens ont besoin de se divertir pour rester en bonne santé.

De quoi avez-vous peur ?
J'ai peur d'être seule dans la vie. J'aime les gens, j'aime être entourée d'amis, j'aime avoir une bonne conversation, cela me fait me sentir bien.

Quel est votre rêve ?
Mon plus grand rêve est d'être toujours avec ma famille, avec mes amis, et que nous soyons tous heureux. Je veux juste que tout le monde soit heureux.

Fermez les yeux, vous êtes en 2100, que voyez-vous ?
Je vois la campagne, c'est vert, c'est paisible. Je vois la paix qui vient de la nature.

Quelle est la plus belle chose que vous ayez vue dans votre vie ?
L'innocence, l'honnêteté, la vérité des enfants. Ils disent toujours ce qu'ils ressentent. Ils nous aiment comme nous sommes, que nous soyons bien ou mal habillés ; l'enfant aime la personne.

Si vous deviez écrire un livre sur le monde actuel, quel titre lui donneriez-vous ?
La paix est possible.

Que représente la religion pour vous ?
Dieu est à l'intérieur de nous. Il est notre pouvoir, notre force. Grâce à lui, si nous croyons en quelque chose, cela peut arriver. Il nous aide à réaliser des choses.

Quelle est la spécificité culturelle de votre pays qui vous rend le plus fière ?
C'est la joie et l'honnêteté de tous. Beaucoup de gens n'ont pas d'argent, pas beaucoup de choses, mais si c'est l'anniversaire de quelqu'un, ils organisent une fête ! Ils dansent comme si la vie était belle, même s'ils doivent faire beaucoup de sacrifices. Ils parviennent à transmettre leur joie intérieure. Et c'est une belle chose.

Si vous pouviez faire n'importe quel métier, sans rapport à l'argent, que feriez-vous ?
Aider les gens dans le secteur de l'éducation. Il faut aider les enfants, mais également leurs parents pour qu'ils puissent mieux les élever. Beaucoup de gens ne donnent pas une bonne éducation à leurs enfants parce qu'ils ne savent pas comment transmettre des choses, ils n'ont pas eu cette chance. Nous manquons d'une bonne éducation ici.

Si vous deviez décrire notre planète à un extraterrestre, que diriez-vous ?
Ici, nous avons beaucoup de problèmes, nous avons la violence, nous avons le bonheur, des gens honnêtes et malhonnêtes. Ici, vous devez apprendre à vivre et à comprendre les autres. Mais c'est très bien, nous sommes heureux.

Et vous, quelle question aimeriez-vous poser au monde entier ?
Comment en finir avec la violence ?

portrait page 5 du cahier photo

ZORGIT, NOMADE MONGOL

Zorgit est un nomade mongol de 54 ans. L'arrière-plan de sa photo est son horizon quotidien. Fidèle à la culture du nomadisme en Mongolie, il vit avec sa seule famille et son bétail, et change de lieu de vie deux à trois fois par an, majoritairement pour des critères météorologiques. Un panneau solaire lui permet d'avoir accès à l'électricité.

Que vouliez-vous faire quand vous étiez enfant ?
Je voulais être berger.

Avec qui aimeriez-vous boire un café ?
Avec mes amis.

Si vous pouviez faire enseigner quelque chose dans toutes les écoles du monde, qu'est-ce que ce serait ?
Conduire ; tout le monde devrait savoir conduire.

Selon vous, quelle est la principale caractéristique commune à tous les êtres humains ?
L'humanité.

Selon vous, qui est la personne la plus heureuse du monde ?
Les Mongols.

Si vous étiez président des États-Unis, quelle serait votre première réforme ?
C'est une question trop compliquée pour moi. Je ferais sûrement quelque chose pour arrêter la guerre et instaurer la paix.

De quoi avez-vous besoin ?
Actuellement, je n'ai besoin de rien.

Que feriez-vous si l'on vous donnait maintenant un million de dollars ?
J'essayerais de développer le tourisme par ici. [En plus de ses deux yourtes familiales, Zorgit en a deux autres permettant d'accueillir des touristes, NDA.]

Quelle innovation, réaliste ou non, faciliterait grandement votre quotidien ?
Je n'ai pas besoin d'innovation.

Quel est le fait d'actualité qui vous touche le plus dans votre pays et pourquoi ?
Je me fiche des infos…

Si vous deviez créer une entreprise, ce serait quoi ?
Ce serait autour du tourisme, je pense.

De quoi avez-vous peur ?
De la maladie.

Quel est votre rêve ?
D'avoir plus de bétail.

Fermez les yeux, vous êtes en 2100, que voyez-vous ?
Je pense que la campagne aura beaucoup changé. N'est-ce pas ? Dans quatre-vingts ans, je pense qu'il n'y aura plus d'élevage ici.

Quelle est la plus belle chose que vous ayez vue dans votre vie ?
J'ai un jour eu une récompense de meilleur travailleur dans l'industrie du bétail. Toute récompense de ce type est quelque chose d'extraordinaire. J'avais 30 ans quand je l'ai eue.

Si vous deviez écrire un livre sur le monde actuel, quel titre lui donneriez-vous ?
Je ne sais pas quoi répondre à cette question.

Qui est Dieu pour vous ?
Mon père et ma mère.

Quelle est la spécificité culturelle de votre pays qui vous rend le plus fier ?
La culture nomade, le savoir-faire de nos bergers.

Si vous pouviez faire n'importe quel métier, sans rapport à l'argent, que feriez-vous ?
M'occuper du bétail, je pense. Je suis un berger, c'est la seule chose à laquelle je pense.

Avez-vous la sensation que votre vie est plus simple ou plus compliquée que celle de vos parents ?
Elle est bien plus facile. Aujourd'hui, tout est ouvert et nous gagnons plus d'argent. À l'époque soviétique, ils avaient une quantité limitée de nourriture et autres produits, ils ne pouvaient rien faire d'autre que de s'occuper du bétail.

Si vous deviez décrire notre planète à un extraterrestre, que diriez-vous ?
C'est une question amusante ! Je ne sais pas… Je lui dirais qu'il y a des montagnes, de l'eau, de l'air… Je ne sais pas trop.

Et vous, quelle question aimeriez-vous poser au monde entier ?
Je ne sais pas trop. C'est dur de poser une question à tout le monde. Je leur demanderais ce qu'ils font, comment ils vivent. Qu'y a-t-il de particulier dans leur ville ? Cela m'intéresserait aussi de savoir comment fonctionne l'industrie du bétail chez eux.

portrait page 5 du cahier photo

GHAZAL, ACTRICE IRANIENNE

Ghazal est une jeune actrice iranienne de 21 ans. Passionnée par ses études de comédienne, elle rêve un jour de devenir une grande actrice. Je l'ai rencontrée dans un café à Téhéran où, pour la première fois en Iran, je voyais une femme avec le voile complètement tombé. Beaucoup d'entre elles manifestaient la pénibilité de porter cet accessoire contraint, mais aucune n'osait le retirer. « Ne t'en fais pas », m'a-t-elle dit quand elle a perçu mon regard mêlé d'inquiétude et de surprise. Je savais en effet à quelles représailles elle s'exposait. Elle m'a ensuite beaucoup questionné sur les écoles de théâtre en France et en Europe, et sur comment y entrer. C'est après cette brève conversation de café que je lui ai proposé de l'interviewer.

Que vouliez-vous faire quand vous étiez enfant ?
Quand j'étais enfant, ma mère voulait que je devienne médecin. C'est pour cela que j'ai toujours voulu être docteur, en gynécologie. J'aimais aussi beaucoup la comédie mais cela ne plaisait pas à ma famille. Ils ont toujours voulu que je sois docteur ou potentiellement ingénieur, même si médecin c'était mieux. Ils avaient l'habitude de me dire : « La médecine, tu l'as dans le sang. » Quand j'ai grandi, j'ai compris que ce n'était pas ce que je voulais faire et j'ai décidé de suivre mes rêves.

Avec qui aimeriez-vous boire un café ?
Al Pacino, je pense. Parce qu'il est l'une de mes idoles et un acteur formidable. J'aimerais qu'il me parle de sa vie, de ses expériences, qu'on discute.

Si vous pouviez faire enseigner quelque chose dans toutes les écoles du monde, qu'est-ce que ce serait ?
Ce que l'on n'apprend pas aux élèves iraniens est qu'il faut suivre ses rêves, faire ce que l'on aime, les choses pour lesquelles on est bon. Nous apprenons juste aux enfants les manières les plus « normales » de vivre. Si j'avais un enfant, je lui dirais de trouver en quoi il est bon et d'être heureux. Nous ne vivons qu'une fois, et être heureux est le but de la vie. Nous devons trouver une manière d'y parvenir. J'aime beaucoup dire aux enfants ou aux gens que je croise : « Suivez vos rêves, faites ce que vous aimez ! »

Selon vous, quelle est la principale caractéristique commune à tous les êtres humains ?
Il m'est arrivé des événements malheureux. Il y a deux jours, j'ai perdu ma cousine qui était comme une sœur pour moi. Elle est morte en Allemagne. Cela prend dix jours de rapatrier le corps en Iran. Nous avions décidé de ne pas l'annoncer à sa mère, car elle est malade et aurait trop souffert durant l'attente du corps de sa fille. Il se trouve qu'elle l'a tout de même su. Durant cette longue attente, j'étais avec elle, je lui donnais de l'eau, je la nourrissais… Je me souviens encore très clairement qu'au moment même où elle a appris la mort, elle m'a demandé de lui préparer ses médicaments journaliers. Je me suis dit que dans un moment si difficile, dans un si grand deuil, elle restait concernée par sa propre santé, elle pensait à prendre ses médicaments, elle avait la volonté de vivre. L'humain a la volonté de vivre, d'être immortel. Un artiste fait de l'art pour devenir immortel, de manière à ce que, dans des centaines d'années, on se souvienne de lui. De mon point de vue, tout le monde a la volonté de vivre et d'être immortel.

Selon vous, qui est la personne la plus heureuse du monde ?
Je pense que personne n'est vraiment heureux. Tout dépend de comment on arrive à faire semblant. Tout le monde pense que je suis heureuse et joyeuse, mais en réalité c'est faux. La personne la plus heureuse que je connaisse, c'est moi, car je sais faire semblant le mieux ! Personne n'est toujours heureux. Mais si je devais nommer quelqu'un d'autre, je dirais mon père, parce que c'est la personne la plus gentille que je connaisse.

Si vous étiez présidente des États-Unis, quelle serait votre première réforme ?
Premièrement, j'améliorerais les relations avec l'Iran. Parce qu'aujourd'hui, les mauvaises relations ont été source de nombreux problèmes pour nous. Il y a eu beaucoup de sanctions et le peuple iranien a beaucoup souffert, y compris mon père qui tient un commerce. Les gens ont dû gérer les sanctions, l'augmentation du coût de la vie, ainsi que le mal qui a été fait. Beaucoup d'entreprises ont fermé. La première chose que je ferais, car je suis iranienne après tout, c'est améliorer les relations avec l'Iran.

De quoi avez-vous besoin ?
De bonheur.

Que feriez-vous si l'on vous donnait maintenant un million de dollars ?
Je dépenserais la moitié en charité, contre le travail des enfants en Iran, car ça me touche vraiment de voir des enfants aussi jeunes que 4 ou 5 ans vendre des fleurs ou d'autres produits dans la rue. Et l'autre moitié, je l'utiliserais pour voyager et me faire plaisir.

Quelle innovation, réaliste ou non, faciliterait grandement votre quotidien ?
J'inventerais quelque chose qui aiderait les gens à se téléporter. Quand une personne te manque, même si elle est à l'autre bout de la planète, tu pourrais aller la retrouver en quelques secondes pour lui faire un câlin et revenir.

Quel est le fait d'actualité qui vous touche le plus dans votre pays et pourquoi ?

La catastrophe qui a eu lieu cette année dans mon pays est l'incendie du bâtiment Plasco. L'immeuble s'est effondré alors que les pompiers étaient encore à l'intérieur en train d'éteindre le feu. Je connaissais un de ces pompiers, il lui restait moins d'un mois avant qu'il puisse partir en retraite. Il avait une fille de 4 ou 5 ans. J'étais dévastée quand j'ai appris qu'il était mort sous les décombres. De manière générale, je crois que cet accident a touché et marqué les gens.

Avez-vous la sensation que votre vie est plus simple ou plus compliquée que celle de vos parents ?

Ma vie est plus compliquée que celle de mes parents, car ils sont nés pendant une période plus simple, au moins pour mon pays. Au temps de ma mère, les filles se mariaient et créaient une famille beaucoup plus jeunes. Les hommes allaient travailler pour soutenir leur famille. Mais maintenant, quand je regarde ma vie ou celle de mes amis, je réalise que la vie n'est plus simplement être marié, avoir des enfants et mourir. La vie, c'est poursuivre ce que tu veux, tes rêves, et laisser une trace avant de mourir pour ajouter quelque chose à ce monde.

Si vous deviez créer une entreprise, ce serait quoi ?

Je créerais des cours pour éduquer les gens sur comment vivre une meilleure vie, comment atteindre leurs rêves, comment être heureux, comment être de bons parents, de bons enfants, etc.

Pouvez-vous dessiner quelque chose de beau ?

C'est un vase avec des roses dedans, quelques-unes sont tombées. J'ai appris à dessiner à l'école primaire, c'est ma professeure d'art qui m'a appris à dessiner ce vase. Dès que je m'ennuie, je dessine ça, je ne sais pas pourquoi. Toujours un vase avec des roses.

De quoi avez-vous peur ?

J'ai peur de la mort. La mort d'un des membres de ma famille, spécialement mon père. Dès que j'y pense, j'ai les larmes aux yeux, ce qui n'est pas normal du tout. C'est subconscient, je ne peux pas l'empêcher. J'ai aussi peur de ma propre mort, énormément. J'ai peur de mourir à chaque instant avant d'avoir accompli mes rêves et n'ayant pas fini certains travaux.

Quel est votre rêve ?
Devenir une actrice.

Fermez les yeux, vous êtes en 2100, que voyez-vous ?
Tout est plus ou moins développé, les humains interagissent de moins en moins. Je pense que moins d'amour sera ressenti dans les prochaines décennies. Tout devient de plus en plus robotisé, bien plus que ce que l'on connaît aujourd'hui. Tout le monde est sur son téléphone ou utilise des nouveaux gadgets inventés d'ici là. Il y a de moins en moins d'interactions humaines, les amitiés ne veulent plus dire grand-chose, les oncles et tantes ne feront plus partie du paysage familial, les gens seront de plus en plus seuls, je pense.

Quelle est la plus belle chose que vous ayez vue dans votre vie ?
Quand j'ai fait le plus haut saut à l'élastique du monde. J'étais la tête à l'envers donc j'ai pu voir la rivière et la vallée verte d'un point de vue totalement différent, ce qui était magnifique. C'est ça, la chose la plus belle que j'ai vue.

Si vous deviez écrire un livre sur le monde actuel, quel titre lui donneriez-vous ?
C'est joli.

Que représente la religion pour vous ?
Je suis née dans un pays avec beaucoup de personnes religieuses et même des fanatiques. Beaucoup des préceptes religieux nous ont été transmis pendant notre enfance. On m'a dit que cette religion était la plus complète et que tu n'as pas le droit de te convertir à une autre ou tu seras exécuté. De mon point de vue, ils ont tué la curiosité qui était en nous : nous ne sommes pas autorisés à questionner notre propre religion. Personnellement, en tant que jeune femme musulmane, je n'ai pas beaucoup étudié ma religion. Quand j'ai voyagé et rencontré des gens de

différentes religions, j'ai réalisé qu'en général, la religion est dénuée de sens et est même absurde. Il y a une seule religion et c'est l'humanité. Nous devrions apprendre à être humains. Si tout le monde avait appris l'humanité depuis le début de l'histoire de l'homme, il n'y aurait pas eu besoin de religion ou de tant de cultes différents qui ont causé tant de guerres, de morts. De mon point de vue, la seule religion, c'est l'humanité, la capacité à être une bonne personne, à s'aider les uns les autres, à ajouter quelque chose de beau dans ce monde avant de mourir. C'est tout.

Quelle est la spécificité culturelle de votre pays qui vous rend le plus fière ?
Nous sommes très accueillants. Il y a des gens merveilleux ici, tellement gentils que parfois il est difficile de croire qu'on puisse trouver autant de gentillesse ailleurs sur Terre. Cela vient de nos ancêtres, de notre passé, et je pense que c'est cet aspect qui est le plus intéressant de notre culture.

Si vous pouviez faire n'importe quel métier, sans rapport à l'argent, que feriez-vous ?
Actrice.

Si vous deviez décrire notre planète à un extraterrestre, que diriez-vous ?
L'air est très pollué, nous ne pouvons pas respirer, ne venez pas ici.

Et vous, quelle question aimeriez-vous poser au monde entier ?
Qu'est-ce que la beauté ? Je pense que la beauté est quelque chose qui a été créé par Dieu et chaque fois que nous, humains, provoquons des changements, nous enlevons de la beauté, que ce soit à un visage, un corps, la nature, n'importe quoi.

portrait page 6 du cahier photo

LUCIUS, MUSICIEN AMÉRICAIN

J'ai rencontré Lucius dans une auberge de jeunesse à La Nouvelle-Orléans, où il travaillait. Il est venu dans cette ville pour y vivre sa passion : la musique. Quand il ne s'occupait pas de l'auberge, il chantait dans les bars. La Nouvelle-Orléans est située en Louisiane, État du Sud des États-Unis. Dans cette région, à l'inverse du Nord, l'abolition de l'esclavage a été un phénomène contraint, non souhaité. Les Afro-Américains rencontrés là-bas ont, pour la majorité et bien plus qu'ailleurs, exprimé à quel point les discriminations raciales existaient encore. À commencer par Lucius.

Que vouliez-vous faire quand vous étiez enfant ?
Je voulais être chanteur. Et c'est ce que je suis devenu.

Avec qui aimeriez-vous boire un café ?
Deepak Chopra. Je voudrais savoir comment il a appris ce qu'il a appris, comment il sait ce qu'il sait. Et surtout, comment il fait pour n'avoir aucun doute. Il en sait long sur le monde de l'esprit et de la pensée, et je trouve ça extraordinaire.

Si vous pouviez faire enseigner quelque chose dans toutes les écoles du monde, qu'est-ce que ce serait ?
La compréhension et la compassion. J'ai l'impression que nous oublions d'être compréhensifs et compatissants, dans ce monde. C'est quelque chose que nous avons tous besoin d'apprendre : comprendre et nous faire comprendre. Un petit cours de vingt minutes pour chaque enfant serait bien, notamment pour leur apprendre à comprendre les personnes qui ne viennent pas du même endroit qu'eux et qui savent des choses différentes. C'est d'autant plus important qu'aux États-Unis, les Américains se limitent tellement aux valeurs américaines qu'ils en oublient parfois que le reste du monde existe. Il est tout aussi important de le comprendre que de nous faire comprendre.

Selon vous, quelle est la principale caractéristique commune à tous les êtres humains ?
La peur. Nous partageons tous la peur de quelque chose ou de quelqu'un. Que cette peur nous permette d'avancer ou bien qu'elle nous paralyse, cette peur est commune à tous les êtres humains.

Selon vous, qui est la personne la plus heureuse du monde ?
Je ne connais personne qui soit « le plus heureux ». Peut-être les enfants. Quand je regarde mes nièces et mes neveux, ils ont l'air d'être les plus heureux du monde. Et ça me rappelle que lorsque j'étais petit, je n'étais pas aussi heureux. Donc, je dirais mes nièces et mes neveux.

Si vous étiez président des États-Unis, quelle serait votre première réforme ?
Ma première réforme serait le système de santé. Je pense que c'est un besoin humain universel. Il suffirait de payer les docteurs ce qu'ils souhaitent être payés, et permettre à tout le monde l'accès aux soins. Nous avons tous besoin de soins médicaux, tout comme nous avons besoin de l'éducation. Sans l'un d'eux, nous souffrons.

De quoi avez-vous besoin ?
D'affection. Auparavant, je ne pensais pas que c'était nécessaire, je la fuyais même. Mais aujourd'hui, avec un peu d'expérience, l'affection est devenue quelque chose d'indispensable pour moi, surtout dans les moments difficiles.

Que feriez-vous si l'on vous donnait maintenant un million de dollars ?
J'investirais une grande partie dans ma musique, j'achèterais une très belle maison quelque part, et je vivrais le reste de mes jours en paix… C'est probablement ce que je ferais.

Quelle innovation, réaliste ou non, faciliterait grandement votre quotidien ?
Je ne sais pas, passons cette question. La technologie va trop vite, et je ne suis pas très fan de ça.

Avez-vous la sensation que votre vie est plus simple ou plus compliquée que celle de vos parents ?
Je pense que ma vie est bien plus difficile que celle de ma famille ou de ma mère, parce que je suis bien plus difficile que ma mère [rire]. Je suis un Afro-Américain noir et gay, ma vie est forcément compliquée. J'ai des objectifs et des rêves très ambitieux, et je suis exigeant avec moi-même. Le monde n'est pas aussi sympa avec moi qu'il l'a été pour elle. Je pense donc que ma vie est plus difficile.

Quel est le fait d'actualité qui vous touche le plus dans votre pays et pourquoi ?
La mort. Dès que j'entends parler d'un meurtre ou d'un tueur, cela m'affecte émotionnellement. Ou alors quand j'entends parler de faits complètement dingues, où des gens se font harceler, espionner ou blesser par d'autres. Tout cela m'affecte.

Si vous deviez créer une entreprise, ce serait quoi ?
J'ai toujours rêvé d'ouvrir un petit jazz-café. Mais je ne sais pas, je ne suis pas bon en business, je suis un musicien.

De quoi avez-vous peur ?
Il y a toute une liste de choses qui me font peur ! Et je suis presque effrayé de te dire ce que c'est parce que la dernière fois que j'en ai parlé à quelqu'un, il a essayé de l'utiliser contre moi. J'ai peur des gens, des êtres humains.

Quel est votre rêve ?
Mon rêve est de continuer à faire de la musique, d'atteindre une sorte de spiritualité et de paix intérieure, et d'arriver à toucher chaque être humain d'une certaine manière. Après m'avoir rencontré, je veux qu'ils repartent en se disant : « Il est sympa et bienveillant avec tout le monde, pourquoi ne le serais-je pas aussi ? » J'espère pouvoir marquer les gens de cette manière.

Fermez les yeux, vous êtes en 2100, que voyez-vous ?
Je ne vois rien. Je ne veux pas y être.

Quelle est la plus belle chose que vous ayez vue dans votre vie ?
Les montagnes. Je crois que la chose la plus belle que j'aie jamais vue est le parc national de Redwood, les arbres sont si grands et si vieux, c'est magnifique.

Si vous deviez écrire un livre sur le monde actuel, quel titre lui donneriez-vous ?
Où allons-nous ?, car je me demande bien ce qu'on est en train de foutre. Non, en fait, j'ai mieux : *What the fuck is goin' on?!* (« Mais qu'est-ce que c'est que ce bordel ?! »), ça serait un meilleur titre [rire].

Qui est Dieu pour vous ?
Quand je m'adresse à l'univers, j'ai l'habitude de l'appeler Dieu sans savoir réellement ce que cela signifie. Je parle à l'univers, je lui demande de me guider. Nous venons de la Terre et nous sommes composés des mêmes molécules. Si j'ai été créé par l'univers, c'est à lui que je dois parler.

Quelle est la spécificité culturelle de votre pays qui vous rend le plus fier ?
Je ne sais pas, c'est une bonne question. J'ai vu les États-Unis dans des jours si sombres. Je ne sais pas, je passe.

Si vous pouviez faire n'importe quel métier, sans rapport à l'argent, que feriez-vous ?
Je serais un chanteur, c'est tout ce que je sais faire et c'est ce qu'il y a de meilleur en moi. Je ne peux pas imaginer faire autre chose.

Si vous deviez décrire notre planète à un extraterrestre, que diriez-vous ?
Je serais la pire personne pour décrire notre planète à un alien. Il ferait sa valise et partirait aussitôt mon explication finie [rire] ! Je ne suis pas la bonne personne à qui il faut poser cette question.

Et vous, quelle question aimeriez-vous poser au monde entier ?
What the fuck is goin' on? Sommes-nous devenus fous ? [Rire.] Ce qui me préoccupe le plus, c'est la technologie qui va trop

vite. On fait des choses horribles aux gens sans qu'ils soient au courant, on les manipule, simplement pour tester des nouvelles technologies. Et je pense être une victime de ça. Les gens ne se doutent pas que certaines personnes agissent pour de mauvaises raisons : ils veulent tester de nouveaux équipements, de nouvelles innovations. La technologie est allée trop loin et envahit la vie personnelle des gens, et leurs esprits. Quand ils pensent n'avoir qu'une simple page Facebook, elle est en réalité utilisée pour vendre et savoir ce qu'ils sont le plus enclins à acheter. Je pense que les limites du raisonnable ont largement été dépassées. Nous sommes allés trop loin. Nous avons perdu la part d'humanité qui fait de nous des humains. Aujourd'hui tout est question d'argent, on s'est sérieusement perdus en chemin. Et cela va s'empirer.

What the fuck is goin' on? C'est ce que je voudrais demander à tous les habitants de cette planète.

portrait page 6 du cahier photo

CATHERINE, CADRE SUPÉRIEURE CHINOISE

> *Catherine est une cadre supérieure très ambitieuse. Passée par les meilleures formations du monde, elle travaillait à New York pour un industriel de l'agroalimentaire quand je l'ai rencontrée. Elle est aujourd'hui rentrée à Shanghai pour prendre la direction marketing d'une autre multinationale du secteur.*

EN IMAGES

Que vouliez-vous faire quand vous étiez enfant ?
Je voulais être une leader.

Avez qui aimeriez-vous boire un café ?
Avec toutes les leaders féminines du monde, parce que je pense que le rôle des femmes a énormément changé, et cela est dû aux efforts des femmes qui ont combattu pour leurs droits. J'adorerais

apprendre et entendre leurs expériences, savoir comment elles ont réussi à améliorer le statut social de la femme. Ainsi, nous pourrions continuer le combat et, espérons-le, arriver au jour où la valeur de la femme dans la société sera totalement reconnue.

Si vous pouviez faire enseigner quelque chose dans toutes les écoles du monde, qu'est-ce que ce serait ?
Ce serait l'art, incluant non seulement la peinture et la musique, mais également toutes les autres formes d'art, pour s'assurer que les enfants comprennent la beauté de la nature et de la vie en grandissant. Ainsi, quand ils deviendront de vrais adultes et qu'ils vivront dans cette jungle de béton [interview réalisée en plein cœur de New York, NDA], ils continueront à apprécier la beauté de la nature.

Selon vous, quelle est la principale caractéristique commune à tous les êtres humains ?
Je n'ai pas rencontré suffisamment de gens, mais ce que je retiens de mon expérience avec ceux qui m'entourent, c'est qu'ils ont tous la volonté de survivre et de prospérer dans ce monde en perpétuel changement.

Selon vous, qui est la personne la plus heureuse du monde ?
Je pense qu'il y a des moments heureux, mais pas de personnes heureuses. Une personne joyeuse peut souffrir de dépression profonde. Il y a des gens qui sont heureux auprès de leurs amis ou de leur famille, ou heureux de leur réussite. Mais si vous êtes heureux tout le temps, vous ne savez plus apprécier ces moments.

Si vous étiez présidente des États-Unis, quelle serait votre première réforme ?
Ma priorité serait la santé, car si j'en crois ma propre expérience, même s'il y a de bons docteurs ici [aux États-Unis, NDA], le système n'est pas optimal. Les patients doivent payer énormément pour avoir des soins basiques. Souvent, même si les docteurs sont bons, ils ne sauvent pas assez de vies. Je voudrais m'assurer que les gens de ce pays n'ont pas à se soucier de leur

santé ou de celle de leurs proches. Ils pourraient ainsi tourner leurs efforts vers ce qui leur tient à cœur. À cause de la mauvaise sécurité sociale, beaucoup de gens souffrent inutilement. J'ai dû payer bien plus ici pour des soins dentaires qu'en Asie, et pas nécessairement pour une meilleure qualité. D'un autre côté, certains de mes amis sont venus ici pour avoir les meilleurs soins pour leur cancer, ou d'autres maladies graves. Mais les docteurs reconnus pourraient partager leurs connaissances avec leurs confrères autour du monde pour que de nombreux autres malades bénéficient de leur savoir. La santé n'est pas un problème économique, mais un challenge basique de vie pour tous les êtres humains. Comme les États-Unis ont les meilleurs talents et technologies dans ce domaine, je ferais en sorte que ma réforme ne touche pas seulement les Américains, mais les gens partout dans le monde.

De quoi avez-vous besoin ?

De temps. Je pense que c'est le luxe ultime. Les gens ne naissent pas forcément égaux socialement, mais le temps est la seule chose que les gens ont de manière égalitaire dès la naissance. Le temps est précieux, limité, il peut couler vite ou lentement et de manière inattendue. Certains ont besoin de temps pour prendre une décision, d'autres ont besoin de distractions pour tuer le temps. La manière dont nous utilisons le temps et avec qui nous le passons définit notre expérience et façonne la personne que nous sommes.

Que feriez-vous si l'on vous donnait maintenant un million de dollars ?

Ce n'est pas beaucoup d'argent… On ne peut même pas s'acheter un appartement avec une chambre ici, à New York, avec cela ! [Rires.] Cela peut être beaucoup pour certains et très peu pour d'autres. Personnellement, j'en investirais probablement la moitié dans le but de générer des intérêts. Et j'en investirais l'autre moitié dans l'éducation et la santé, et dans les gens passionnés par leurs rêves. Je crois beaucoup en l'importance de l'éducation. Je commencerais donc par financer une fondation qui forme des gens talentueux mais qui ont besoin d'une aide financière pour réaliser leurs rêves. Pour ce qui est de la santé, je pense qu'il y a beaucoup de gens et particulièrement des enfants qui souffrent de maladies graves, donc j'espère que cette somme pourrait être utilisée par la recherche pour éliminer certaines maladies. Une dernière partie de cet argent serait dédiée aux gens ayant des projets personnels, comme sur Kickstarter par exemple.

Quelle innovation, réaliste ou non, faciliterait grandement votre quotidien ?
Une technologie qui libérerait les gens de leurs tâches quotidiennes pour qu'ils puissent se concentrer sur ce qui les intéresse vraiment. Par exemple comme la machine à laver ou le lave-vaisselle, qui existent déjà. Je pense que des technologies de ce type peuvent aider et sont tout à fait réalistes. Si l'on imagine plus loin dans le futur, une technologie qui permettrait d'être à plusieurs endroits à la fois ; une machine à voyager dans le temps par exemple.

Quel est le fait d'actualité qui vous touche le plus dans votre pays et pourquoi ?
J'ai grandi en Chine. J'aime et je suis loyale envers ce pays qui m'a vue grandir. La Chine vit un moment charnière, comme en témoignent les nombreux changements qui ont eu lieu au cours des trente dernières années. Nous avons une croissance économique disruptive et il y a un changement profond des états d'esprit. Cela nous a permis de bouger plus vite que le reste du monde, mais pas de penser plus vite. Les gens sont si pressés de suivre le changement qu'ils en oublient de se demander si cela a du sens pour eux.

Il y a deux types d'informations que je voudrais commenter. La première concerne la pollution. Les gens parlent souvent du bas coût de production en Chine. Mais ce dernier est dû à un coût environnemental que nous n'avons pas su prendre en compte car nous étions trop focalisés sur la valeur économique. Ces jours-ci, on entend beaucoup parler de la pollution de l'air dans les grandes villes, qui a un impact négatif fort sur la vie des gens qui y vivent. Vous pouvez acheter de l'eau et de la nourriture, mais quand il s'agit d'air… Nous respirons tous le même air, peu importe que vous soyez riche ou pauvre, c'est donc un problème universel qui affecte tout le pays. Les gens en Chine en souffrent, c'est pour cela que je pense que c'est un changement important, car vous ne pouvez rien faire en Chine là où c'est pollué. Il y a des photos du brouillard à Pékin et Shanghai les jours pollués où on ne voit rien. Comment pouvez-vous faire quoi que ce soit si vous ne voyez rien ? C'est un problème urgent.

Il y a également d'autres problèmes, moins visibles mais qui prendront de l'importance dans les années à venir. Je pense notamment aux jeunes qui vivent aujourd'hui dans un monde extrêmement différent de celui dans lequel ils ont grandi, avec beaucoup de pression sociale. Ils se débattent pour satisfaire leurs besoins fondamentaux. Ils parlent de leur maison, de leur mariage, de prêts, de sécurité sociale, des moyens nécessaires pour prendre en charge les soins de leurs parents, de leurs enfants, etc. Il y a donc beaucoup d'inquiétudes venant de la pression qu'impose la vie.

Aujourd'hui, on parle beaucoup de stratification sociale, et je pense que les couches de cette stratification se sont d'une certaine manière stabilisées. Quand j'étais jeune, si nous travaillions et étudions dur, nous pouvions espérer beaucoup, on pensait qu'on pouvait changer le monde. Aujourd'hui, les enfants sont davantage prédestinés à la naissance. Il y a ceux qui naissent à la campagne et qui ont plus de chances d'être illettrés, et ceux qui naissent dans de riches familles urbaines et qui voyageront dans plus de pays que vous et moi réunis. Le contexte social est donc différent et les opportunités qui vont avec également. Cela risque de créer un gouffre irrémédiable entre les classes sociales. Je pense qu'il est primordial de se pencher sur ces problèmes, car ces jeunes vont façonner la société dans les prochaines années, et il y a un risque de créer de profonds problèmes sociaux.

Avez-vous la sensation que votre vie est plus simple ou plus compliquée que celle de vos parents ?
Je pense que nous sommes plus chanceux que nos parents car notre quotidien est grandement facilité par les nouvelles technologies, sans oublier la mixité des cultures. En termes techniques, nous vivons clairement dans un meilleur monde que nos parents car nous avons la possibilité de faire des choses qui étaient impossibles avant. L'impossible est devenu possible. Cela dit, d'un point de vue psychologique, il n'est pas certain qu'il soit aussi facile de s'accomplir qu'à l'époque de nos parents. Mes parents ont vécu dans un monde où ils n'avaient pas beaucoup d'options. Aujourd'hui, nous sommes submergés de possibilités. Je pense que lorsque les ressources et les choix étaient limités, leur niveau de satisfaction était assez élevé, tandis que maintenant les gens vivent avec anxiété et frustration. Ils souffrent de nouveaux problèmes qui n'existaient pas alors. Mais chaque génération a ses propres problèmes, la technologie en a résolu beaucoup pour nous, mais en a aussi créé de nouveaux.

Si vous deviez créer une entreprise, ce serait quoi ?
Il y a toujours un moment de la vie où l'on veut être son propre patron et réaliser ses rêves. Si je pouvais lancer mon propre projet, ce serait quelque chose en rapport avec l'éducation, avec l'art, ou l'éducation à l'art pour combiner les deux. Dans un monde idéal, ce serait une organisation qui serait rentable en enseignant aux gens à apprécier la beauté de la vie, de la nature, des arts, des relations que l'on peut établir avec les arts, l'histoire, la musique et toutes sortes d'héritages que nos ancêtres nous ont légués. Je trouve que de nos jours, nous sommes trop occupés par la vie et la volonté de laisser une trace.

De quoi avez-vous peur ?
De voir disparaître les gens que j'aime.

Fermez les yeux, vous êtes en 2100, que voyez-vous ?
Je suppose que j'aurai disparu depuis longtemps. J'espère que les êtres humains seront toujours sur Terre, et auront fait la paix avec la vie sauvage et la nature malgré les désastres écologiques

que nous avons créés. J'espère que la technologie facilitera notre vie, et ne sera pas trop destructrice. Nous nous efforçons de faire des machines plus humaines tandis que les êtres humains deviennent eux-mêmes de plus en plus brutaux et mécaniques, en ayant moins d'intérêt pour autrui, moins d'amour, moins d'énergie. J'espère donc que nous aurons trouvé le moyen d'amener la paix entre la vie humaine, la nature, la technologie et l'intelligence artificielle.

Quelle est la plus belle chose que vous ayez vue dans votre vie ?
Il y a tant de belles choses dans ma vie… La joie de mes parents lorsqu'ils ont su que j'étais admise à Harvard. Ou bien, après des années de dur labeur, lorsqu'un projet de longue date finit par se matérialiser et atteindre le consommateur pour faire une différence dans sa vie. Par exemple, lorsque je vois un produit sur lequel j'ai travaillé, que ce soit une innovation ou une simple publicité, arriver au consommateur pour lequel je l'ai conçu, c'est un moment formidable. J'ai un sentiment d'accomplissement.

Quelle est la spécificité culturelle de votre pays qui vous rend le plus fière ?
La culture chinoise a une histoire extrêmement riche cumulée depuis des milliers d'années. Les choses les plus importantes que j'ai pu apprendre sont les valeurs de la famille et des relations avec les gens qui nous entourent. Il y a eu de nombreuses écoles de pensée, et de grands penseurs dont les leçons sont encore valables aujourd'hui. Cela peut être Confucius, Lao Tseu ou beaucoup d'autres. Ils nous enseignent comment se comporter dans notre environnement familial ou social, en portant une attention particulière à l'obéissance et à l'étiquette. Tous ces penseurs sont un héritage très précieux dont nous bénéficions encore aujourd'hui.

Si vous deviez décrire notre planète a un extraterrestre, que lui diriez-vous ?
Notre planète change sans arrêt ; les gens la détruisent et la construisent, essayent de s'en échapper et d'en explorer les profondeurs. C'est une époque de changements très dynamique.

Venez nous voir souvent, et vous verrez quelque chose de différent chaque fois. N'abandonnez pas cette planète, partageons nos connaissances et construisons ensemble un meilleur univers.

Et vous, quelle question aimeriez-vous poser au monde entier ?
Comment voudriez-vous faire pour rendre le monde meilleur ?

portrait page 7 du cahier photo

PHILIPPE, SANS-ABRI FRANÇAIS

EN IMAGES

> *Philippe est un sans-abri vivant à Paris. Vous trouverez tous les éléments biographiques nécessaires dans ses réponses aux questions.*

Qui êtes-vous ?
Je m'appelle Philippe, né le 6 décembre 1955 à Alençon dans l'Orne, à 17 h 45. Fils de père et de mère inconnus, comme écrit sur l'acte de naissance. Recueilli dans un sac-poubelle au pied de la mairie. C'est tout.

Que vouliez-vous faire quand vous étiez enfant ?
Être comme tout le monde, chose que je n'ai pas été.

Avec qui aimeriez-vous boire un café ?
Un ami, ou une amie.

Si vous pouviez faire enseigner quelque chose dans toutes les écoles du monde, qu'est-ce que ce serait ?
Le français pour commencer, et les maths. Ce sont mes matières préférées. Aussi car si tu ne parles pas français ou que tu ne sais pas compter, tu es illettré.

Selon vous, qui est la personne la plus heureuse du monde ?
Celui qui nous a quittés.

Si vous étiez président des États-Unis, quelle serait votre première réforme ?
[Rires.] Oh alors là, je peux pas répondre. Je ne sais pas.

De quoi avez-vous besoin ?
D'amour, d'humour. Ça, c'est clair et net. Je suis désolé, j'ai toujours été laissé tomber comme un chien. Toujours, toujours, toujours. Encore actuellement, d'ailleurs.

Que feriez-vous si l'on vous donnait maintenant un million de dollars ?
Au bistrot ! [Rires.] Ça, fallait s'y attendre ! Non, attends… Bon, c'est trop tard maintenant, c'est dit. Je ne sais pas, j'achèterais une maison sûrement, mais exactement je ne sais pas.

Si vous deviez créer une entreprise, ce serait quoi ?
Une boulangerie ! C'est un des plus beaux métiers du monde.

De quoi avez-vous peur ?
Beaucoup de choses. Je suis anxieux. J'ai toujours peur qu'on me… Ça m'est tellement arrivé que… Je me retourne sans arrêt pour savoir s'il n'y a personne derrière moi. Je me retourne tout le temps, dans les métros, dans les bus, partout. J'ai pas confiance.

Quel est votre rêve ?
Mon cauchemar, tu veux dire. J'en ai encore fait un il y a deux nuits. Mon voisin de chambre me l'a dit. Je me mets à crier : « Au secours ! Au secours ! »

Fermez les yeux, vous êtes en 2100, que voyez-vous ?
Dans cent ans… J'en ai déjà dix de trop, alors ne me demande pas dans cent ans. J'en ai déjà dix de trop, je voudrais partir. Ça, c'est clair. Un peu de repos.

Quelle est la plus belle chose que vous ayez vue dans votre vie ?
Mon mariage. Je me suis marié dans la Sarthe. Ça a duré dix ans. Bon bah, c'est dix ans…

Quelle est la spécificité culturelle de votre pays qui vous rend le plus fier ?
Les fleurs, les plantes. Comment tout cela est venu ? Cela fait des siècles et des siècles que c'est là. Les plantes, les légumes, etc. Mais comment c'est arrivé là ? Il a bien fallu une première graine. Elle vient d'où ?

Si vous pouviez faire n'importe quel métier, sans rapport à l'argent, que feriez-vous ?
Ce serait dans l'alimentation. C'est ce que je préfère et ce que j'ai déjà fait. J'ai aussi besoin d'avoir le pouvoir, de décider. J'ai tenu un bar aussi, mais ça, c'est pas bien.

Avez-vous la sensation que votre vie est plus simple ou plus compliquée que celle de vos parents ?
Ma vie est affreuse. Des parents, j'en ai pas ! J'en ai jamais eu, j'en aurai jamais. Ne pas avoir de frère, de sœur, personne. C'est terrible. Tout seul dans la rue, du matin au soir et du soir au matin, toute la nuit.

Si vous deviez décrire notre planète à un extraterrestre, que diriez-vous ?
Pas grand-chose de beau. C'est clair et c'est net. La planète, franchement… Je vais te dire une chose. On n'a pas demandé à venir sur la Terre. C'est ça qui me fait mal. J'ai pas demandé à venir sur la Terre pour avoir des problèmes depuis ma naissance. J'ai pas demandé ça, moi. Soixante-deux ans de problèmes, c'est affreux. Y a personne, personne, personne pour parler. Ou alors il faut que j'aille dans le 15e [arrondissement de Paris, NDA] parce que là-bas je suis habitué. Mais sinon j'ai personne.

Et vous, quelle question aimeriez-vous poser au monde entier ?
Pourquoi mettre un enfant au monde et ne pas l'accepter ?

portrait page 7 du cahier photo

PRISCILA, FEMME DE MÉNAGE BRÉSILIENNE

Quand j'ai dit aux propriétaires de la maison d'hôtes où je séjournais à Rio de Janeiro que je cherchais à interroger des personnes des favelas, ils m'ont dit que Priscila, leur femme de chambre de 35 ans, accepterait très probablement de répondre à mes questions, ce qu'elle fit. Elle vit en effet dans une favela de Rio avec son fils et elle fait tout pour essayer d'en sortir. Comme beaucoup de personnes de cette « catégorie » que j'ai rencontrées, j'ai été impressionné par sa générosité et son réalisme. En dépit de sa situation très difficile, elle veut toujours faire passer les autres avant elle.

Que vouliez-vous faire quand vous étiez enfant ?
Je voulais être cuisinière.

Avec qui aimeriez-vous boire un café ?
Si je le pouvais, ce serait avec mon père, mais il est déjà décédé.

Si vous pouviez faire enseigner quelque chose dans toutes les écoles du monde, qu'est-ce que ce serait ?
Les droits de l'Homme, pour que chacun puisse avoir ce qu'il mérite. Ici, au Brésil, ils ne sont pas respectés. Ils ne concernent que les puissants. Or, je pense que les droits de l'Homme devraient concerner tout le monde. Aujourd'hui, cela ne fonctionne que théoriquement, mais pas dans la pratique.

Selon vous, quelle est la principale caractéristique commune à tous les êtres humains ?
Les êtres humains s'habituent très vite à une situation donnée. Cela arrive à tout le monde, bon ou mauvais. Si une catastrophe se produit maintenant ou si quelqu'un est extrêmement heureux de quelque chose, on l'oubliera aussitôt que quelque chose d'autre se produira. Beaucoup de choses ne devraient pourtant pas être oubliées, qu'elles soient bonnes ou mauvaises. Elles nous apprennent toutes quelque chose.

Selon vous, qui est la personne la plus heureuse du monde ?
Je pense que cela n'existe pas. Pour moi, il n'y a que des moments heureux, car personne n'est complètement heureux, il manque toujours quelque chose.

Si vous étiez présidente des États-Unis, quelle serait votre première réforme ?
Premièrement, je ne voudrais jamais être présidente, car pour moi, un président ne commande ni ne décide rien. Les décisions sont prises par d'autres personnes, le président n'a qu'à signer. Je pense que c'est ce qui se passe ici au Brésil. Par conséquent, je ne voudrais jamais être présidente. Mais si j'étais dans cette position… Je ne peux pas vraiment répondre, car je ne connais pas la loi américaine. Si c'était au Brésil, je changerais notre Constitution, qui est la plus ancienne du monde et qui est inutile. Elle ne profite qu'aux groupes puissants. Pour moi, les droits devraient être les mêmes pour tous.

De quoi avez-vous besoin ?
Quitter la favela où je vis. Je ne supporte plus d'y habiter. Pour moi, c'est bien pire que le tiers monde, il n'y a aucun droit là-bas. Tout ce que je veux, c'est sortir de là, quitter cet endroit et donner à mon fils de meilleures conditions de vie. On ne vit pas là-bas, on ne fait que survivre. Je fais tout pour que mon fils puisse sortir de là. Je pense qu'étudier est la meilleure chose à faire pour ça, l'école et la connaissance sont ce qu'il y a de plus important. Si je ne peux pas le sortir de là moi-même, espérons que lui puisse grâce à ses études et son diplôme. C'est mon plus grand rêve.

Que feriez-vous si l'on vous donnait maintenant un million de dollars ?
Je ne voudrais pas avoir tant d'argent, parce que l'argent attire les malheurs. Il oblige à se cacher et vivre en permanence dans la peur… Je ne pourrais jamais avoir un million de dollars et continuer à vivre comme je le fais. Je ne serais jamais capable d'emmener mes vrais amis avec moi. Je commencerais à vivre dans une autre réalité, avec d'autres personnes, et je ne serais plus moi-même. Si j'avais cet argent maintenant, je ne

le gaspillerais pas et je ne le renierais pas, car mon plus grand rêve reste de quitter le bidonville avec mon fils. J'aiderais aussi certaines personnes. Ma vie dans le bidonville est terrible et je changerais beaucoup de choses, mais je sais qu'il y a des situations encore bien pires. Mon plus grand rêve serait donc d'aider les autres. Aujourd'hui, même si je ne peux pas aider les gens avec de l'argent, je les aide en leur parlant, en lisant des histoires, en collectant des dons. Depuis la naissance de mon fils, je l'ai emmené dans des orphelinats et des hôpitaux pour faire don de vieux jouets et vêtements. Il a maintenant 12 ans et nous aidons les autres très souvent. Je crois qu'avec de l'argent, je ferais la même chose. J'ai toujours aimé faire ça.

Quelle innovation, réaliste ou non, faciliterait grandement votre quotidien ?
Une machine pour faire disparaître tous les politiciens au Brésil. Comme ça, ensuite, on pourrait tout recommencer de zéro. J'essayerais de choisir des personnes qui ont un cœur sincère, qui aiment s'occuper des autres. Pour moi, il n'y a pas de perspective sans changement. Les politiciens sont les seuls à avoir le pouvoir ici et ils ne se soucient pas de nous. Ils ne feront jamais rien pour moi. J'inventerais donc une machine et je les emporterais tous. Cela me faciliterait la vie si de bonnes personnes pouvaient prendre leur place. Des gens plus intelligents et disposés à éduquer les pauvres. Aujourd'hui, les politiciens ne veulent pas que les pauvres deviennent intelligents. Sinon, ils seraient jetés.

Quel est le fait d'actualité qui vous touche le plus dans votre pays et pourquoi ?
Je pourrais vous dire deux choses. La bonne chose, c'est la modernité, la technologie sous tous ses aspects. Par exemple en ce qui concerne les femmes qui tombent enceintes. Une femme qui n'a pas une bonne situation financière, si elle tombe enceinte, peut aujourd'hui avoir l'enfant si elle le souhaite. Il y a vingt ans, dans les jeunes années de ma mère, cela n'existait pas. Aujourd'hui, vous disposez de nombreuses méthodes de contraception que vous pouvez utiliser gratuitement. Et c'est

très bien, car cela empêche les personnes qui ne peuvent pas gagner leur vie d'amener d'autres personnes au monde. C'est une bonne chose. La technologie autour de nous est également une chose très positive. Où que vous soyez, vous pouvez lire un livre virtuellement. Beaucoup de choses peuvent être faites gratuitement. C'est de la connaissance que vous n'avez pas à payer. Tout cela n'existait pas auparavant. Comme je vous l'ai déjà dit à maintes reprises, ce qui m'affecte négativement, c'est la justice, qui n'est pas la même pour tout le monde. Il y a cette impunité pour les personnes puissantes qui commettent des crimes. Nous sommes tous pris au piège, nous voyons tellement de violence et nous nous sentons incapables de faire quoi que ce soit. Pour moi, c'est horrible. Et voir ces pauvres gens qui n'ont absolument rien… L'injustice ici au Brésil me fâche et me scandalise.

Avez-vous la sensation que votre vie est plus facile ou plus compliquée que celle de vos parents ?
Plus facile, il n'y a pas de comparaison. Aucun doute à ce sujet. Il n'est pas nécessaire de remonter longtemps en arrière. Il y a quinze ans, ma mère vivait dans une maison en bois où il n'y avait pas de salle de bains, avec cinq enfants. Et je ne pouvais pas étudier car je devais travailler pour l'aider. Bien sûr, sans aucun doute… Je dis souvent à mon fils : « Si tu voyais dans quelles conditions j'ai grandi avec ma mère. » Je vis bien mieux maintenant.

De quoi avez-vous peur ?
Que quelque chose arrive à mon fils. Il est tout pour moi. Je l'aime tellement. Je suis protectrice, je vis et travaille pour lui, je fais tout pour lui. Je prie tous les jours pour que rien ne lui arrive. C'est la seule chose qui me fait peur.

Quel est votre rêve ?
C'est plus ou moins comme l'autre rêve que j'ai mentionné. Je veux étudier, je veux pouvoir étudier la cuisine à l'université. Mon fils est déjà au collège, je lui en ai parlé hier, nous pourrions étudier ensemble quand il sera plus grand. Pouvoir quitter la favela, vivre hors de là, c'est mon rêve. Sortir de la violence,

arrêter de vivre sous ce stress 24 heures sur 24… Je vis ici depuis trente-cinq ans, mais personne ne peut s'habituer à de telles conditions, du moins pas moi. J'aime m'habituer à ce qui est bien, pas aux mauvaises choses. Et c'est terrible de vivre tout le temps dans une telle violence. Vous ne savez jamais ce qui peut arriver, un moment tout va bien, et tout peut basculer en un instant. Je rêve donc de partir étudier la cuisine à l'université et de terminer mes études.

Fermez les yeux, vous êtes en 2100, que voyez-vous ?
Ici, au Brésil, je ne vois pas beaucoup de choses changer. Je ne vois pas beaucoup de choses… mais… Honnêtement, je ne vois pas beaucoup de choses… Au Brésil, il y a très peu d'attentes, de rêves ou d'espoirs.

Quelle est la plus belle chose que vous ayez vue dans votre vie ?
Mon fils.

Si vous deviez écrire un livre sur le monde actuel, quel titre lui donneriez-vous ?
S'il vous plaît, revenez, Seigneur.

Que représente la religion pour vous ?
Espoir, paix, bonnes choses. En tout cas, j'ai toujours entendu parler de Dieu de cette manière. Je respecte les opinions de chacun, tout le monde a les siennes et j'ai les miennes. Mais j'ai grandi en entendant que Dieu signifiait paix, amour, unité, joie, espoir et bonté. Alors pour moi, Dieu veut dire beaucoup de bonnes choses.

Quelle est la spécificité culturelle de votre pays qui vous rend le plus fière ?
Je suis fière du fait que les gens ici sont très bons et compatissants, mais je ne sais pas si cela répond à votre question. Ce qui me plaît, c'est que les gens sont gentils malgré tant de problèmes. Tout le monde est toujours souriant, ils veulent aider, vous obtenez toujours de l'aide quand vous en avez besoin. Quand vous parlez à un inconnu, c'est comme si vous connaissiez cette

personne depuis plusieurs années. Mais je ne sais pas si c'est culturel. Je suis fière des gens, comme ils sont.

Si vous pouviez faire n'importe quel métier, sans rapport à l'argent, que feriez-vous ?
J'aimerais être cuisinière.

Si vous deviez décrire notre planète à un extraterrestre, que diriez-vous ?
Ce monde est affreux ; emmène-moi dans ton monde pour voir s'il vaut mieux que celui-ci. Pourquoi êtes-vous venus ici ? C'est ce que je demanderais. Pourquoi êtes-vous venus ici ?

Et vous, quelle question aimeriez-vous poser au monde entier ?
Je demanderais au monde entier : pourquoi tant de mal, tant d'ingratitude ?

portrait page 8 du cahier photo

ÉRIC DUPOND-MORETTI, AVOCAT FRANCO-ITALIEN

EN IMAGES

Éric Dupond-Moretti est un célèbre avocat franco-italien. Il nous a accueillis dans son bureau parisien, entre deux séances à la cour. Comme pour toutes nos interviews, il n'a pas eu les questions en avance, et force est de constater qu'il a été surpris par certaines d'entre elles.

Que vouliez-vous faire quand vous étiez enfant ?
Enfant ? Rien. Adolescent, avocat.

Avec qui aimeriez-vous boire un café ?
Albert Camus. Parce que je trouve qu'il a une vision du monde passionnante. Parce que c'est un très grand écrivain. Parce que c'est un humaniste. Parce qu'il n'y a pas un type qui a écrit de plus belles choses que lui sur la justice.

Si vous pouviez faire enseigner quelque chose dans toutes les écoles du monde, qu'est-ce que ce serait ?
La tolérance. J'ai reçu ce matin une lettre, anonyme évidemment, d'un type qui me dit à quel point il y a des races et que selon lui, certaines sont supérieures à d'autres. Attendez, j'ai gardé ça. C'est tout frais. Voilà : « Je suis vos débats par moments, quelle nullité. Vous devez savoir que les races existent. La carpe et le lapin ne peuvent pas vivre ensemble. Un Arabe n'est pas un Gaulois ni un Celte. » C'est en plus truffé de fautes d'orthographe. Voilà, je voudrais qu'on enseigne partout dans le monde que ça, c'est de la merde. Mais c'est un enseignement compliqué, difficile. C'est une espèce d'utopie, non ? J'ai l'âme d'un utopiste, là, en répondant à vos questions.

Selon vous, quelle est la principale caractéristique commune à tous les êtres humains ?
Je ne sais pas, il y a plein de points communs, non ? C'est curieux, votre questionnaire. D'abord, on a génétiquement le même ADN. C'est quand même pas mal, déjà. Quand Einstein a rempli les documents pour entrer aux États-Unis, on lui a demandé quelle était sa race et il a répondu « humaine ». Je ne sais pas, il y a mille choses que nous avons en commun. De l'ADN, une part d'ombre, une part de lumière, une part de médiocrité… Elle est un peu idiote, votre question. Quand je me balade dans la rue, je distingue un être humain d'un chien par exemple. C'est la réduction qui est un peu curieuse dans la question. Un seul point commun… Il faudra revoir votre questionnaire.

Selon vous, qui est la personne la plus heureuse du monde ?
Je pense que personne n'est heureux, en réalité. C'est René Char qui a écrit à quel point la lucidité était une blessure proche du soleil. Plus on est lucide sur la condition humaine et plus on a de mal à être heureux. Lellouche a une bonne définition du bonheur, il dit : « C'est quand les emmerdes s'arrêtent. » Mais alors qui est la personne la plus heureuse ? C'est peut-être moi, au fond, mais je ne le sais pas.

Si vous étiez président des États-Unis, quelle serait votre première réforme ?
J'irais chez le coiffeur. Et je raccourcirais mes cravates.

De quoi avez-vous besoin ?
Ça me désarçonne, votre truc. D'amour et d'eau fraîche !

Que feriez-vous si l'on vous donnait maintenant un million de dollars ?
Je paierais mes dettes.

Si vous deviez créer une entreprise, ce serait quoi ?
La mienne.

De quoi avez-vous peur ?
De la mort. Et de la vieillesse.

Quel est votre rêve ?
Peut-être de vieillir sereinement. C'est-à-dire de ne pas être fracassé par la maladie qui pourrait engendrer la dépendance. De rester vif, de m'intéresser à tout, de ne pas m'encroûter, de garder un contact avec les autres.

Fermez les yeux, vous êtes en 2100, que voyez-vous ?
Je suis incapable de répondre à cette question. Je ne sais pas. Mieux que ce qui nous est annoncé en tous les cas.

Quelle est la plus belle chose que vous ayez vue dans votre vie ?
C'est fou comme c'est toujours restrictif, votre truc. Comme si dans sa vie on ne voyait qu'une belle chose. D'abord, il y a des registres différents, dans lesquels on peut voir des choses avec des intensités équipollentes, et équivalentes. Je ne sais pas. C'est difficile de choisir. Et puis il y a des choses de l'ordre du professionnel, des choses de l'ordre de l'intime. Des choses de l'ordre du tellement intime que je n'ai même pas envie de vous en parler.

Si vous deviez écrire un livre sur le monde actuel, quel titre lui donneriez-vous ?

Je n'ai jamais réfléchi à écrire un livre sur le monde d'aujourd'hui, donc vous imaginez bien que je n'ai pas de titre en tête. Je ne sais pas, vous me prenez de court. Au-delà de la saillie drolatique et du bon mot, vraiment dans la réflexion, car j'espère que c'est aussi une réflexion, je suis incapable de vous répondre. Je pourrais vous dire n'importe quelle connerie mais il faut au moins que cela se rattache à un minimum de sincérité donc je ne sais pas. On va d'abord écrire le livre et puis on trouvera le titre après.

Que représente la religion pour vous ?

Ah, c'est important, la religion, pour moi. J'ai été assez longtemps agnostique. J'ai été baptisé mais sans être pratiquant. Personne ne pratique chez moi. Et puis c'est un ami, l'un de mes meilleurs amis, qui m'a ramené, ou amené d'ailleurs, vers le christianisme. Modérément au sens que je ne suis pas pratiquant, mais c'est important dans ma vie personnelle. Je me suis mis à prier il y a quelques années.

Quelle est la spécificité culturelle de votre pays qui vous rend le plus fier ?

Les droits de l'Homme. Dans leur conception théorique, parce que dans leur conception pratique, il y a quand même quelques petits bémols, des petites entorses.

Si vous pouviez faire n'importe quel métier, sans rapport à l'argent, que feriez-vous ?

Avocat.

Avez-vous la sensation que votre vie est plus simple ou plus compliquée que celle de vos parents ?

Beaucoup plus simple. En prenant garde à la définition qu'on donne au mot « simple ». Moi, j'ai la chance de ne pas avoir de patron, et donc de ne pas être soumis aux diktats ou aux caprices d'un patron. J'ai la chance de très bien gagner ma vie et de faire un métier que j'adore, ce qui n'était pas le cas de mes parents.

Si vous deviez décrire notre planète à un extraterrestre, que diriez-vous ?
Je dirais que c'est un satellite dans un système qui s'appelle le système solaire. Que la planète est précaire. Qu'elle est en train de mourir de la pollution, qu'il faut y prendre garde. Il y a là-dedans des animaux, dont une espèce qui se distingue des autres qui est la nôtre. Je lui demanderais peut-être s'il aime le vin aussi. C'est une bonne façon d'appréhender la planète.

Et vous, quelle question aimeriez-vous poser au monde entier ?
Qui êtes-vous ? C'est une belle entrée en matière, non ?

portrait page 8 du cahier photo

KHIN SWE, ÉTUDIANTE BIRMANE

Khin Swe est une jeune Birmane de 24 ans. Originaire d'un petit village dans le Nord du pays, elle est ensuite partie à Mandalay pour poursuivre ses études supérieures dans le but de pouvoir aider sa famille. Elle y exerçait en même temps plusieurs métiers, dont celui de professeure. Pas tout à fait épanouie dans le système compétitif des grandes villes, elle a récemment décidé de suivre une formation en agriculture biologique, pour ensuite aller enseigner ces pratiques dans les villages du Myanmar. Comme Kyinue (page 86), son état d'esprit est largement influencé par la culture bouddhiste de son pays.

Que vouliez-vous faire quand vous étiez enfant ?
Je voulais être docteur. C'est un métier très utile avec un bon salaire. C'est ce que je voulais faire à 15 ans, mais plus aujourd'hui.

Avec qui aimeriez-vous boire un café ?
Avec ma petite nièce. Mais ce n'est plus possible car elle est décédée le mois dernier.

Si vous pouviez faire enseigner quelque chose dans toutes les écoles du monde, qu'est-ce que ce serait ?
J'aime beaucoup cette question. J'ai moi-même été professeure à l'école, pour les enfants de 7 à 8 ans. Aujourd'hui, au Myanmar, la plupart des personnes veulent migrer des zones rurales vers les villes. Elles veulent donc avoir une meilleure éducation et apprendre beaucoup de compétences techniques. Cela crée de la compétition et de la discrimination. Les gens veulent apprendre l'anglais mais ne veulent plus communiquer entre eux. Je pense que les enfants doivent avant tout apprendre à communiquer avec les autres, à travailler avec les autres. C'est l'état d'esprit qu'il faut enseigner en premier, et les compétences techniques ensuite. Donc pour répondre à votre question, mon avis est qu'il faut enseigner l'amour et l'amitié.

Selon vous, quelle est la principale caractéristique commune à tous les êtres humains ?
Il y a en ce moment un conflit religieux important au Myanmar, dans l'État de Rakhine. La base de ce conflit vient de cultes différents. Ce serait pourtant bien que les gens comprennent que nous sommes avant tout des humains, et que nous sommes tous les mêmes. Nous partageons les mêmes besoins vitaux, par exemple. Il faut avoir conscience de cette base commune que nous partageons, car c'est ce qui nous unit, et crée de l'empathie pour l'autre. Il faut ensuite être capable de respecter les différences, mais cela ne peut se faire qu'une fois qu'on aura reconnu une base commune à tous les êtres humains.

Selon vous, qui est la personne la plus heureuse du monde ?
Moins vous avez de choses, plus vous êtes heureux. Si vous avez beaucoup de choses, vous aurez d'autant plus de problèmes, et plus de stress.

Si vous étiez présidente des États-Unis, quelle serait votre première réforme ?
Je n'y ai jamais réfléchi ! J'ai lu que les États-Unis avaient des difficultés à protéger l'environnement. Ils devraient davantage

se préoccuper des questions de développement durable. J'ai entendu une fois le président George W. Bush dire aux Américains : « Allez faire du shopping, il faut faire du shopping tout le temps, car cela va faire croître notre PIB ! » Je ne pense pas que ce soit une très bonne méthode pour développer son pays. Il faut au contraire apprendre à utiliser moins de choses, à recycler. Les Américains devraient faire comme les Asiatiques sur ce point. Les Asiatiques n'utilisent pas beaucoup de choses, et n'ont pas de trop grandes attentes en général. En tant que présidente, j'essayerais donc de changer les mentalités.

De quoi avez-vous besoin ?
J'ai besoin d'une maison. J'en ai une mais elle est en très mauvais état. Elle est toute cassée. Le mois dernier, ma mère et ma petite nièce sont décédées. J'ai passé les quatre dernières années de ma vie à travailler très dur pour aider ma famille. J'avais deux ou trois emplois différents pour gagner suffisamment d'argent. Je n'ai pas besoin d'être très riche, mais je veux simplement pouvoir avoir une maison digne, que je pourrais transmettre aux générations futures.

Que feriez-vous si l'on vous donnait maintenant un million de dollars ?
C'est trop ! Mon rêve serait d'avoir un grand terrain pour faire une ferme biologique. J'ai déjà un projet d'en faire une dans mon village natal. Ils n'ont pas beaucoup de connaissances agricoles là-bas, donc je pourrais les aider et leur apprendre à travailler à la ferme.

Quelle innovation, réaliste ou non, faciliterait grandement votre quotidien ?
Si vous n'avez rien, votre vie ne va pas être si compliquée. Je ne pourrais pas imaginer vivre dans une grande ville comme Rangoon par exemple. Tout est si complexe. Pour aller d'un endroit à un autre, vous devez utiliser plusieurs véhicules et cela prend un temps fou. Et la vie devient compliquée. En réalité, la vie est simple. Seuls les besoins fondamentaux sont importants, et si vous pouvez les assouvir alors tout va bien. Vous n'avez

besoin de rien de plus. Je voudrais juste dire aux gens qu'il faut être simple. Soyez simples et honnêtes, et n'en voulez pas trop. C'est ma philosophie de vie que j'aimerais partager.

Quel est le fait d'actualité qui vous touche le plus dans votre pays et pourquoi ?
Le conflit religieux des Rohingya m'affecte moi et le monde entier. Je suis vraiment inquiète de voir que les gens ne sont pas capables de vivre ensemble. Le fait de se battre pour des croyances différentes nous empêche d'imaginer un bon futur. Personnellement, quand je vois cela, je préfère ne même pas penser à l'avenir.

Avez-vous la sensation que votre vie est plus simple ou plus compliquée que celle de vos parents ?
Plus difficile. Je suis partie vivre à Mandalay au collège pour avoir une meilleure éducation. Je pensais que cela serait plus facile. Mais en grandissant, je me suis rendu compte que la vie était beaucoup plus difficile. C'est devenu très compétitif. Pour avoir un emploi, il faut obligatoirement avoir telle et telle compétence. Sinon, vous n'aurez pas le job. C'est un problème pour moi. Pourquoi ne pouvons-nous pas apprendre en faisant ? À l'école, il fallait absolument apprendre l'anglais, apprendre la comptabilité, l'informatique, etc. Cela faisait beaucoup de choses en plus de devoir apprendre à devenir une bonne personne. Donc pour toutes ces raisons, ma vie est bien plus compliquée que la vie de mes parents et des autres générations précédentes.

Si vous deviez créer une entreprise, ce serait quoi ?
Ce serait une ferme biologique.

Pouvez-vous dessiner quelque chose de beau ?
[En montrant un dessin de smiley.] J'ai dessiné un visage qui sourit. Il y a deux raisons pour lesquelles j'ai dessiné cela. La première, c'est que je ne sais rien dessiner d'autre. La seconde, c'est que certaines personnes ont un peu de mal à sourire. Peut-être ont-elles beaucoup de problèmes qui les en empêchent. Mais pour moi, même quand je suis déprimée ou triste, je veux toujours montrer un sourire aux autres.

De quoi avez-vous peur ?
Des serpents.

Quel est votre rêve ?
Créer une ferme biologique.

Fermez les yeux, vous êtes en 2100, que voyez-vous ?
Je vois beaucoup d'arbres, la mer bleue, avec beaucoup de poissons. Les gens sourient et vivent ensemble.

Quelle est la plus belle chose que vous ayez vue dans votre vie ?
C'est le temps passé avec ma famille.

Si vous deviez écrire un livre sur le monde actuel, quel titre lui donneriez-vous ?
Un message à la planète.

Que représente la religion pour vous ?
Un président américain a dit : « Si vous faites le bien, vous serez une bonne personne. Si vous faites le mal, vous serez une mauvaise personne. » C'est ma religion.

Quelle est la spécificité culturelle de votre pays qui vous rend le plus fière ?
Le *thanaka* [poudre blanc-jaune que les Birmans mettent traditionnellement sur leurs joues, NDA] et le *longyi* [vêtement qui se porte autour de la taille comme une jupe longue, NDA].

Si vous pouviez faire n'importe quel métier, sans rapport à l'argent, que feriez-vous ?
Je voudrais parcourir le Myanmar, en particulier dans les régions reculées, et aider les gens à travailler. Je veux donner le sourire aux Birmans.

Si vous deviez décrire notre planète à un extraterrestre, que diriez-vous ?
Je lui dirais qu'il n'est pas seul, et que nous sommes dans le même bateau !

Et vous, quelle question aimeriez-vous poser au monde entier ?
Pourquoi ne pouvons-nous pas vivre ensemble ?

portrait page 9 du cahier photo

DIDAR, CONCIERGE AFGHAN RÉFUGIÉ EN IRAN

Après avoir interviewé un célèbre architecte iranien, ce dernier m'a suggéré d'interroger son gardien d'immeuble Didar. C'est un réfugié afghan de 44 ans. Comme beaucoup de ses concitoyens, il a immigré en Iran en 1978 à cause de l'invasion russe. Extrêmement gentil et souriant, il m'a dit hors caméra : « Notre pays est en guerre depuis plus de quarante ans, vous ne pouvez pas imaginer ce que cela signifie et comment cela affecte nos vies. » C'est probablement la raison pour laquelle il parle tant de paix.

Que vouliez-vous faire quand vous étiez enfant ?
Je voulais être enseignant.

Avec qui aimeriez-vous boire un café ?
Avec maître Kang Shin Chul Kang. Un maître coréen du taekwondo.

Si vous pouviez faire enseigner quelque chose dans toutes les écoles du monde, qu'est-ce que ce serait ?
Je voudrais qu'on enseigne des leçons de liberté, parce que je veux que tout le monde soit libre et en paix.

Selon vous, quelle est la principale caractéristique commune à tous les êtres humains ?
Leur cœur pur et leur honnêteté.

Selon vous, qui est la personne la plus heureuse du monde ?
La personne qui rend les autres heureux.

Si vous étiez président des États-Unis, quelle serait votre première réforme ?
Je supprimerais les frontières et annulerais l'interdiction de voyager. J'aimerais que les gens soient libres de voyager aux États-Unis.

De quoi avez-vous besoin ?
De la paix et du calme.

Que feriez-vous si l'on vous donnait maintenant un million de dollars ?
Je le dépenserais pour les pauvres, les personnes qui vivent dans la pauvreté.

Quel est le fait d'actualité qui vous touche le plus dans votre pays et pourquoi ?
L'inflation… l'augmentation du coût de la vie. Un jour on entend que des sanctions ont été imposées à l'Iran, puis on entend qu'elles ont été supprimées… Et plus personne ne sait plus à quoi s'attendre pour l'avenir.

Avez-vous la sensation que votre vie est plus simple ou plus compliquée que celle de vos parents ?
C'est plus facile, parce que mes parents ont eu à élever une famille de neuf personnes, alors que moi je ne dois m'occuper que d'une famille de quatre personnes.

Si vous deviez créer une entreprise, ce serait quoi ?
Une entreprise pharmaceutique, pour produire des médicaments rares dont les gens ont besoin.

Pouvez-vous dessiner quelque chose de beau ?
[Il montre un dessin avec une fleur et une phrase écrite en farsi en dessous : « La gentillesse transforme les épines en fleurs ».]

De quoi avez-vous peur ?
De la guerre, car elle oblige les gens à quitter leurs maisons. C'est tout.

Quel est votre rêve ?
Mon rêve est la paix mondiale. Je veux dire que tout le monde puisse communiquer facilement avec les autres, que les gens puissent facilement voyager, sans frontières, sans racisme, sans insultes, qu'il y ait un respect mutuel et que la dignité humaine soit préservée.

Fermez les yeux, vous êtes en 2100, que voyez-vous ?
Si nous continuons ainsi, il y aura la guerre et des bains de sang. Si les dirigeants du monde ne s'entendent pas et continuent à gérer leurs histoires sans se soucier des pauvres gens, ce sera la guerre. S'ils arrivent à s'entendre, je vois un monde riche et heureux. Je suis personnellement très optimiste et je vois un bel avenir pour le monde.

Quelle est la plus belle chose que vous ayez vue dans votre vie ?
Mes enfants.

Si vous deviez écrire un livre sur le monde actuel, quel titre lui donneriez-vous ?
Un monde sans guerre. Un monde sans guerre ni effusion de sang.

Que représente la religion pour vous ?
La religion… Ce sont les croyances personnelles de chaque personne qui dépendent de sa religion. Car la religion est le chemin et les habitudes de la vie.

Quelle est la spécificité culturelle de votre pays qui vous rend le plus fier ?
La culture ancienne. Il y a en Afghanistan une culture ancienne, comme en Iran, vieille de 4 000 ans. L'Afghanistan faisait d'ailleurs autrefois partie de l'Iran, cela s'appelait le Grand Khorasan. Je suis fier de cette époque.

Si vous pouviez faire n'importe quel métier, sans rapport à l'argent, que feriez-vous ?
Je voudrais aider le peuple du Myanmar, les musulmans Rohingya. Ils sont massacrés. Leur présidente a remporté le prix Nobel pour la paix mais elle ne le méritait pas.

Si vous deviez décrire notre planète à un extraterrestre, que diriez-vous ?
J'expliquerais qu'il y a de l'eau, qu'il y a de la vie et que s'il n'y a pas d'eau, il n'y a pas de vie. Si quelqu'un vient ici, il doit respecter l'eau, car l'eau, c'est la vie.

Et vous, quelle question aimeriez-vous poser au monde entier ?
Pourquoi la guerre ? Pourquoi autant de sang ?

portrait page 9 du cahier photo

MONICA, PÂTISSIÈRE AMÉRICAINE

EN IMAGES

Monica est née en 1977 à Detroit dans le Michigan. La ville, qui fut un temps le fleuron de l'industrie automobile américaine et mondiale, est en situation de crise économique quasi permanente depuis les années 1950. Monica, comme beaucoup d'autres, a dû s'exiler pour trouver du travail. C'est à Miami qu'elle est allée, accompagnée de son mari, pour travailler dans les cuisines de restaurants. Pendant plusieurs années, le couple a travaillé nuit et jour pour joindre les deux bouts. « Les plages de Miami ? Je ne les connais pas, nous n'avons jamais eu le temps d'y aller, ou bien seulement la nuit », me confie-t-elle. Monica a décidé de rentrer à Detroit il y a quelques années pour tenter d'y ouvrir sa pâtisserie. Quand je l'ai rencontrée, sa cuisine se trouvait dans son garage et elle fournissait les boulangeries de la ville en gâteaux en tout genre. Pour son plus grand bonheur, elle est aujourd'hui devenue la chef pâtissière du restaurant Lady of the House de Detroit, une adresse prisée de la ville.

Que vouliez-vous faire quand vous étiez enfant ?
Je voulais tout faire ! Astronaute, danseuse de ballet, et même biologiste marin. Je me suis rendu compte qu'il fallait être bon en maths, ce qui n'était pas forcément mon point fort. Puis, petit à petit, j'ai pris conscience que c'était la cuisine qui me

passionnait. J'ai grandi dans l'univers de la nourriture. Mes grands-parents avaient un très grand potager, et cela m'a permis de nouer une relation particulière avec la nourriture. C'était une inspiration quotidienne. Aujourd'hui, je fais ce que j'aurais dû faire depuis le début.

Avec qui aimeriez-vous boire un café ?
Mon arrière-grand-mère. [Monica se met à pleurer, en souriant.] Elle a énormément influencé ma philosophie de vie. Elle m'a initié au concept d'« amour inconditionnel ». Il n'y en a pas assez dans le monde. Je voudrais donc simplement la remercier et entendre d'autres de ses histoires, en savoir plus sur ce qui l'a conduite à être une personne si ouverte.

Si vous pouviez faire enseigner quelque chose dans toutes les écoles du monde, qu'est-ce que ce serait ?
Tout le monde devrait apprendre à être serveur. Je l'ai été pendant quinze ans. Je juge les gens en fonction de la manière dont ils traitent ceux qui leur servent à manger. Cela demande beaucoup de travail pour réussir à tout gérer à la fois, garder son calme quand les gens ne sont pas agréables avec vous ou quand les choses ne vont pas. Il faut aussi réussir à communiquer, sans paraître fatigué quoi qu'il arrive. Je pense que si tout le monde faisait ça pendant, disons, six mois, les gens se traiteraient beaucoup mieux entre eux.

Selon vous, quelle est la principale caractéristique commune à tous les êtres humains ?
Je pense qu'il s'agit du besoin de se sentir appartenir à une communauté, le sentiment d'appartenance. Je pense que tous ceux qui disent qu'ils ne l'ont pas ont construit un mur trop épais, et que ce sentiment est sûrement là, caché en eux.

Selon vous, qui est la personne la plus heureuse du monde ?
Dur à dire. Tout le monde vit de quelque chose ou pour quelque chose. Ce que l'on peut voir de l'extérieur ne reflète pas forcément la vérité. Je suis plutôt heureuse. Je ne connais pas la réponse à cette question.

Si vous étiez présidente des États-Unis, quelle serait votre première réforme ?
Arrêter de dépenser de l'argent pour les guerres, commencer à dépenser de l'argent pour les gens ici, qui en ont besoin. Il y a tellement de gens sans domicile fixe et d'anciens combattants qui ne reçoivent pas ce qu'ils méritent pour avoir servi notre pays et qui en souffrent. Nous devons prendre soin d'eux. Trop de gens sont laissés pour compte. Leur santé mentale est un vaste problème, beaucoup d'entre eux sont à la dérive. J'essayerais de développer plus de programmes qui rendent à nouveau visibles les gens invisibles.

De quoi avez-vous besoin ?
De rien [rire]. Je suis tout à fait satisfaite en ce moment. J'ai un petit business, ce dont j'ai rêvé pendant des années. J'ai un mari formidable qui prend pleinement soin de moi et me fait passer en première. Je lui suis tellement reconnaissante, il est extraordinaire. J'ai une nouvelle famille depuis que je me suis mariée. J'ai aussi ma famille d'« amis », que j'ai choisis au cours de ces vingt dernières années. Ils sont incroyables. J'ai un associé formidable, un toit au-dessus de ma tête, des chiens et des chats très mignons… je n'ai vraiment besoin de rien.

Que feriez-vous si l'on vous donnait maintenant un million de dollars ?
J'en utiliserais une partie pour mon entreprise. J'achèterais une maison, afin de m'enraciner. Mais j'aimerais surtout développer un programme qui enseigne la cuisine aux enfants. C'est un travail manuel et ça peut mener à une belle carrière. J'aimerais faire quelque chose qui redonne un peu d'espoir et qui rende ma ville meilleure.

Quelle innovation, réaliste ou non, faciliterait grandement votre quotidien ?
Un four à convection [rire]. Ma vie tourne principalement autour de la cuisine. La cuisine et la danse, que je pratique plusieurs soirs par semaine. Donc si je pouvais avoir un beau four à convection, un grand, ça rendrait ma vie plus simple.

Quel est le fait d'actualité qui vous touche le plus dans votre pays et pourquoi ?
Plus ou moins tout ce qui implique Trump. Je suis en colère et frustrée en le regardant tout détruire. Il est en train de changer le tissu de la société américaine, à tel point que les gens pensent qu'il est normal d'être méchants les uns envers les autres. Je pense que la seule manière dont nous allons pouvoir nous en sortir est, au contraire, d'être bons les uns envers les autres. On n'arrive pas à être bons entre nous, alors comment pourrions-nous l'être avec le reste du monde ? Nous sommes censés être une super nation mais aujourd'hui nous agissons comme des enfants. C'est ridicule.

Si vous deviez créer une entreprise, ce serait quoi ?
Moka. M.O.K.A., c'est l'acronyme de Monica, mon prénom, et de celui de mon associé, Kacy. Nous sommes encore petits aujourd'hui, mais l'année prochaine, j'espère que nous aurons notre propre boutique.

De quoi avez-vous peur ?
Les insectes [rire]… Beaucoup de choses qui m'effrayaient ont fini par arriver mais je suis toujours là. Je vois les choses avec optimisme et je reste pleine d'espoir pour le futur. Si quelque chose d'encore pire doit arriver, je le surmonterai. Il suffit d'y aller un jour après l'autre.

Fermez les yeux, vous êtes en 2100, que voyez-vous ?
Beaucoup moins de gens et une société moins consumériste avec le développement de systèmes de troc qui dépendent des gens. J'imagine et j'espère un plus grand esprit de communauté. ***[Pourquoi dites-vous moins de gens ?]*** Nous sommes trop nombreux. Il y a trop de gens qui utilisent trop de ressources sans bonne raison. C'est une course sans fin.

Quelle est la plus belle chose que vous ayez vue dans votre vie ?
Nous avons vécu à Miami pendant cinq ans. Nous étions tellement occupés. Nous cuisinions, donc nous travaillions 50-60 heures par semaine. Nous ressemblions à des vampires.

Nous ne parvenions jamais à admirer les plages magnifiques, le soleil, l'eau… sauf la nuit. Je pense que c'est ce qu'il y a de plus beau. La plage avec les reflets de la lune sur l'eau.

Si vous deviez écrire un livre sur le monde actuel, quel titre lui donneriez-vous ?
N'oubliez pas le passé.

Quelle est la spécificité culturelle de votre pays qui vous rend le plus fière ?
La musique. Vraiment. En particulier à Detroit. Notre culture musicale a fait naître plein de genres différents au cours du temps. La musique a le pouvoir de transformer et de faire du jour le plus triste le plus heureux. Donc oui, la musique.

Si vous pouviez faire n'importe quel métier, sans rapport à l'argent, que feriez-vous ?
Je le fais déjà. Ma vie était en train de partir en éclats, donc je me suis dit : « Quitte Detroit. » Quand je suis arrivée à Miami, je ne savais pas ce que j'allais y faire, je savais juste que je devais partir. L'école de mes rêves s'avérait être à sept rues de là où j'ai emménagé. Cela fait cinq ans que je me concentre sur mes rêves, parce que c'est ce que je veux faire pour le reste de ma vie.

Avez-vous la sensation que votre vie est plus simple ou plus compliquée que celle de vos parents ?
Plus simple ou plus compliquée, c'est tellement négatif. Je ne pense pas qu'il y avait quelque chose de mauvais dans la manière dont ma mère vivait. Je vis différemment. Je pense que je fais de meilleurs choix, je pense que je vis avec plus de moyens que ma mère. Mon père n'entre pas dans l'équation, nous n'allons même pas le mentionner. À la fin de la journée, ce qui compte le plus, c'est comment tu te comportes avec les autres. Ma mère rendait les gens heureux, tous les jours. Moi, je donne simplement du sucre aux gens, elle, elle aidait vraiment les gens. Donc peut-être qu'elle vivait mieux que moi. Qui sait ?

JAIME PAZ ZAMORA
ancien président bolivien

KYINUE
directrice de maternelle birmane

HUSSAM
chef syrien réfugié en France

KOKOBE
employée de ferme
éthiopienne

FRED
serial entrepreneur américain

OLESYA
employée russe

PAUL
vicaire anglais

LENICE
enseignante
retraitée
brésilienne

ZORGIT
nomade mongol

GHAZAL
actrice iranienne

LUCIUS
musicien
américain

CATHERINE
cadre
supérieure
chinoise

PHILIPPE
sans-abri français

PRISCILA
femme de ménage
brésilienne

ÉRIC DUPOND-MORETTI
avocat franco-italien

KHIN SWE
étudiante birmane

DIDAR
concierge afghan
réfugié en Iran

MONICA
pâtissière américaine

ROBERTO CARLOS
maçon bolivien

ANZU
cuisinière népalaise

BIRUK
étudiant éthiopien

TINA
réceptionniste
iranienne

HUMBERTO
guide de montagne brésilien

CLARISSE
productrice singapourienne

KESHAR
cuisinier indien réfugié en France

YOWA
lycéenne française

CHAD
chef américain

JORGELINA
animatrice radio
argentine

RAJEEV
entrepreneur
textile indien

LENA
écrivaine allemande

Si vous deviez décrire notre planète à un extraterrestre, que diriez-vous ?
Notre planète ou les choses qui se passent sur notre planète ? C'est principalement de l'eau, donc c'est bleu et joli. Différents degrés de température. Beaucoup de vies différentes à observer. Il y a des créatures à deux pattes qui pensent être en charge de tout, mais je ne pense pas qu'elles le soient vraiment. C'est comme ça que je la décrirais.

Et vous, quelle question aimeriez-vous poser au monde entier ?
Quelle est selon vous la plus belle qualité de l'Homme ?

portrait page 10 u cahier photo

ROBERTO CARLOS, MAÇON BOLIVIEN

> *J'ai interviewé Roberto sur l'île du Soleil qui se situe sur le lac Titicaca. C'est là que vit la communauté aymara, installée sur les rives du lac depuis deux siècles avant notre ère, et dont j'ai déjà parlé plus tôt. Je ne crois pas vraiment aux magnétismes ni aux forces surnaturelles, mais je ne peux nier que l'atmosphère était inhabituellement étrange à cet endroit qui est censé être le berceau de la civilisation inca. Manco Capac, dieu du soleil, serait sorti des profondeurs du lac Titicaca avant d'aller s'installer sur cette île.*

Que vouliez-vous faire quand vous étiez enfant ?
Je voulais être architecte. Mais avec le type d'économie que nous avons ici, je n'ai pas pu. Ce n'est pas évident de faire ce qu'on veut. Comme on est dans une zone touristique, je suis dans le tourisme maintenant. Mais je vais accomplir mon rêve prochainement en allant étudier l'architecture.

Avez qui aimeriez-vous boire un café ?
Avec mon père.

Si vous pouviez faire enseigner quelque chose dans toutes les écoles du monde, qu'est-ce que ce serait ?
Prendre soin de la Terre. Ne pas jeter ses déchets partout, par exemple. La Terre nous donne à manger, elle nous donne la vie.

Selon vous, quelle est la principale caractéristique commune à tous les êtres humains ?
Ils sourient tous.

Selon vous, qui est la personne la plus heureuse du monde ?
Un enfant.

Si vous étiez président des États-Unis, quelle serait votre première réforme ?
Détruire le mur. [Sourire.] Évidemment.

De quoi avez-vous besoin ?
Rien de matériel. Surtout de l'amour de ma famille.

Que feriez-vous si l'on vous donnait maintenant un million de dollars ?
J'y pense parfois. Si j'avais de l'argent, j'aiderais les personnes handicapées ou qui ont des problèmes. Par exemple, l'un de nos ouvriers était sourd-muet. Il pouvait entendre avec un appareil spécial mais cela coûtait très cher. Donc j'aiderais ces personnes.

Quelle innovation, réaliste ou non, faciliterait grandement votre quotidien ?
Non, ça va, tout va bien comme ça.

Quel est le fait d'actualité qui vous touche le plus dans votre pays et pourquoi ?
Ce sont les blocages. Il y a des blocages partout. Cela cause de nombreux problèmes économiques en Bolivie. Il faudrait trouver une autre manière pour résoudre les problèmes, sans tout

bloquer. Ils bloquent souvent les routes par exemple, et cela a des impacts économiques énormes.

Avez-vous la sensation que votre vie est plus simple ou plus compliquée que celle de vos parents ?
Économiquement, c'est un peu plus compliqué. Eux ont déjà réalisé leur vie, d'une belle manière. Moi, je suis en train de tout construire. Familialement, je dirais plus simple. Avant, l'éducation était très stricte. Aujourd'hui, c'est plus ouvert. On communique mieux au sein de la famille.

Si vous deviez créer une entreprise, ce serait quoi ?
Je passe ! [Sourire.]

De quoi avez-vous peur ?
De perdre mes parents.

Quel est votre rêve ?
Je ne me suis jamais posé cette question… Laissez-moi y réfléchir. Je dirais voyager partout dans le monde avec mes parents. Avec ma famille.

Fermez les yeux, vous êtes en 2100, que voyez-vous ?
Beaucoup de modernité, des choses comme on en voit à la télévision, qui n'existent pas encore aujourd'hui. Comme dans les vidéos du futur, et avec peu de nature. Très peu de nature.

Quelle est la plus belle chose que vous ayez vue dans votre vie ?
Une naissance.

Si vous deviez écrire un livre sur le monde actuel, quel titre lui donneriez-vous ?
Le monde s'effondre mais beaucoup de gens essayent de le sauver.

Qui est Dieu pour vous ?
C'est un être qui vit là-haut, à qui je demande tous les jours de m'aider et de prendre soin de ma famille.

Quelle est la spécificité culturelle de votre pays qui vous rend le plus fier ?
Les Aymaras. Nous sommes une communauté dont la culture n'a pas été vaincue par le temps. Elle existe depuis des siècles. C'est dans notre mentalité de faire en sorte que nos coutumes ne se perdent pas, et que nous gardions notre territoire. Chaque année, nous les renforçons.

Si vous pouviez faire n'importe quel métier, sans rapport à l'argent, que feriez-vous ?
Je construirais, ou je travaillerais la terre.

Si vous deviez décrire notre planète à un extraterrestre, que diriez-vous ?
Cela dépend du type d'extraterrestre. Si c'est un extraterrestre qui vient avec un grand progrès scientifique et technologique, je lui dirais de repartir. Notre monde est bien ainsi.

Et vous, quelle question aimeriez-vous poser au monde entier ?
Pourquoi ne supprimons-nous pas les frontières ?

portrait page 10 du cahier photo

ANZU, CUISINIÈRE NÉPALAISE

> *D'abord orpheline, puis maltraitée et battue par son mari dans un petit village népalais, Anzu est aujourd'hui cuisinière dans une école de Katmandou. Elle est extrêmement fière d'être devenue une femme forte et indépendante. C'était très touchant à entendre. Espérons qu'elle accomplira tout ce qu'elle souhaite réaliser.*

Que vouliez-vous faire quand vous étiez enfant ?
Quand j'étais petite, je voulais devenir infirmière.

Avez qui aimeriez-vous boire un café ?
Avec le président des États-Unis, parce que je veux voir comment il s'exprime et se présente. Je suis curieuse envers les Américains… J'aimerais voir comment ils se comportent.

Si vous pouviez faire enseigner quelque chose dans toutes les écoles du monde, qu'est-ce que ce serait ?
L'éducation des femmes, surtout des femmes en détresse. Il devrait y avoir un livre qui enseigne aux femmes à devenir indépendantes et à progresser dans la vie.

Selon vous, quelle est la principale caractéristique commune à tous les êtres humains ?
Je pense que beaucoup de gens ont de la compassion et sont serviables, c'est ce que j'aime.

Si vous étiez présidente des États-Unis, quelle serait votre première réforme ?
J'aimerais aider les enfants pauvres et dans le besoin. Je suis une femme indépendante qui peut subvenir à ses besoins.

De quoi avez-vous besoin ?
En ce moment, je n'ai besoin de rien.

Que feriez-vous si l'on vous donnait maintenant un million de dollars ?
Si j'avais un million de dollars, je les utiliserais pour aider les enfants pauvres des rues : beaucoup mendient et n'ont nulle part où aller, ils n'ont pas de nourriture ni de vêtements chauds. Ils mendient généralement dans des temples. Je leur construirais une maison pour pouvoir m'occuper d'eux et vivre avec eux.

Quelle innovation, réaliste ou non, faciliterait grandement votre quotidien ?
Je ne pense pas avoir besoin de quoi que ce soit. Cependant, si quelque chose pouvait aider mes deux filles à vivre une vie heureuse, je serais contente.

Quel est le fait d'actualité qui vous touche le plus dans votre pays et pourquoi ?
Chaque fois qu'il y a des informations au sujet d'injustices envers des femmes, cela me rend triste.

Avez-vous la sensation que votre vie est plus simple ou plus compliquée que celle de vos parents ?
La vie est beaucoup plus facile maintenant, en comparaison à ce qu'ont vécu mes parents. Je suis indépendante, je n'ai pas besoin de demander de l'argent aux gens. Je peux parler pour moi-même.

Si vous deviez créer une entreprise, ce serait quoi ?
Ce que j'ai dit plus tôt. Je construirais une maison pour les enfants pauvres dans le besoin. Il y a tellement d'orphelins dans les rues qui ont besoin d'amour et d'une famille, alors j'aimerais les aider.

De quoi avez-vous peur ?
Je crains que je ne revienne aux vieux jours, comme dans le passé. Je veux dire dans le village où mon mari me battait. Je suis ici maintenant, loin de toute cette douleur mentale et physique. Je ne veux pas revivre le passé car cela me rend triste.

Quel est votre rêve ?
Je voudrais aller à l'étranger au moins une fois.

Fermez les yeux, vous êtes en 2100, que voyez-vous ?
Je vois beaucoup de développement dans ce pays. La jeune génération sera très différente. Il devrait y avoir un boom dans l'industrie et les usines avec les dernières technologies.

Quelle est la plus belle chose que vous ayez vue dans votre vie ?
Quelque chose que j'ai vu de mes propres yeux ? Hum, le Mustang. C'est un endroit magnifique et propre où l'on voit clairement les montagnes, et l'air y est pur.

Si vous deviez écrire un livre sur le monde actuel, quel titre lui donneriez-vous ?
Je nommerais le livre *Tungro* (orphelin). J'étais une *tungro* et je me souviendrai toujours de ces moments difficiles. Donc aujourd'hui, je pense aux autres orphelins.

Que représente la religion pour vous ?
La satisfaction intérieure.

Quelle est la spécificité culturelle de votre pays qui vous rend le plus fière ?
Notre nature accueillante, le sourire sur le visage des gens.

Si vous pouviez faire n'importe quel métier, sans rapport à l'argent, ce serait quoi ?
Un travail dans le social pour aider les enfants et les personnes âgées dans le besoin.

Et vous, quelle question aimeriez-vous poser au monde entier ?
Je voudrais poser au monde une question sur l'injustice faite aux femmes autour du monde. Si cela continue, j'aimerais savoir pourquoi. Même dans les pays les plus développés, les femmes sont maltraitées et je ne comprends pas pourquoi, donc je demanderais : pourquoi est-ce que l'injustice envers les femmes existe encore ?

portrait page 11 du cahier photo

BIRUK, ÉTUDIANT ÉTHIOPIEN

EN IMAGES

Biruk a été mon guide et interprète lors de mon séjour de cinq jours dans le petit village reculé d'Éthiopie appelé Dorze. Même si son anglais était limité, il m'a aidé à interviewer de nombreuses personnes du village qui ne parlaient que le dialecte local. Quand je lui ai demandé son âge, il m'a dit : « Je pense autour de 24 ans. » Biruk était avant tout un étudiant très ambitieux. Pas l'ambition de devenir riche, mais de devenir quelqu'un. Vous allez bientôt découvrir pourquoi. Biruk était un exemple de persévérance et de courage. Il a construit son caractère en opposition à la faible éducation qu'il a reçue. C'est pourquoi il essaye tant d'aimer et d'aider tout le monde. J'espère vraiment qu'il a réussi à trouver un emploi et à rester la bonne personne qu'il est.

Que vouliez-vous faire quand vous étiez enfant ?
Quand j'étais enfant, je n'ai pas grandi avec ma famille, j'ai grandi avec mon oncle parce que ma famille n'avait pas assez d'argent. J'ai subi une discrimination de la part de mon oncle qui ne me considérait pas comme son enfant. Donc, quand j'étais enfant, je voulais grandir sans discriminer personne. Et s'il m'arrive d'élever un autre enfant que le mien, je ne le discriminerai pas.

Avec qui aimeriez-vous boire un café ?
La plupart du temps, je bois du café avec mes amis, mais j'aimerais en boire un avec toutes les personnes qui ne sont pas riches, des personnes pauvres qui pourraient me raconter leur histoire. Ce genre de choses me rend heureux.

Si vous pouviez faire enseigner quelque chose dans toutes les écoles du monde, qu'est-ce que ce serait ?
De mon point de vue, chaque élève devrait apprendre à aimer. Surtout dans un pays pauvre où il y a des discriminations et où de nombreuses personnes ne s'aiment pas. Avec ce genre de cours à l'école, ce problème serait résolu.

Selon vous, quelle est la principale caractéristique commune à tous les êtres humains ?
Pour moi, la principale caractéristique est que chaque être humain est heureux lorsqu'il reçoit quelque chose de spécial.

Selon vous, qui est la personne la plus heureuse du monde ?
La personne la plus heureuse au monde est celle qui partage ce qu'elle a avec d'autres personnes et qui pense aux autres.

Si vous étiez président des États-Unis, quelle serait votre première réforme ?
Si j'avais la chance d'être président des États-Unis, je lutterais d'abord contre le racisme et informerais tout le monde que tous les citoyens sont égaux.

De quoi avez-vous besoin ?
J'ai besoin d'une vie avec des conditions de vie normales. Et si j'avais plus que mon niveau de vie actuel, j'aimerais le partager avec les gens qui n'ont rien et avec tous ceux qui ont moins que moi.

Que feriez-vous si l'on vous donnait maintenant un million de dollars ?
Ayant grandi discriminé par mon oncle, je voudrais aider les personnes qui n'ont rien ou qui sont orphelines, les personnes qui n'ont personne pour les aider.

Quelle innovation, réaliste ou non, faciliterait grandement votre quotidien ?
Une innovation qui prendrait soin de l'être humain et répondrait aux besoins fondamentaux des personnes démunies.

Quel est le fait d'actualité qui vous touche le plus dans votre pays et pourquoi ?
C'est quand j'entends parler des conflits à l'intérieur de mon pays. L'Éthiopie est très diversifiée, il y a plus de 90 groupes ethniques et il y a parfois des conflits entre eux. Quand j'entends ce genre de nouvelles, je ne me sens pas heureux car il y a tant d'autres problèmes à résoudre. Les Éthiopiens vivent sous le seuil de pauvreté et ils devraient lutter contre ce problème plutôt que de se battre les uns contre les autres.

Avez-vous la sensation que votre vie est plus simple ou plus compliquée que celle de vos parents ?
Comparée à la vie de mes parents, ma vie est facile. Comme je l'ai déjà dit, lorsque j'étais enfant, je ne vivais pas avec ma famille car ils n'avaient rien et ne pouvaient pas subvenir à mes besoins essentiels. Ils m'ont donc confié à mon oncle. Maintenant, je vis avec eux et ils m'apprennent des choses, donc je pense vivre de meilleurs temps qu'auparavant.

Si vous deviez créer une entreprise, ce serait quoi ?
Je voudrais ouvrir une entreprise qui aide les pauvres, sans racisme, sans discrimination, mais pour toutes les couleurs de peau et toutes les nationalités.

De quoi avez-vous peur ?
J'ai peur des animaux sauvages, rien d'autre.

Quel est votre rêve ?
Mon rêve est de vivre de manière normale, sans être riche ni pauvre, mais dans des conditions normales. L'autre chose, c'est que j'aimerais avoir plus d'argent, pas pour acheter des choses inutiles, mais juste pour aider les personnes qui n'ont rien, en particulier les personnes handicapées, les personnes âgées et les orphelins.

Fermez les yeux, vous êtes en 2100, que voyez-vous ?
J'imagine que le monde deviendra très compliqué, qu'il y aura beaucoup de racisme, de discrimination et qu'il y aura des cultures très distinctes. Notre mode de vie changera et les gens ne vivront plus comme avant.

Quelle est la plus belle chose que vous ayez vue dans votre vie ?
Quand j'étais enfant, je vivais avec mon oncle et les gens là-bas ne pensaient pas que j'étais capable d'entrer à l'université. Mon rêve était de montrer à ces gens que j'avais du potentiel. La plus belle chose dans ma vie a donc été mon entrée à l'université.

Si vous deviez écrire un livre sur le monde actuel, quel titre lui donneriez-vous ?
Pourquoi le racisme ?

Que représente la religion pour vous ?
La religion est ce qui me conduit à penser de manière positive, sans discrimination, sans faire de tort aux autres. Pour moi, la religion signifie « le bon chemin ».

De quelle partie de votre culture nationale êtes-vous le plus fier ?
En Éthiopie, il existe différentes cultures, différents villages et différents groupes ethniques. Dans mon village, la plupart des chrétiens orthodoxes célèbrent Mesqel, la fête de la vraie croix. Pendant cette période, nous partageons avec les pauvres et les orphelins.

Si vous pouviez faire n'importe quel métier, sans rapport à l'argent, que feriez-vous ?
Juste aider les gens en ouvrant des organisations non gouvernementales, en collaborant avec des gens qui veulent aider des orphelins et des personnes dans le besoin.

Si vous deviez décrire notre planète à un extraterrestre, que diriez-vous ?
Notre Terre a tant de choses à offrir et est un cadeau pour les êtres humains. Elle a assez à donner pour tout le monde, mais les habitants de la planète ne partagent pas ces cadeaux de manière égale et ne les respectent pas. Les gens ne vivent pas de manière sensée.

Et vous, quelle question aimeriez-vous poser au monde entier ?
Le racisme est-il nécessaire ?

portrait page 11 du cahier photo

TINA, RÉCEPTIONNISTE IRANIENNE

> *Tina est une jeune Iranienne de 25 ans vivant à Téhéran. Elle a étudié le théâtre et la littérature. Elle travaille aujourd'hui en tant que réceptionniste dans un café culturel, ainsi qu'éditrice. Elle représente une certaine partie de la jeunesse iranienne, éduquée dans un environnement autoritaire et répressif, aujourd'hui avide de liberté et d'ouverture.*

Que vouliez-vous faire quand vous étiez enfant ?
Oh… J'étais une enfant bizarre… Je voulais être prophète quand j'étais jeune ! Puis j'ai compris que cela ne serait pas possible car Mahomet était le dernier d'entre eux. J'étais très triste. Après, j'ai appris que nous avions douze imams en Iran, que le dernier était parti et qu'il était censé revenir. Donc à un moment, j'ai cru que j'étais cet imam [rires]. J'essayais donc de vivre comme lui, de ne pas mentir, de ne rien faire de mal, et je comptais toutes les mauvaises actions que je faisais pour ensuite pouvoir demander pardon. C'était très bizarre, je vous

l'accorde. Puis j'ai compris que cet imam était un homme. C'était la fin de mon rêve.

Avec qui aimeriez-vous boire un café ?
Il y a beaucoup de gens que j'admire. Des écrivains, notamment, avec qui j'aimerais beaucoup parler. J'aime aussi beaucoup prendre des cafés avec mes amis. La plupart des gens que j'admire sont morts, mais cela serait génial si je pouvais dans un premier temps devenir amie avec eux, pour ensuite prendre un café !

Si vous pouviez faire enseigner quelque chose dans toutes les écoles du monde, qu'est-ce que ce serait ?
Je pense que ce serait à propos de la nature et notre environnement. C'est la clé pour comprendre beaucoup de choses sur la vie et sur nous-mêmes. Si tous les enfants pouvaient mieux connaître la nature, l'expérimenter, la respecter davantage, ce serait ce qu'il pourrait nous arriver de mieux. S'il ne faut apprendre qu'une seule chose, c'est ça.

Selon vous, quelle est la principale caractéristique commune à tous les êtres humains ?
La peur, peut-être. C'est l'une des choses fondamentales qui constituent l'humain. Quelque chose que vous aimez est en réalité quelque chose que vous avez peur de perdre. La peur est donc vraiment présente partout chez l'être humain.

Selon vous, qui est la personne la plus heureuse du monde ?
Je ne pense pas qu'il y ait de personne la plus heureuse du monde. Je pense que nous avons tous nos problèmes. Nous avons tous peur de quelque chose. On ne peut pas dire qu'il y ait quelqu'un de plus heureux que les autres. La personne la plus riche n'est pas la plus heureuse. Les personnes des classes moyennes ne sont pas non plus les plus heureuses, ni les plus pauvres. Je pense qu'une personne heureuse est une personne qui s'accepte, qui sait que les gens sont différents, que cela ne peut pas se changer. Quand on accepte que les autres sont

différents et qu'on ne peut pas le changer, cela rend heureux, je pense.

Si vous étiez présidente des États-Unis, quelle serait votre première réforme ?
Je pense que la première chose serait d'arrêter les guerres dans les autres pays. Ramener les soldats à la maison et arrêter de tuer des gens aux quatre coins du monde. Mais bon, je sais bien que c'est un peu compliqué. Toujours est-il que je ferais tout pour que les guerres s'arrêtent. Je pense que c'est la chose la plus importante.

De quoi avez-vous besoin ?
De liberté. La chose que je ressens le plus tous les jours, spécialement en tant que femme vivant en Iran, c'est le manque de liberté. Parler avec plus de liberté, penser comme je le veux, ne pas être pointée du doigt en permanence parce qu'on est différente des autres… Je crois que c'est ce dont j'ai le plus besoin.

Que feriez-vous si l'on vous donnait maintenant un million de dollars ?
Je le partagerais, bien sûr. Il faudrait que j'y réfléchisse, car c'est beaucoup d'argent. Comment le partager pour que ce soit le plus efficace possible, que cela génère encore plus d'argent pour encore plus de monde ? Je travaillerais vraiment à cela, à le faire fructifier socialement.

Quelle innovation, réaliste ou non, faciliterait grandement votre quotidien ?
Une machine à remonter le temps. Cela m'aiderait beaucoup, au moins à changer certaines choses.

Quel est le fait d'actualité qui vous touche le plus dans votre pays et pourquoi ?
Ce qui m'affecte, c'est de voir qu'il y a tant d'infos négatives et souvent fausses dans les médias. Cela crée des débats inutiles et on ne se concentre pas sur ce qui est important.

Si vous deviez créer une entreprise, ce serait quoi ?
Ce serait lié à la nature, à l'environnement. Le problème le plus important auquel nous devons faire face est celui de la destruction de l'environnement, donc il faut faire quelque chose pour le sauver. On ne sait pas encore bien ce qui va se passer si nous continuons comme aujourd'hui, mais ce qui est sûr, c'est que les experts sont tous d'accord pour dire qu'il faut changer notre manière de vivre. Il faut vivre en paix avec la nature.

De quoi avez-vous peur ?
De beaucoup de choses, sûrement même de certaines choses dont je ne suis pas au courant [rires]. J'ai peur que les gens ne se comprennent plus. Qu'ils arrêtent de se percevoir comme des êtres humains. Quand je vois des gens prendre des décisions pour leur seul intérêt, en oubliant que ces décisions font du mal à d'autres gens, cela me fait très peur.

Quel est votre rêve ?
Mon rêve est de vivre dans un monde de paix et de compréhension mutuelle. Un monde où chacun est libre d'aller là où il veut, où chacun est libre d'être qui il veut, sans jamais risquer d'être pauvre car tout sera partagé. Un monde où personne n'a plus de probabilité qu'un autre d'avoir une meilleure vie. Tout le monde vivrait en harmonie en tant qu'habitant d'une même planète.

Fermez les yeux, vous êtes en 2100, que voyez-vous ?
Rien. Peut-être que les êtres humains auront disparu. Vu comme cela se passe depuis quelque temps, je ne pense pas que cela va beaucoup changer. Il y aura beaucoup de grands immeubles. Il y a moins de gens qu'avant car beaucoup n'ont simplement pas pu survivre. Les pauvres ne sont plus là et les riches gardent tout pour eux.

Quelle est la plus belle chose que vous ayez vue dans votre vie ?
La nature. La mer, notamment. C'est l'élément qui me donne le plus de frissons quand je le regarde. Les montagnes, les animaux, la nature en général est magnifique.

Si vous deviez écrire un livre sur le monde actuel, quel titre lui donneriez-vous ?
J'écrirais sur ce que je sais, ce que je vis. C'est-à-dire ce que c'est d'être une fille de mon âge et de vivre en Iran. Les expériences que j'ai vécues et ma façon de penser, en espérant que cela aide le monde à avancer.

Que représente la religion pour vous ?
La religion naît de la peur des gens. De la peur du monde et de tout ce qu'ils voient. La peur leur fait créer quelque chose, la religion, pour pouvoir survivre et ne pas mourir de peur. Je pense que la religion existe depuis que les premiers êtres humains existent. Au début, ils pensaient que les animaux étaient des dieux, parce qu'ils ne les connaissaient pas. Une fois qu'ils ont compris les animaux, ils ont pensé que Dieu était en réalité le soleil. Puis finalement, à force de le rendre plus compliqué à chaque fois, on en est arrivés à un stade aujourd'hui où l'on a quelqu'un qu'on ne connaît pas et qu'on n'a jamais vu qui est censé être la chose la plus puissante qui soit, qui contrôle tout. Je pense vraiment que tout vient de la peur.

Quelle est la spécificité culturelle de votre pays qui vous rend le plus fière ?
Je pense que c'est la manière avec laquelle les Iraniens sont capables de conserver et faire perdurer leur culture. Même si la tendance est à l'uniformisation générale du monde, et que les grandes villes aspirent littéralement les gens partout dans le monde, beaucoup d'Iraniens continuent de vivre une vie simple de village, fuyant plus ou moins volontairement la complexité des grandes agglomérations. Ce sont les gens qui me rendent fière dans mon pays.

Si vous pouviez faire n'importe quel métier, sans rapport à l'argent, que feriez-vous ?
Je me battrais contre les gens qui tuent les animaux et coupent les arbres. Et si je dois devenir un soldat pour cela, je le ferai. J'aimerais beaucoup pouvoir me battre en faveur de l'environnement mais en Iran, c'est un peu compliqué quand on est une

femme. On me laisserait faire quelques actions de sensibilisation mais en aucun cas aller sur les lieux du crime pour défendre ma cause.

Avez-vous la sensation que votre vie est plus simple ou plus compliquée que celle de vos parents ?
C'est impossible à mesurer. Ils vivaient à une époque très différente, avec la révolution de 1979, puis la guerre contre l'Irak. Nous avons aussi nos soucis, nous sommes une génération née juste après la guerre, et elle a encore de fortes répercussions sur nous, avec beaucoup de choses horribles qui sont arrivées à nos parents. Nous vivons une période tout aussi compliquée que la précédente, mais d'une autre manière.

Si vous deviez décrire notre planète à un extraterrestre, que diriez-vous ?
Je lui dirais que c'est un endroit où l'amour et la haine ont la même force. Aucun des deux ne triomphe jamais sur l'autre. Ils ne font que de s'affronter sans fin. On ne peut pas dire que ce soit un bon ou un mauvais endroit, plutôt que le bien et le mal se côtoient ici, de manière plus ou moins équilibrée.

Et vous, quelle question aimeriez-vous poser au monde entier ?
C'est une question difficile. Je pense que je demanderais : « Êtes-vous sûrs que tout ce que vous pensez ou décidez est la bonne chose ? Ne pensez-vous pas que vos opinions pourraient changer si vous voyiez ou entendiez des choses auxquelles vous n'aviez jamais pensé ? Ne pensez-vous pas que chacun devrait un peu plus se remettre en question, pour être sûr que ce qu'on fait est bien ? Est-ce que vous avez toutes les cartes entre vos mains pour être sûrs que votre vie est bonne, c'est-à-dire une vie qui ne fait de mal à personne d'autre ? » Je me dis juste que les gens n'ont pas une vision globale des choses, je n'ai pas une vision globale des choses, c'est impossible. Il est donc probable que nous ayons tort, que nous ne fassions pas les choses parfaitement. Il faut juste être conscient de cela, être d'accord sur le fait qu'on peut avoir tort, et être ouvert au changement.

Je crois que c'est ma question : « Êtes-vous sûrs que nous avons toujours raison ? »

portrait page 12 du cahier photo

HUMBERTO, GUIDE DE MONTAGNE BRÉSILIEN

EN IMAGES

> *Humberto était notre guide lors d'un trek de cinq jours dans la Chapada Diamantina au Brésil, dans l'État de Bahia. C'est un ancien chercheur de diamants qui n'a jamais quitté son village. Toujours très souriant et heureux, il incarne la joie de vivre brésilienne dont j'ai parlé plus tôt.*

Que vouliez-vous faire quand vous étiez enfant ?
Quand j'étais petit ? Je voulais être dans l'armée.

Avez qui aimeriez-vous boire un café ?
Avec n'importe qui. [Grand sourire.]

Si vous pouviez faire enseigner quelque chose dans toutes les écoles du monde, qu'est-ce que ce serait ?
Juste à être éduqué.

Selon vous, quelle est la principale caractéristique commune à tous les êtres humains ?
Je ne sais pas si c'est le cas pour tout le monde, mais la plupart des gens sont préoccupés par le commerce. Tu ne penses pas ? L'argent est la base des êtres humains.

Selon vous, qui est la personne la plus heureuse du monde ?
Je suis heureux. Être dans un endroit comme celui-ci, avec vous, c'est un bonheur. Et je remercie Dieu d'être ici avec tout le monde. Toute cette beauté. Avant, j'étais un *garimpeiro* [chercheur de diamants], je travaillais au *garimpo* [la mine]. Aujourd'hui, je suis riche.

Si vous étiez président des États-Unis, quelle serait votre première réforme ?
Je mettrais fin aux guerres.

De quoi avez-vous besoin ?
Rien. [Grand sourire.]

Que feriez-vous si l'on vous donnait maintenant un million de dollars ?
Je construirais une école dans mon village. J'y enverrais toutes les personnes qui n'ont pas une bonne mentalité. C'est comme ça que je dépenserais tout cet argent.

Quelle innovation, réaliste ou non, faciliterait grandement votre quotidien ?
Je ne suis pas sûr de comprendre la question…

Avez-vous la sensation que votre vie est plus simple ou plus compliquée que celle de vos parents ?
Aujourd'hui, la vie est plus facile pour moi, car je suis une personne riche comparée à mes parents.

Quel est le fait d'actualité qui vous touche le plus dans votre pays et pourquoi ?
La corruption, la prostitution, le trafic de drogues…

Si vous deviez créer une entreprise, ce serait quoi ?
Quelque chose dans le tourisme.

De quoi avez-vous peur ?
Moi ? Seulement de l'homme lui-même, vraiment.

Quel est votre rêve ?
Mon plus grand rêve est de pouvoir vivre comme je vis maintenant quand je serai vieux. Ce qui veut dire faire du trekking.

Fermez les yeux, vous êtes en 2100, que voyez-vous ?
Beaucoup de bonnes choses. Plus de bonnes choses que de mauvaises.

Quelle est la plus belle chose que vous ayez vue dans votre vie ?
Ce que j'ai vu dans ma vie… Je n'ai jamais quitté cette région, je n'ai vécu qu'ici et je sais qu'il y a beaucoup de belles choses partout dans le monde. Mais je n'ai vu que cet endroit alors je dirais qu'ici, c'est le plus bel endroit du monde.

Si vous deviez écrire un livre sur le monde actuel, quel titre lui donneriez-vous ?
Un monde égal pour tous.

Que représente la religion pour vous ?
Dieu est nous tous. Nous sommes faits à l'image de Dieu. Alors, je suis Dieu, tu es Dieu…

Quelle est la spécificité culturelle de votre pays qui vous rend le plus fier ?
La manière d'être de tout le monde. La joie, les sourires… Même s'il y a beaucoup de problèmes, les Brésiliens sont toujours heureux et joyeux.

Si vous pouviez faire n'importe quel métier, sans rapport à l'argent, que feriez-vous ?
Être bénévole et travailler comme tel dans n'importe quel endroit. Pour la construction, pour aider les autres.

Et vous, quelle question aimeriez-vous poser au monde entier ?
J'aimerais demander : « Pourquoi les gens se comportent-ils comme ça ? » Je ne sais pas… Les gens ne se soucient pas beaucoup des autres. Il y a beaucoup de gens qui prennent soin des autres, mais il y en a beaucoup qui s'en fichent.

portrait page 12 du cahier photo

CLARISSE, PRODUCTRICE SINGAPOURIENNE

EN IMAGES

Clarisse est une jeune trentenaire singapourienne. Elle a récemment créé une société de production de contenu avec deux autres associés. Comme elle le dit elle-même, « il n'est pas facile d'exercer un métier créatif dans un pays aussi peu ouvert que Singapour ». Cela ne l'empêche pas pour autant d'être pleine d'espoir et d'humour.

Que vouliez-vous faire quand vous étiez enfant ?
Beaucoup de choses ! Je voulais être vétérinaire. Je ramenais souvent chez moi des animaux trouvés dans la rue, ce qui rendait ma mère folle. Elle rentrait à la maison et me trouvait dans la salle de bains en train de nettoyer un chat ou autre animal ramassé ce jour-là. J'ai eu un animal de compagnie mais il s'est échappé dès le lendemain. Aujourd'hui, j'ai trois chats et je pense que ma vocation de vétérinaire s'arrête là.

Avec qui aimeriez-vous boire un café ?
Je prendrais bien un café avec Donald Trump… J'aurais beaucoup de choses à lui dire ! J'aimerais lui arranger ses cheveux, je pense qu'il devrait être chauve. Ses cheveux ne lui apportent aucune crédibilité. En revanche, si c'est pour avoir une discussion positive, j'aimerais boire un café avec quelqu'un d'âgé, même quelqu'un des années 1900. Ce serait intéressant d'en apprendre plus sur le mode de vie de l'époque. Je suis sûre que ce serait une conversation fascinante.

Si vous pouviez faire enseigner quelque chose dans toutes les écoles du monde, qu'est-ce que ce serait ?
Je mettrais en place un cours d'élevage d'animaux où les écoliers doivent s'occuper de différentes races d'animaux. Je pense que c'est intéressant de les mettre en contact avec des bêtes lorsqu'ils sont encore jeunes. J'ai des amis qui ont peur des chats ou même des rats. Premièrement, il ne faut pas en avoir peur,

et deuxièmement, lorsque quelqu'un prend soin de quelque chose de si petit et si vulnérable, il apprend alors des valeurs essentielles. Enseigner aux enfants des valeurs est vraiment difficile. À notre époque, les gens se perdent et cherchent à posséder des biens de consommation ou des nouvelles technologies, mais rien de tout ça ne nous accompagnera dans nos tombes. Ce qui est important, c'est la différence que tu fais sur Terre. Les valeurs sont plus importantes ; avoir de vraies et bonnes valeurs, voilà ce que l'on devrait enseigner !

Selon vous, quelle est la principale caractéristique commune à tous les êtres humains ?
La cruauté [rire]. Malheureusement, c'est ce qui ressort le plus à notre époque. Dans le passé, je pense que ça se voyait moins, mais avec les réseaux sociaux on remarque davantage les mauvaises choses. Combien de fois peut-on voir du contenu positif en ligne ? Les gens ont pour habitude de partager les mauvaises choses et j'aimerais qu'ils partagent davantage les choses positives qui arrivent autour d'eux. Arrêtons de partager la m… !

Selon vous, qui est la personne la plus heureuse du monde ?
Mon chat… Ah non, je rigole, ce n'est pas une personne. Je pense que tout le monde a le droit d'être la personne la plus heureuse du monde. Je peux l'être. Tout dépend de votre perspective de vie. Tout le monde a le droit d'être heureux, ça ne devrait pas être une course pour savoir qui est le plus heureux, la course pour le titre. Les gens doivent simplement faire des choses qui les rendent heureux : démissionner d'un travail qu'ils détestent, sortir d'une relation qui ne leur convient plus. Vous devez créer votre propre bonheur. Ne dites pas « cette personne est la plus heureuse », mais soyez vous-même cette personne heureuse.

Si vous étiez présidente des États-Unis, quelle serait votre première réforme ?
Les droits LGBT. L'amour est universel.

De quoi avez-vous besoin ?
Rien… Je pense qu'aujourd'hui je n'ai besoin de rien. J'ai travaillé dur pour arriver où j'en suis aujourd'hui et je pense n'avoir besoin de rien. Il y a pas mal de choses que j'aimerais avoir mais rien dont je n'aie réellement besoin.

Que feriez-vous si l'on vous donnait maintenant un million de dollars ?
Je t'inviterais pour déjeuner [rire]. J'achèterais un billet pour l'endroit le plus éloigné d'ici et je me prendrais des vacances. J'éliminerais aussi les toilettes à la turque. Avez-vous déjà vu des toilettes à la turque ? C'est uniquement asiatique. Dans le monde entier, il y a des toilettes assises, mais en Asie, il y a des toilettes à la turque où tu dois t'accroupir. C'est horrible, en particulier lorsque tu dois aller aux toilettes durant la nuit et que tu perds ton équilibre. Donc j'utiliserais mon million de dollars pour changer toutes les toilettes à la turque du monde et les remplacer par des toilettes assises.

Quelle innovation, réaliste ou non, faciliterait grandement votre quotidien ?
La téléportation ou quelque chose qui m'amènerait de mon lit à là où je dois me rendre sans que j'aie à faire quoi que ce soit. Cela me prend trop de temps de me réveiller, donc la téléportation serait pas mal.

Quel est le fait d'actualité qui vous touche le plus dans votre pays et pourquoi ?
Je ne veux pas discuter politique parce que beaucoup de choses sont en train de se passer en ce moment. Mais je parlerai plutôt des droits LGBT. Il y a peu de temps, deux hommes singapouriens ont été arrêtés à Dubaï (ou ailleurs) et accusés de s'être travestis. Ils ont été condamnés à un an de prison. Je ne comprends pas. C'est arrivé il y a quelques jours et maintenant les familles essayent de faire appel de cette décision. Pour moi, c'est inquiétant. Après tout, qu'est-ce qui définit le fait de s'habiller fémininement ? Il n'y a pas de contexte particulier, c'est donc forcément très subjectif. Et qui a décidé que s'habiller avec

des habits du sexe opposé était mauvais ? Beaucoup de pays avancent sur ces questions mais il reste encore pas mal de choses à faire. Beaucoup de personnes religieuses pensent encore différemment. Mais tout compte fait, ces gens ne font de mal à personne, ils souhaitent juste vivre leur vie. Pourquoi devrions-nous avoir une opinion sur la manière dont vivent les autres, surtout lorsqu'ils ne font de tort à personne ? C'est quelque chose qui me touche vraiment. J'ai beaucoup d'amis qui sont LGBT. À Singapour, la situation commence doucement à aller mieux. Mais il existe encore une loi qui interdit à deux hommes d'avoir des relations sexuelles, et c'est passible de prison. Donc on est encore en retard en termes législatifs. Il reste beaucoup à faire.

Avez-vous la sensation que votre vie est plus simple ou plus compliquée que celle de vos parents ?
Plus simple. Nous avons beaucoup plus que ce qu'ils avaient. Peut-être que les temps étaient plus simples avant. Mais j'aime la liberté que l'on a. À l'époque, tout était question de survie. Par exemple, les femmes avaient treize enfants. Comment était-il possible d'avoir une minute de répit avec treize enfants ? Dans quel état était le corps de la femme ? Aujourd'hui, on a beaucoup plus de choix parce qu'on est financièrement stable. Donc oui, notre vie est bien mieux que la leur. J'aurais aimé qu'ils vivent dans notre génération. Ils seraient plus heureux, je pense.

Si vous deviez créer une entreprise, ce serait quoi ?
J'ai déjà créé ma propre entreprise : une petite agence de production développée avec deux de mes amis. Sinon, j'ai toujours rêvé d'avoir une librairie. Mais pas une librairie d'État, une librairie où il n'y a que des livres que j'apprécie. Les gens seraient obligés de lire les mêmes choses que moi. Ce ne serait pas forcément que des livres d'ailleurs, ça pourrait être des magazines, objets, n'importe quoi tant qu'il s'agit de choses non censurées qui ouvrent l'esprit.

De quoi avez-vous peur ?
De ne plus exister. Aujourd'hui je suis là, je pense, j'ai des émotions, et quand je mourrai, que va-t-il m'arriver ? Les gens qui t'ont aimé vont te dire « ne t'inquiète pas, tu vas aller au

paradis », mais je ne suis pas quelqu'un de religieux. Donc c'est une grande question : que va-t-il se passer ? J'espère que ce sera simplement comme dormir, parce que j'aime dormir et ça ne serait pas si compliqué. C'est vraiment ça qui me fait le plus peur : que va-t-il m'arriver ?

Quel est votre rêve ?

Je rêve de paix dans le monde ! Je rigole. Je pense que je n'ai pas de rêves très compliqués. Je veux simplement être productive et être une bonne personne, c'est assez simple dans un sens. Mener une vie qui a du sens, pas seulement pour moi mais aussi pour les autres – être une bonne personne dans leurs vies aussi. Ce qui est intéressant, c'est que plus jeunes, les gens ont tendance à s'entourer de nombreuses personnes. Cela permet de se découvrir, de façonner ses goûts, de savoir quelles relations sont bonnes pour soi, quelles sont ses envies pour plus tard. On dit souvent qu'en grandissant, les gens qui t'entourent sont moins nombreux et c'est souvent présenté de manière négative. Moi, je pense plutôt que c'est un signe de maturité. Savoir choisir qui t'entoure est important. Ce qui est important pour moi, c'est d'être une bonne personne pour les gens qui comptent pour moi.

Fermez les yeux, vous êtes en 2100, que voyez-vous ?

Des pays ou régions d'une grande diversité culturelle. Idéalement, il n'y a plus de ségrégations. De toute manière, pourquoi essayer de consolider des frontières ? Avec tout le mal que nous avons fait, les humains ne vont pas rester très longtemps sur cette planète. Alors il faut en profiter et être heureux. J'ai vraiment une vision positive du futur !

Quelle est la plus belle chose que vous ayez vue dans votre vie ?

Ce qui me fascine, ce sont les détails. Les gens comme moi, qui vivent en ville, ont tendance à ne plus voir les choses car leur environnement est trop encombré. De temps en temps, c'est important de s'arrêter et d'observer les détails autour de soi, comme les veines d'une feuille, les insectes sur le tronc d'un arbre. Parfois, pendant quelques instants, je prête attention. Ça me remet dans une certaine perspective et je me demande pourquoi je suis stressée d'être en retard au bureau. Nous sommes sur une Terre magnifique ! Un jour, j'observais un insecte sur un arbre en attendant le bus, j'étais complètement fascinée et je n'ai pas vu le bus arriver ni même repartir. Trouver de petites joies quotidiennes, c'est la beauté de la vie !

Si vous deviez écrire un livre sur le monde actuel, quel titre lui donneriez-vous ?
Bouge ton c… ! Ce n'est pas très compliqué !

Que représente la religion pour vous ?
Ma mère est catholique. Mon père est bouddhiste. Moi, je n'ai pas de religion car ils ont toujours tenté de me faire prendre parti pour l'une ou l'autre et je n'aime pas ça. Donc pour moi, Dieu n'est pas un être supérieur. Dieu est ma propre destinée. Il ne faut pas dire « c'est la faute de Dieu » si quelque chose se passe mal. Je pense plus que c'est de notre ressort si les choses ne vont pas bien, ou si nous avons des problèmes. S'il y avait un Dieu, je pense qu'il ou elle voudrait que les gens soient indépendants et autonomes.

Quelle est la spécificité culturelle de votre pays qui vous rend le plus fière ?
La jeunesse et les gens. Nous sommes très chanceux d'être dans un environnement sécurisé et riche, ce qui nous donne beaucoup de temps libre pour avoir d'autres passions en dehors du système académique. J'ai le sentiment d'être entourée de gens avertis, compétents, drôles. Des gens qui ont des opinions fortes et peuvent faire des choses positives pour le monde.

Si vous pouviez faire n'importe quel métier, sans rapport à l'argent, que feriez-vous ?
Je prendrais soin de chats toute la journée.

Si vous deviez décrire notre planète à un extraterrestre, que diriez-vous ?
Est-ce qu'ils parlent anglais ? Il faut faire des gestes ? Je pense qu'au lieu de lui parler, j'essayerais de vivre une expérience avec lui, je lui donnerais à manger et à boire.

Et vous, quelle question aimeriez-vous poser au monde entier ?
Qu'avez-vous fait aujourd'hui, qui a embelli la journée de quelqu'un d'autre ?

portrait page 13 du cahier photo

KESHAR, CUISINIER INDIEN RÉFUGIÉ EN FRANCE

> *Keshar n'est pas le type de réfugié « classique » que nous voyons à la télévision. Il a dû quitter son pays de peur d'être tué parce qu'il est gay. L'homosexualité est un grand tabou en Inde. La violence mentale, physique, émotionnelle et économique contre la communauté LGBT prévaut. Faute de soutien de la part de la famille, de la société ou de la police, de nombreuses victimes de viols ne les signalent pas. Les réponses de Keshar sont influencées par les atrocités qu'il a subies. Il est maintenant chef cuisinier en France. Nous l'avons rencontré grâce au Refugee Food Festival, un fantastique programme de réinsertion des réfugiés par la gastronomie.*

Que vouliez-vous faire quand vous étiez enfant ?
Je ne me rappelle pas.

Avec qui aimeriez-vous boire un café ?
Mes amis, tous mes amis.

Si vous pouviez faire enseigner quelque chose dans toutes les écoles du monde, qu'est-ce que ce serait ?
Dire la vérité.

Selon vous, quelle est la principale caractéristique commune à tous les êtres humains ?
La triche.

Selon vous, qui est la personne la plus heureuse du monde ?
Personne. Si vous êtes riche, vous ne faites pas attention aux choses qui importent. Et si vous n'avez pas d'argent, vous n'êtes

pas heureux non plus. Donc personne n'est heureux ! Ce type, Bill Gates, il n'a pas d'enfant, il dépense de l'argent en Inde. Il n'est pas heureux. Nous recherchons le bonheur, mais personne n'est heureux dans le monde. Ni le président des États-Unis ni le président de la France. Les deux sont tristes.

Si vous étiez président des États-Unis, quelle serait votre première réforme ?
C'est un rêve, mais si j'étais le président des États-Unis, j'aiderais les pays pauvres sans aucune fausse intention. En ce moment, les États-Unis se battent contre l'Irak et de nombreux pays, mais pourquoi ? Le pétrole ! Ils veulent régner sur le pétrole, c'est l'intention cachée. Je veux aider quelqu'un sans intention cachée, sans attendre quelque chose en retour. Aider les pays pauvres avec l'éducation, la médecine, etc.

De quoi avez-vous besoin ?
De paix.

Que feriez-vous si on vous donnait maintenant un million de dollars ?
Je dépenserais tout pour les pauvres. Parce que quand tu meurs, ta main est vide. Il faut le dépenser pour ceux qui en ont besoin, les enfants, les pays en guerre, les pays pauvres, les pays africains… Je les dépenserais comme cela. Un million de dollars, ce n'est pas important pour moi, ce dont j'ai besoin, c'est de paix.

Quelle innovation, réaliste ou non, faciliterait grandement votre quotidien ?
La vie est facile, à vous de choisir. Si vous avez une voiture, vous utiliserez votre voiture. Si vous n'en avez pas, vous marcherez, c'est à vous de décider.

Quel est le fait d'actualité qui vous touche le plus dans votre pays et pourquoi ?
Le Premier ministre indien a changé la monnaie. C'est une nouvelle importante. Il se fiche des pauvres qui vivent dans la rue et font la queue à la banque pour mettre de l'argent sur

leur compte. Il dit que c'est de l'argent noir[3]. Mais si ce sont les pauvres, ceux qui survivent avec de petits revenus quotidiens, s'agit-il d'argent noir ? Ce sont des conneries. Les riches sont chez eux et les pauvres se battent pour leur argent.

De quoi avez-vous peur ?
Quand j'étais en Inde, tout le monde me haïssait et voulait me tuer, parce que je suis gay. Mes parents aussi. Mon père et mon frère voulaient me tuer, me tirer dessus. Mon père m'a dit un jour : « Tu as une nuit, si tu es toujours ici demain matin, je te tire dessus. » Voilà de quoi j'ai peur.

Fermez les yeux, vous êtes en 2100, que voyez-vous ?
Un monde plus avancé, plus pratique, plus technique avec de nouvelles inventions. La vie sera trop rapide et les gens n'auront pas le temps de discuter, comme nous sommes en ce moment en train de le faire. En 2100, nous n'aurons plus le temps pour cela. Le temps est important, le temps, c'est de l'argent, n'est-ce pas ?

Quelle est la plus belle chose que vous ayez vue dans votre vie ?
C'est mon arrivée en France. Je me suis dit : « C'est donc ça, la vie ; ici, personne ne me déteste ou veut me tuer parce que je suis gay. » La vie est belle, ici.

Si vous deviez écrire un livre sur le monde actuel, quel titre lui donneriez-vous ?
Comment se battre dans ta vie.

Qui est Dieu pour vous ?
Je suis hindou. Quand j'étais chez moi, je priais Shiva. Maintenant que j'ai quitté la maison, je vais à l'église. Donc j'ai deux dieux. Quand je vais au temple, je suis triste ; quand je vais à l'église, je me sens bien. Parce que quand je vais au temple, ils pensent que les pauvres doivent rester dehors. À l'église, il n'est pas question de savoir si tu es riche ou non, c'est juste la maison

3. *Black money* en anglais, terme qui désigne en Inde les revenus (immenses à l'échelle du pays) dégagés par le marché noir.

de Dieu. Tu peux y rester et tu t'y sens bien. Peut-être que maintenant, c'est ça, mon dieu.

Quelle est la spécificité culturelle de votre pays qui vous rend le plus fier ?
La danse, différents types de danses. La danse folklorique, la danse Bollywood, c'est ce que j'aime. Avec des robes très belles et des bijoux, beaucoup de bijoux.

Si vous pouviez faire n'importe quel métier, sans rapport à l'argent, que feriez-vous ?
Assistant social pour aider les gens. Ou traducteur, par exemple. Supposons qu'un pays ait besoin d'écrire une histoire sur les réfugiés et qu'il le fasse en hindi, alors je peux la traduire en anglais. Et avec l'aide de Google, je peux aussi le faire en français.

Si vous deviez décrire notre planète à un extraterrestre, que diriez-vous ?
C'est très difficile, il ne comprendrait pas ma langue. Comment communiquer ?

Et vous, quelle question aimeriez-vous poser au monde entier ?
Ils pensent que les homosexuels n'ont pas le droit de vivre. Je ne parle pas des pays européens et des pays développés. Je parle des Asiatiques, de l'Inde, du Pakistan, du Bangladesh… Je suis aussi un être humain. Quand je suis arrivé ici, en France, j'ai réalisé que j'étais aussi un être humain. En Inde, ils m'ont maltraité et ils pensaient que j'étais un esclave sexuel et une machine à sexe. Nous n'avons aucun droit de vivre là-bas. Mais Dieu nous a donné la vie, Dieu m'a donné cette vie.

Les Européens sont différents, maintenant je parle avec vous, vous êtes ouverts, mais en Inde pas du tout. Ils vous insultent partout, même chez vous. Encore aujourd'hui, l'Inde n'a pas de loi concernant les abus sexuels sur mineur. Mon professeur m'a violé quand j'avais 12 ans. Je l'ai dit à mon père, mais personne ne m'a cru. Mon père était un officier de l'armée, il est colonel. Son subalterne m'a violé. Je l'ai aussi dit, mais si vous allez voir la police, la police vous viole également. Où que j'aille, on me dit que je suis un esclave sexuel et une machine à sexe. Nous n'avons aucun droit.

Ici, en France, quand je suis arrivé, les Indiens m'ont aussi battu. Je logeais avec des Indiens et quand je m'endormais, ils me masturbaient. Ils vous utilisent comme esclave. Même s'ils sont en Europe depuis dix ou quinze ans, ils n'ont pas changé leur façon de penser. Pour eux, les LGBT n'ont pas le droit de se promener dans les rues.

Je n'avais aucun droit ici jusqu'à l'obtention de l'asile. Cela fait maintenant un an et tout le monde m'appelle et me dit gentiment : « Bonjour, comment vas-tu ? » Maintenant que je suis français, les Indiens veulent m'épouser, pour être français aussi. Non, je ne le ferai jamais ! Parce que ce gouvernement m'a donné cette dignité et ce respect, et que je ne tromperai jamais ce gouvernement. Je n'éviterai jamais les impôts si je travaille, je les paierai. Aucun Asiatique ici ne paie les taxes, ils trompent le gouvernement. Comme ce gouvernement m'a respecté, c'est mon devoir et ma responsabilité de ne jamais tricher avec lui.

Donc, je voudrais demander ceci : s'il vous plaît, ne trompez jamais personne et n'abusez jamais de personne. Les LGBT sont des êtres humains et ils ont tous le droit de vivre.

portrait page 13 du cahier photo

YOWA, LYCÉENNE FRANÇAISE

Yowa vit en banlieue parisienne. C'est l'une de nos followers qui nous l'a présentée lorsque nous avons fait un appel à contact sur les réseaux sociaux pour aller interviewer des personnes dans des quartiers défavorisés. Yowa n'avait que 17 ans au moment de l'interview, début 2019, et déjà une maturité et un franc-parler impressionnants !

EN IMAGES

Que vouliez-vous faire quand vous étiez enfant ?
Je voulais être neurochirurgienne à cause de *Grey's Anatomy*, cela me passionnait parce qu'ils sauvaient des vies, et en plus de ça, ils créaient de nouvelles formes de traitement pour améliorer la manière dont ils sauvaient les gens. Je trouvais ça bien.

Avec qui aimeriez-vous prendre un café ?
Rihanna [rires], parce que c'est une personnalité que j'aime beaucoup, et je l'aime beaucoup aussi en tant qu'artiste. J'aime beaucoup son parcours et j'aimerais beaucoup apprendre à la connaître.

Si vous pouviez faire enseigner quelque chose dans toutes les écoles du monde, qu'est-ce que ce serait ?
La survie. Parce que si… Je sais, ça part un peu loin, mais si on est abandonnés à nous-mêmes et qu'on doit se débrouiller dans la jungle tout seuls, il faut savoir les choses basiques : faire du feu, etc. Je pense que ça peut aider.

Selon vous, quelle est la principale caractéristique commune à tous les êtres humains ?
La réflexion. Je pense que même chez les êtres qui réfléchissent le moins, après avoir fait un acte, il y a une remise en cause. Ils se demandent si c'est mal ou si c'est bien d'avoir fait ou de ne pas avoir fait quelque chose.

Selon vous, qui est la personne la plus heureuse du monde ?
Déjà, pas forcément l'homme le plus riche, contrairement à ce que pourraient penser d'autres personnes. Mais je pense que c'est une personne qui a pu fonder une famille, et qui s'entend bien avec sa femme et ses enfants, et qui est en bon contact avec les siens, qui a des amis et qui a aussi de quoi vivre bien tous les jours, je pense.

Si vous étiez présidente des États-Unis, quelle serait votre première réforme ?
Je pense que, en y réfléchissant bien, il faudrait enlever les armes, parce qu'il y a beaucoup de fusillades et de meurtres aux États-Unis. Surtout avec les histoires de gangs. Je pense qu'enlever les armes, ce serait un grand pas pour les États-Unis.

De quoi avez-vous besoin ?
Dans la vie de tous les jours ? Je pense que pour bien vivre, il faut beaucoup d'affection, donc voilà de quoi j'ai besoin. Ça évite de se sentir seul, je pense. Se sentir aimé, pas forcément dans le sens aimé en relation amoureuse, mais simplement aimé par un ami, je pense que ça fait toujours du bien quand on est seul, d'avoir quelqu'un sur qui compter.

Que feriez-vous si l'on vous donnait maintenant un million de dollars ?
Déjà… Je peux répondre personnellement ? Mon père, ça fait très longtemps qu'il n'est pas rentré dans son pays natal, donc je lui donnerais de l'argent pour qu'il y aille. Je ferais construire une nouvelle maison, là-bas au Congo. Après, je pense que je donnerais la moitié du reste à des associations. Et avec l'autre, je construirais une maison ici, parce que j'aime bien l'Île-de-France. Et je voyagerais aussi parce que j'aime bien voyager.

Quelle innovation, réaliste ou non, faciliterait grandement votre quotidien ?
Le jetpack. Sérieux, parce que les transports et tout, c'est bien mais c'est relou, parce que ça ne sent pas bon, surtout dans la ligne 13 [du métro parisien, NDA]. Et les bouchons aussi, c'est… Bah rien que hier, j'étais sur Paris, je devais me rendre à un endroit et je me suis dit : « Bon, un Uber, ça va aller plus vite. » Et en fait pas du tout. Donc j'étais là, je regardais par la fenêtre et je me suis dit : si j'avais un jetpack, je serais arrivée à l'heure.

Quel est le fait d'actualité qui vous touche le plus dans votre pays et pourquoi ?
D'actualité ? Ce n'est pas grave si c'est une actualité qui remonte un petit peu ? L'esclavage en Libye. Ça m'a un peu choquée qu'actuellement, et je ne pense pas que ce soit le seul pays, il y ait encore de l'esclavage, après tout ce qui s'est passé. Ça fait déjà des années qu'il y a eu l'abolition. Je trouve que c'est choquant, et que ce n'est pas juste.

Avez-vous la sensation que votre vie est plus simple ou plus compliquée que celle de vos parents ?
Bah je suis encore jeune, donc je pense que je vais tout faire pour mieux vivre que mes parents, mais je pense que oui, comparé à… Je vais prendre l'exemple de ma mère : à l'époque, en France, on n'avait pas autant de possibilités qu'actuellement au niveau des études, des aides pour les études, et de toutes les accessibilités qu'on pouvait avoir avec le sport et compagnie. Donc oui, je pense, je vis mieux que mes parents.

Si vous deviez créer une entreprise, ce serait quoi ?
Créer une entreprise ? Je créerais une entreprise liée à la Bourse, parce que la Bourse, ça rapporte. Et je réinvestirais, et je mettrais mon argent toujours dans de bonnes causes. Parce que je me dis que sur la planète, c'est tellement hétérogène. En France, j'ai l'impression que tout le monde est sur un nuage alors que dans d'autres pays, ils crèvent de faim, ils n'ont pas d'eau, donc je pense que je les aiderais pour que tout le monde soit à peu près sur un même piédestal.

De quoi avez-vous peur ?
J'ai le vertige [rires]. Et j'ai peur de mourir noyée au fond de l'océan, mais en plein milieu, là où c'est bleu foncé. J'ai peur de mourir là-bas. Voilà. C'est effrayant.

Quel est votre rêve ?
Mon rêve ? [Elle regarde au loin.] C'est de pouvoir emmener ma famille en vacances, sans avoir à regarder mon compte en banque. Et de leur faire des cadeaux à Noël sans avoir à regarder mon compte en banque aussi. Voilà.

Fermez les yeux, vous êtes en 2100, que voyez-vous ?
2100 ? Bah je ne vois plus rien, à part des débris, de la pollution. Bien sûr, le ciel, il sera tout gris tout le temps même en été, avec toute la pollution. Je vois des gens qui s'entretuent pour le pouvoir, beaucoup de pollution, une planète dégradée, plus de famine qu'avant, plus de meurtres qu'avant, et plus de tristesse qu'avant.

Quelle est la plus belle chose que vous ayez vue dans votre vie ?
Même si ce n'est pas ma propre expérience, l'une des plus belles choses que j'aie vues dans ma vie, c'est… Vous voyez quand vous vous baladez et que vous voyez deux vieux ensemble qui s'aiment ? Eh bien je pense que c'est la plus belle chose que j'aie vue dans ma vie.

Si vous deviez écrire un livre sur le monde actuel, quel titre lui donneriez-vous ?
En fait, j'ai l'idée en tête mais c'est compliqué à expliquer. *Un enfant mal éduqué*, je pense. La Terre, ce serait l'enfant, un enfant qu'on met au monde et à qui on doit tout apprendre. Et en fait, de génération en génération, la Terre a été dégradée à cause d'une mauvaise éducation. Je ne sais pas si ma métaphore est bien ? [Grand sourire.]

Que représente la religion pour vous ?
De mon point de vue, c'est important, parce que j'ai été éduquée dedans, mais je pense que si je n'avais pas été éduquée dedans, j'aurais peut-être cherché à comprendre. C'est important pour moi, mais je ne suis pas pratiquante à fond, désolée, Papa. Je pense quand même que c'est important de se dire qu'il y a un être supérieur à nous tous sur qui on peut compter. Dans la religion, il y a des miracles et, oui, je crois en tout ça. Je pense que oui, c'est vraiment Dieu qui a créé la Terre.

Quelle est la spécificité culturelle de votre pays qui vous rend le plus fière ?
La musique, parce que j'aime beaucoup, beaucoup la musique. On est très forts en guitare, très, très forts. Voilà pourquoi je suis fière.

Si vous pouviez faire n'importe quel métier, sans rapport à l'argent, que feriez-vous ?
J'aimerais vivre de la musique, si c'était possible. Tous les jours apprendre, apprendre des morceaux de piano, je pense que c'est ça, oui, et écouter de la musique tous les jours. Ça n'existe pas

comme métier mais j'aimerais bien. Ah oui, et faire à manger aussi, et ça, ça existe. [Grand sourire.]

Si vous deviez décrire notre planète à un extraterrestre, que diriez-vous ?
Un astre avec de l'eau et de la terre, avec beaucoup de personnes qui habitent dessus, beaucoup, beaucoup de personnes, même trop. Et je leur demanderais de l'aide s'ils peuvent, parce que la Terre se dégrade de plus en plus.

Et vous, quelle question aimeriez-vous poser au monde entier ?
Pensez-vous que la planète aura survécu dans cinq mille ans ?

portrait page 14 du cahier photo

CHAD, CHEF AMÉRICAIN

Chad est chef et fondateur du Café Momentum à Dallas, dont j'ai parlé plus tôt. Depuis mon passage dans son restaurant, il a reçu de nombreuses marques de reconnaissance pour cette initiative formidable, notamment une forte promotion médiatique par Starbucks qui commença ainsi son article : « Chad Houser a risqué sa carrière pour ouvrir un nouveau restaurant – un lieu où les employés sont des jeunes délinquants sortant de maisons d'enfance à la recherche d'une seconde chance. » Une idée à reproduire en France ?

Que vouliez-vous faire quand vous étiez enfant ?
Je voulais devenir athlète professionnel. Mais à 16 ans, je mesurais 1,50 mètre, j'ai donc compris que ce n'était pas un choix de carrière raisonnable.

Avez qui aimeriez-vous boire un café ?
J'adorerais prendre un café avec Barack Obama. Je pense que c'est l'un des hommes les plus inspirants, engageants et intelligents au monde. Le voir avancer avec autant de classe et de dignité pendant huit ans alors que tant de gens tentaient de le mettre à terre a été très inspirant.

Si vous pouviez faire enseigner quelque chose dans toutes les écoles du monde, qu'est-ce que ce serait ?
La compassion.

Selon vous, quelle est la principale caractéristique commune à tous les êtres humains ?
Je pense que nous aimons tous manger… Nous respirons, mais en dehors de ça nous sommes tous très différents.

Selon vous, qui est la personne la plus heureuse du monde ?
Mon Dieu… Je pense que ma réponse pourrait changer chaque jour. En termes philosophiques, c'est la personne qui est contente de ce qu'elle est…

Si vous étiez président des États-Unis, quelle serait votre première réforme ?
Je me concentrerais sur l'éducation. Je pense que le plus important est que chaque enfant dans ce pays démarre sur un même pied d'égalité. Et le meilleur moyen de faire cela est de leur apporter à tous une même éducation qui soit formidable. Ce qui signifie que je créerais une réforme pour dépenser bien plus d'argent afin de m'assurer que les enfants ont tout le nécessaire pour se consacrer à leurs études et que l'éducation qu'on leur donne soit de qualité.

De quoi avez-vous besoin ?
Plus de temps, plus d'heures dans la journée. Il y a tellement de choses que je veux faire, et je ne trouve pas le temps pour tout. Si je pouvais trouver un moyen de ne pas dormir, ce serait parfait. Je dors 4 ou 5 heures par nuit, et je déteste dormir plus car j'ai l'impression que ça va m'empêcher de faire ce que je veux.

Que feriez-vous si l'on vous donnait maintenant un million de dollars ?
Je donnerais absolument tout au Café Momentum, et je saurais alors que, pour au moins une partie de l'année, je n'aurais pas à courir après l'argent et je pourrais me consacrer au travail avec les jeunes.

Avez-vous la sensation que votre vie est plus simple ou plus compliquée que celle de vos parents ?
De manière générale, je pense que je vis mieux, car j'ai eu des opportunités qu'ils n'ont pas eues en grandissant. Ils se sont assurés que pendant mon enfance (et même à l'âge adulte) je sois encouragé, inspiré et concentré sur mes convictions et ma propre vie, et ils m'ont appris à apprécier tout ce que j'ai. J'espère que mes enfants diront la même chose de moi !

Quel est le fait d'actualité qui vous touche le plus dans votre pays et pourquoi ?
Je pense que l'actualité est saturée par notre président actuel… Mais ce qui m'affecte le plus, ce sont les nombreuses inégalités raciales dans ce pays, et qu'il y ait des gens choqués par une simple couleur de peau. Je ne pense pas que cela arrive davantage aujourd'hui que dans le passé, mais avec les réseaux sociaux, les téléphones qui filment tout et les autres technologies, nous le voyons beaucoup plus maintenant. Cela me touche de penser que nous étions assez naïfs et aveugles pour ne pas voir ce qui se passait dans notre propre pays, dans nos propres villes, et que cela ne nous venait même pas à l'esprit. Cela me fait peur.

Si vous deviez créer une entreprise, ce serait quoi ?
J'ai déjà créé le Café Momentum, mais imaginons que ce ne soit pas le cas… Je pense que ce serait une entreprise de construction, car j'aime bien construire. J'aime travailler de mes mains et j'ai fait le tour du travail de cuisinier. En ce moment, je monte un poulailler dans mon jardin et c'est presque un moment de méditation. J'adore voir ce processus de construction, lorsque je fabrique quelque chose de mes mains à partir de rien.

Quelle innovation, réaliste ou non, faciliterait grandement votre quotidien ?
Il y a un tas de livres que je voudrais lire, et chaque jour ce tas grossit de trois ou quatre volumes. J'aimerais qu'il existe un moyen de me les injecter directement dans la tête. Une technique

pour avoir vingt livres d'un coup dans la tête, et je les connais alors immédiatement, et ce tous les jours.

De quoi avez-vous peur ?
De danser.

Quel est votre rêve ?
Je rêve qu'à ma mort, le monde soit un endroit un peu meilleur que lorsque j'y ai vécu, et que j'aie joué un rôle dans ce changement.

Fermez les yeux, vous êtes en 2100, que voyez-vous ?
Je vois des progrès énormes au niveau mondial mais il y a eu de grands combats pour y arriver. Je pense que beaucoup de problèmes ont été résolus comme les inégalités raciales, mais il y a toujours des gens affamés, on se bat toujours au niveau de l'éducation, on se débat avec la technologie et la nourriture n'est pas aussi bonne qu'elle l'est aujourd'hui.

Quelle est la plus belle chose que vous ayez vue dans votre vie ?
Question intéressante. On dit que lorsqu'on meurt, la vie passe en flashs devant vos yeux. Ce doit être émotionnellement fort, toutes ces choses qui vous saturent l'esprit… Si je devais en choisir une seule, c'est le fait de travailler avec ces jeunes. En général, ils ont entendu toute leur vie qu'ils étaient mauvais, bons à rien. Il y a un proverbe que nous avons volé à une autre organisation, qui dit : « Nous croyons en ces enfants quand ils ne croient pas en eux-mêmes, jusqu'à ce qu'ils y croient. » Il y a un moment précis où ils comprennent, où ils commencent à se voir différemment, à se voir de la même manière dont nous les voyons, et ils voient alors la beauté et l'intelligence qu'ils ont en eux. Ce moment est probablement la chose la plus belle que j'aie jamais vue.

Si vous deviez écrire un livre sur le monde actuel, quel titre lui donneriez-vous ?
C'est la merde [rires]. Mais on y croit encore.

Qui est Dieu pour vous ?
Dans le sens où l'on dit aux gens qu'il faut qu'ils ressemblent autant que possible à Dieu, je dirais ma mère. Parce que c'est la meilleure personne qui existe au monde.

Quelle est la spécificité culturelle de votre pays qui vous rend le plus fier ?
Nous avons des musiques de dingue, mais là je parle de pop-culture. Plus généralement, je dirais que je suis assez fier de la manière dont nous sommes concernés par autrui. Nous ne le faisons pas toujours bien, pas toujours avec grâce, mais nous faisons attention à l'autre. Et plus de gens que vous ne le pensez vous aideraient dans ce pays s'ils savaient que vous en avez besoin.

Si vous pouviez faire n'importe quel métier, sans rapport à l'argent, que feriez-vous ?
Je serais charpentier ou maçon… Quelque chose en rapport avec du travail manuel.

Si vous deviez décrire notre planète à un extraterrestre, que diriez-vous ?
Je ne sais pas comment vous gérez les choses là d'où tu viens, mais vise un peu le cirque ici !

Et vous, quelle question aimeriez-vous poser au monde entier ?
Quel est votre souvenir d'enfance préféré ?

portrait page 14 du cahier photo

JORGELINA, ANIMATRICE RADIO ARGENTINE

Après avoir raconté l'histoire de 20 Questions to the World *à Mariana, une journaliste qui a écrit un article sur le projet à Mendoza, elle m'a dit que je devais absolument interviewer Jorgelina, qui aurait sûrement de belles choses à me dire. Je l'ai donc rencontrée dans l'arrière-cour de mon auberge de jeunesse,*

> *où un photographe est également venu prendre des photos lors de l'entretien, d'où le portrait scénarisé que vous trouverez dans le cahier photo. Habillée et maquillée pour l'occasion, d'abord un peu timide, elle s'est ensuite laissée aller pour nous livrer une interview d'une grande profondeur.*

Que vouliez-vous faire quand vous étiez enfant ?
Quand j'étais enfant, je ne comprenais pas vraiment ce qui m'arrivait mais je m'imaginais déjà que plus tard, je serais une femme. Je sentais que quelque chose n'allait pas, mais aussi que je devais être patient, et que les choses changeraient naturellement.

Avec qui aimeriez-vous boire un café ?
Avec Cristina [Kirchner, NDA]. Parce que je l'admire. Je veux dire, qui ne voudrait pas être présidente ? Et comment pourrais-je, moi, être présidente ? Imaginez, le premier président trans, ou le premier président gay. Je l'admire vraiment et j'admire ce qu'elle a réussi à faire en tant que femme. Je voudrais la féliciter autour d'un café. Elle semble très intelligente et drôle. Les gens parlent de ce qu'elle a fait ou de ce qu'elle n'a pas fait, mais je l'applaudis plutôt pour ce qu'elle a accompli en tant que personne.

Si vous pouviez faire enseigner quelque chose dans toutes les écoles du monde, qu'est-ce que ce serait ?
Eh bien, exactement ce qu'ils n'enseignent pas aujourd'hui, à savoir l'éducation sexuelle, qui est vraiment laissée de côté. Ils disent qu'il y a une loi, mais personne ne semble la connaître. Tout ce qui concerne l'homosexualité et les transsexuels est mal perçu. Les choses commencent cependant à changer, petit à petit. Tout le monde a ce voisin transgenre ou homosexuel, et c'est comme ça que les gens apprennent à être plus tolérants. Donc, ce serait un cours expliquant comment sont les gens, mais pour de vrai. La réalité ne se limite pas à un homme et à une femme ayant des relations sexuelles pour avoir un bébé, il y a plus que cela… Les choses changent mais il faut être patient.

Selon vous, quelle est la principale caractéristique commune à tous les êtres humains ?
Les caractéristiques biologiques, les émotions, qu'elles soient bonnes ou mauvaises... Mais ensuite, elles diffèrent selon les cultures. Nous ne pouvons pas tous être mis dans le même panier. Par exemple, les musulmans ont une définition du bien qui peut être différente de la nôtre. En fin de compte, ce que nous avons en commun n'est pas si important. Je préfère les différences, et le fait que ces différences soient acceptées. La vérité, c'est que j'en ai un peu marre, des similitudes. C'est comme s'il y avait une norme, une limite. En fait, non. C'est la raison pour laquelle j'aime être transgenre, car jadis je me sentais comme un gars ordinaire. Cela ne me dérangeait pas tant que ça, mais j'aime bien le fait d'avoir quelque chose de différent.

Selon vous, qui est la personne la plus heureuse du monde ?
Les rois et reines du monde, je pense. Et moi aussi, sans être reine, je suis heureuse.

Si vous étiez présidente des États-Unis, quelle serait votre première réforme ?
Je ne veux pas être le président américain.

De quoi avez-vous besoin ?
Probablement de voyager plus, de voyager pour découvrir de nouveaux pays.

Que feriez-vous si l'on vous donnait maintenant un million de dollars ?
Je parlerais à un ami qui est comptable, un bon gars qui n'essayera pas de m'arnaquer. Il me dirait quoi faire, comme investir dans les actions ou je ne sais pas quoi. C'est son travail. En vérité, je ne saurais pas quoi en faire.

Quel est le fait d'actualité qui vous touche le plus dans votre pays et pourquoi ?
Pour moi, ce sont les bonnes nouvelles qui sont importantes. Je suis une page Facebook qui ne présente que des nouvelles positives. Je pense que nous n'en entendons pas assez. Vous pouvez

toujours en trouver une ou deux dans les journaux, mais ceux-ci se concentrent principalement sur les nouvelles négatives. Nous devrions plus parler des bonnes nouvelles, qu'il s'agisse de découvertes, d'informations culturelles ou artistiques... Ce sont elles qui contribuent à changer le monde de manière positive. Malheureusement, il semble plus normal de parler de mauvaises nouvelles.

Quelle innovation, réaliste ou non, faciliterait grandement votre quotidien ?
La chirurgie pour avoir un vagin. Aujourd'hui, c'est très compliqué et il y a peu de chances de succès. Quand cela deviendra une pratique plus courante, je serai encore plus heureuse que je ne le suis déjà.

Si vous deviez créer une entreprise, ce serait quoi ?
Je ne sais pas vraiment, peut-être quelque chose dans le domaine de la radio ou de la télévision, avec une émission.

De quoi avez-vous peur ?
Peur ? Je n'ai peur de rien !

Quel est votre rêve ?
Je n'ai pas de rêve général ou à long terme, je rêve la nuit puis je me réveille.

Fermez les yeux, nous sommes en 2100, que voyez-vous ?
Hum, je ne m'intéresse pas à ce qui va se passer, ce qui m'intéresse, c'est ce qui se passe maintenant pendant l'entretien et ce que je vais faire dans un instant, mais je me fiche bien du reste.

Quelle est la plus belle chose que vous ayez vue dans votre vie ?
Probablement des gens, des paysages, des hommes, ma mère, moi-même, des chiens, la nature.

Si vous deviez écrire un livre sur le monde actuel, quel titre lui donneriez-vous ?
Des gens sains dans un monde fou.

Qui est Dieu pour vous ?
Ce n'est pas un homme dans les nuages avec une grande barbe. Il m'a fallu beaucoup de temps pour m'en rendre compte. Dieu est la nature. Il est dans tout ce qui nous entoure, c'est une énergie. Si certaines personnes nous ont créés, je ne sais pas, je ne l'ai pas vu. Mais on peut le voir dans les choses qui existent. Dieu est l'existence même, je suis Dieu et vous aussi, car nous grandissons toujours.

Quelle est la spécificité culturelle de votre pays qui vous rend le plus fière ?
L'Argentine est un mélange de races, d'ethnies et de cultures. Mes grands-parents sont espagnols et italiens, je ne me considère pas tellement comme Sud-Américaine. Je n'aime pas vraiment les choses argentines, en fait. Je préfère celles d'Espagne, ou d'Italie… Je suppose qu'un Argentin typique te dirait « la culture *gaucho* » ou « le maté », mais je n'aime pas toutes ces choses. J'apprécie beaucoup la diversité culturelle en Argentine, il y a un peu de tout, certaines choses des Yankees, des Italiens, des Arméniens… La diversité ici est très belle et fonctionne bien.

Si vous pouviez faire n'importe quel métier, sans rapport à l'argent, que feriez-vous ?
Je pense que je continuerais à travailler à la radio, ce que j'aime beaucoup faire depuis quatre ans. J'inviterais les gens à parler d'art, de culture, de science, de métaphysique… Des choses qui me fascinent. Être en contact direct avec tout ce qui se passe, c'est ce que j'aime. J'aurais cependant besoin de quelqu'un pour m'aider, car je le fais toute seule et c'est très énergivore.

Si vous deviez décrire notre planète à un extraterrestre, que diriez-vous ?
Je lui dirais que notre planète est comme une expérience avec différentes espèces et beaucoup de monde. Il y a des plantes et des animaux de tous types. Vous devez être patient car tout peut vous arriver. C'est très amusant et magnifique. Ils devraient venir nous rencontrer.

Et vous, quelle question aimeriez-vous poser au monde entier ?
Voulez-vous vivre pour toujours ? Et en bonne santé, comme rester à jamais dans la trentaine ?

portrait page 15 du cahier photo

RAJEEV, ENTREPRENEUR TEXTILE INDIEN

> *Rajeev possède une usine de textile à New Delhi et fabrique des vêtements pour de nombreuses marques, notamment françaises. Il est parfaitement représentatif de l'ascension sociale à l'indienne, qui a permis à des millions de ménages pauvres d'accéder à la classe moyenne grâce à la bonne santé économique du pays.*

Que vouliez-vous faire quand vous étiez enfant ?
En fait, et pour être très honnête, vivant en Inde et étant issu d'une famille de classe moyenne, je n'avais pas de projet. Tout est question d'opportunités… En général, quand vous posez cette question, chacun vous dira qu'il voulait être médecin ou ingénieur, et évidemment jamais chauffeur de bus ou autre chose… Personnellement, je n'avais aucun plan.

Avec qui aimeriez-vous boire un café ?
Cela pourrait être une célébrité… Peut-être Shahrukh Khan [acteur indien, NDA] !

Si vous pouviez faire enseigner quelque chose dans toutes les écoles du monde, qu'est-ce que ce serait ?
C'est l'éducation de base qui devrait être enseignée à l'école. Le bon sens, les mathématiques, les sciences.

Selon vous, quelle est la principale caractéristique commune à tous les êtres humains ?
Je pense que cela devrait être l'humanité, pour que tout le monde commence à se respecter.

Selon vous, qui est la personne la plus heureuse du monde ?
Je pense que tout le monde est heureux ; c'est lorsque les choses tournent mal que tout le monde est fâché ou triste. Pour moi, tout dépend des situations.

Si vous étiez président des États-Unis, quelle serait votre première réforme ?
Si j'avais ce pouvoir, j'essayerais de rendre le monde entier heureux. Je fournirais plus d'installations à tout le monde et améliorerais leur niveau de vie afin que chacun puisse profiter de sa vie et aller plus loin.

De quoi avez-vous besoin ?
Je n'en attends pas trop, vous savez. Vu d'où je viens et où je suis aujourd'hui, une bonne vie de famille et tout ce que la chance veut bien me donner me rendent heureux. Je ne pense pas avoir besoin de toujours plus. Je veux aussi que les gens qui travaillent pour moi soient heureux.

Que feriez-vous si l'on vous donnait maintenant un million de dollars ?
J'investirais dans la croissance des entreprises et rendrais ainsi mon peuple plus heureux.

Quelle innovation, réaliste ou non, faciliterait grandement votre quotidien ?
Je ne suis pas un voyageur, alors quand je vais aux États-Unis et que je reste dans l'avion pendant vingt-deux ou vingt-trois heures, c'est horrible. Il devrait donc y avoir quelque chose qui vous y amène en quelques minutes, comme la téléportation.

Quel est le fait d'actualité qui vous touche le plus dans votre pays et pourquoi ?
Vous savez, l'Inde est un pays qui a beaucoup de religions. Quand je vois des gens se disputer ou devenir violents à ce sujet, cela me préoccupe. Lorsque vous vivez dans un pays comme l'Inde, toutes les religions doivent être respectées.

Avez-vous la sensation que votre vie est plus simple ou plus compliquée que celle de vos parents ?
Vraiment plus facile. Du temps de mes parents, les conditions de vie étaient très difficiles, ils n'avaient pas tous les équipements dont nous disposons maintenant. De plus, quand nos parents ont commencé à travailler, ils ont dû prendre soin de leurs parents en même temps. Aujourd'hui, nous ne devons pas nous occuper directement des nôtres. Ils ont travaillé dur pour que nous n'ayons pas à les soutenir, ce qui signifie que nous sommes plus détendus et que nous pouvons prendre soin de nous-mêmes.

Si vous deviez créer une entreprise, ce serait quoi ?
J'aime ce que je fais aujourd'hui. Je ne suis pas un professionnel formé dans une école de stylisme, mais, comme je l'ai dit moi-même, j'apprécie vraiment mon métier et je suis plutôt heureux, je ne veux donc pas passer à autre chose.

De quoi avez-vous peur ?
J'avais peur de certaines choses, mais avec mes enfants et ma famille, je n'ai plus peur de rien. Je n'ai plus qu'à leur donner une belle vie. Pour être très honnête, je n'ai peur de rien, je travaille dur et j'essaye d'être aussi normal que possible !

Quel est votre rêve ?
J'ai plus ou moins réalisé mon rêve. Quand j'étais enfant, je voulais voyager dans le monde entier, ce que je fais aujourd'hui, et avoir ma propre entreprise, que j'ai créée il y a douze ans maintenant. Je suis aussi très heureux parce que les gens sont heureux avec moi et que je grandis avec eux, alors je ne pense pas que je puisse demander plus.

Fermez les yeux, vous êtes en 2100, que voyez-vous ?
Je ne vois rien de très nouveau… Je vois comme sur le dessin que j'ai fait tout à l'heure ! [Il avait dessiné un village dans la nature.]

Quelle est la plus belle chose que vous ayez vue dans votre vie ?
Tout dépend de la période… Lorsque vous êtes adolescent, la plus belle chose, c'est votre premier béguin ! Et quand vous avez passé cette période et que vous êtes lancé dans votre vie professionnelle, que vous luttez depuis quatorze ou quinze ans, la plus belle chose, c'est d'être en mesure de maintenir votre entreprise. Du côté de la famille, la plus belle chose qui soit, c'est votre premier enfant. Il y a donc des moments différents où vous ressentez le bonheur et tout dépend de certains contextes.

Si vous deviez écrire un livre sur le monde actuel, quel titre lui donneriez-vous ?
Paix et humanité, parce que c'est quelque chose de nécessaire pour le monde entier. Aujourd'hui, avec les situations violentes que nous voyons, je préférerais écrire un livre pour l'amour et la paix.

Que représente la religion pour vous ?
Je suis hindou, mais je ne veux pas être trop strict sur les règles établies pour l'hindouisme ou toute autre religion. À la place, je prends ce qui est bon dans la religion, où il est dit que tout le monde doit se respecter. Je ne veux pas que la foi me mette en conflit avec d'autres personnes. Ce que je prends dans la religion me donne de la force. Dans l'hindouisme, nous avons une prière en sanscrit que je répète cinq fois chaque matin et qui signifie fondamentalement : « Dieu, donne-moi la force de ne faire de mal à personne, je respecte tout le monde, je grandis dans ma vie et je vais plus loin. » C'est ainsi que je procède !

Quelle est la spécificité culturelle de votre pays qui vous rend le plus fier ?
Je viens du Rajasthan et j'en suis très fier, car c'est la partie de l'Inde où la culture des Rajas et des Maharajas s'est développée.

Si vous pouviez faire n'importe quel métier, sans rapport à l'argent, que feriez-vous ?
Vous savez, j'aime beaucoup les bêtes, donc si tout se passe bien et si je prends ma retraite, je passerai plus de temps à m'occuper

des animaux errants. Les chiens sont battus dans les rues, ici. Dans la mienne, j'ai douze à quinze chiens et tous les soirs quand je rentre, ou les dimanches quand j'ai du temps libre, je passe au moins deux ou trois heures avec eux. C'est quelque chose que j'aimerais faire quand je serai à la retraite.

Si vous deviez décrire notre planète à un extraterrestre, que diriez-vous ?
Ils devraient venir vivre sur Terre, c'est un bon endroit pour vivre !

Et vous, quelle question aimeriez-vous poser au monde entier ?
Ce ne serait pas une question, mais plutôt une chose que j'aimerais que le monde fasse… Pour respecter tout le monde, vous devez respecter les autres comme vous souhaitez qu'on vous respecte.

portrait page 15 du cahier photo

LENA, ÉCRIVAINE ALLEMANDE

J'ai rencontré Lena lors de mon atterrissage à Téhéran. Nous avions embarqué dans le même avion à Doha pour rejoindre la capitale iranienne. Sans trop me rappeler comment, nous nous sommes retrouvés dans le même taxi et avons eu le temps de faire connaissance sur la route. C'est ainsi qu'elle m'a expliqué qu'elle vivait là depuis quelques années, après des études de sciences politiques sur le Moyen-Orient. Quand elle m'a dit qu'elle venait de publier un livre, je pensais donc qu'il s'agissait d'un essai historique ou géopolitique sur la région. En réalité, Behind Closed Curtains: Interior Design in Iran *(« De l'autre côté du rideau : l'architecture d'intérieur en Iran ») est un livre dévoilant les intérieurs de quelques-unes des demeures les plus raffinées du pays, jusque-là inexplorées. Lena fait partie de cette génération décomplexée, à laquelle j'appartiens sûrement, qui fait ce qu'elle a envie de faire, sans jamais se mettre de barrières fictives.*

Que vouliez-vous faire quand vous étiez enfant ?
Quand j'étais très jeune, je voulais être écrivaine, ce que je suis aujourd'hui ! Après, j'ai voulu être reporter de guerre, ce que je ne suis pas devenue. Après, j'ai voulu être espionne, ce que je ne suis pas non plus devenue, heureusement. Mais j'ai toujours voulu écrire.

Avez qui aimeriez-vous boire un café ?
Quelqu'un à Bombay [où vivait son petit ami à l'époque, NDA].

Si vous pouviez faire enseigner quelque chose dans toutes les écoles du monde, qu'est-ce que ce serait ?
J'aimerais que tous les enfants grandissent en se connaissant eux-mêmes, en sachant de quoi ils sont capables, et qu'ils essayent au maximum de réaliser leurs rêves, de vivre la vie qu'ils veulent vivre. Car quand on se connaît soi-même et qu'on sait ce qu'on veut vraiment, c'est là qu'on va être le meilleur, c'est là qu'on va être heureux et c'est là qu'on va rendre les autres heureux. Et de manière générale, la société serait plus heureuse.

Selon vous, quelle est la principale caractéristique commune à tous les êtres humains ?
J'ai étudié la psychologie, et cela me ramène aux émotions basiques que nous avons tous. Nous sourions tous, nous nous énervons tous, nous ressentons tous du dégoût… Je crois que ce sont les émotions basiques qui existent partout dans le monde et qui nous rendent humains. C'est à la fois positif et négatif.

Selon vous, qui est la personne la plus heureuse du monde ?
Je n'aime pas trop les superlatifs en général. Le meilleur, le plus fort, le plus beau, etc. Mais je suis personnellement une personne très heureuse. Je vis la vie que j'ai toujours voulue. Je ne peux pas me plaindre. Je voyage, j'ai de supers amis, une super famille…

Si vous étiez présidente des États-Unis, quelle serait votre première réforme ?
Si j'étais le président actuel, je démissionnerais [rires]. Et si j'étais présidente des États-Unis en général, je supprimerais

instantanément le *travel ban*, car cela affecte de nombreux pays, comme l'Iran, ici. Cela m'affecte aussi directement, car maintenant j'ai besoin d'un visa pour aller aux États-Unis, en tant que citoyenne allemande.

De quoi avez-vous besoin ?
J'ai besoin d'amour, de chaleur, au sens météorologique du terme, de nature, de ma famille, de temps pour moi et d'expériences stimulantes, comme parler à de nouvelles personnes de différents horizons. Et j'ai aussi vraiment besoin de voyager. Ah oui, et de nourriture et de sommeil aussi bien sûr ! Je deviens très méchante si je ne dors pas.

Que feriez-vous si l'on vous donnait maintenant un million de dollars ?
Un million de dollars ne sont pas suffisants pour mes rêves [rires]. Avec un million, je lancerais l'une des entreprises que j'ai en tête. Cela consisterait à mettre plus de diversité dans les sujets couverts par les médias. C'est un peu ce que je fais en ce moment, et je l'étendrais à plus grande échelle. Je couvrirais des sujets dont personne ne parle, des pays qu'on entend très peu dans les médias occidentaux, et qui intéresseraient beaucoup les gens.

Quelle innovation, réaliste ou non, faciliterait grandement votre quotidien ?
Il y en a beaucoup. Mais s'il faut choisir, ce serait à coup sûr une innovation qui permettrait de voyager dans l'espace très rapidement. Si je pouvais être à cet instant en Iran, et dans dix minutes en Allemagne pour passer l'après-midi avec mes parents, et ce soir faire la fête avec mes amis à Barcelone, ce serait dingue.

Quel est le fait d'actualité qui vous touche le plus dans votre pays et pourquoi ?
Je suis allemande, mais j'ai vécu à Barcelone, et l'une des informations qui me touchent le plus est le sujet de l'indépendance de la Catalogne, qui est vraiment malheureux. En Allemagne,

je pense que c'est la montée en puissance du parti d'extrême droite, ce qui est aussi très malheureux. On voit partout en Europe ces partis gagner du terrain et devenir plus puissants. En Iran, que je considère aussi un peu comme mon pays, c'est Trump qui veut sortir de l'accord iranien, ce qui m'affecte directement. C'est un accord qui a été durement négocié il y a plusieurs années et ce serait vraiment bête de le faire voler en éclats d'un seul coup.

Avez-vous la sensation que votre vie est plus simple ou plus compliquée que celle de vos parents ?
Je ne crois pas vraiment à ces choses, « c'est plus simple », « c'est plus compliqué »… La jeune génération pense beaucoup comme cela. Je pense que cela n'a jamais été facile. Prenez n'importe quelle génération, par exemple mes grands-parents qui ont vécu la guerre, mes parents qui ont certes eu une période d'euphorie économique mais qui ont eu le terrorisme gauchiste et la guerre froide nucléaire. Aujourd'hui, c'est nous, avec la crise économique, la technologie qui va à une allure pas possible… Je pense que la vie est toujours facile ou difficile, cela dépend juste de la manière de voir les choses.

Si vous deviez créer une entreprise, ce serait quoi ?
J'ai des millions d'idées ! Aujourd'hui, j'ai déjà ma petite entreprise mais j'espère vraiment qu'un jour j'en aurai d'autres. J'aimerais beaucoup révolutionner l'industrie de la mode, mais je suis assez écologiste, et je pense vraiment que nous pouvons changer la manière dont les vêtements sont produits aujourd'hui. Il suffit de réfléchir en termes de viabilité économique. Comment produire des vêtements éthiquement, avec du coton biologique, abordables pour la majorité ? Je pense vraiment qu'avec des économies d'échelle et quelques nouvelles règles, on peut révolutionner l'industrie textile, pour ne plus avoir de T-shirts produits par des enfants au Bangladesh.

De quoi avez-vous peur ?
Des requins. Merci, monsieur Spielberg.

Quel est votre rêve ?
J'ai beaucoup de petits rêves, qui convergent tous vers un grand rêve, qui est de rendre le monde un peu meilleur pendant que je suis là. Quoi que je fasse, j'ai cela en tête.

Fermez les yeux, vous êtes en 2100, que voyez-vous ?
Je vois qu'il n'y a plus de frontières, *inch'allah*, je vois beaucoup de familles multiculturelles, je vois des personnes de nationalités différentes qui se marient. Je vois tout le monde marcher dans la rue, et s'ils veulent aller quelque part, ils prennent des taxis volants, tout se passe dans les airs. Bien sûr, tout est électrique, donc nous n'avons plus cet effroyable bruit de voitures. Je vois beaucoup de vert. Je vois toujours des endroits en guerre, des dictatures. Je crois que cela existera toujours, malheureusement. Mais en général, je vois que les gens ont plus accès à l'éducation et un revenu minimum. Il y a moins de gens qui meurent de faim.

Quelle est la plus belle chose que vous ayez vue dans votre vie ?
C'est dur… Je pense que la plus belle chose qui puisse arriver au monde, c'est quand un amour prend forme. Par exemple quand je suis dans un parc en Allemagne, à Munich, et que je vois ce couple de personnes âgées en train de faire du vélo en se tenant la main, c'est trop mignon. Ou bien voir un bébé naître. C'est aussi une forme d'amour. Voir des gens être amoureux, c'est la plus belle chose pour moi.

Si vous deviez écrire un livre sur le monde actuel, quel titre lui donneriez-vous ?
L'histoire sans fin de l'amour et de la haine, et pourquoi il y a encore de l'espoir.

Que représente la religion pour vous ?
C'est un sujet privé pour moi. Chacun fait ce qu'il veut. La religion peut avoir différentes significations en fonction du contexte. Ce n'est pas la même chose en Iran ou en Allemagne, par exemple, ni en Inde. Pour moi, personnellement, je crois que c'est une idéologie existante qu'on peut choisir, librement.

Mais je crois malheureusement que je suis un enfant de la génération « scientifique », qui est moins spirituelle.

Quelle est la spécificité culturelle de votre pays qui vous rend le plus fière ?

Je mets souvent en avant le fait qu'en Allemagne, on nous éduque à être vraiment indépendants de nos parents, et des personnes responsables. Il n'y a aucune différence entre les hommes et les femmes, et j'aime beaucoup cela. J'apprécie le fait que mes parents m'aient élevée pour que je sois une personne indépendante, en particulier en tant que femme.

Si vous pouviez faire n'importe quel métier, sans rapport à l'argent, que feriez-vous ?

Exactement ce que je fais maintenant !

Si vous deviez décrire notre planète a un extraterrestre, que diriez-vous ?

Je lui dirais que c'est une grosse planète ronde, pleine d'eau, et avec des petits animaux dessus appelés les humains. Ces derniers font des choses très bizarres, comme aller dans des salles sombres pour écouter de la musique très fort, ou aller dans des salles très chaudes, en serviette ou nus, pour transpirer. Mais au bout du compte, ils sont sûrement assez similaires à l'extraterrestre, curieux et désireux de savoir ce qu'il y a autour d'eux, ce qui se passe sur la Terre, et ne voulant que l'amour et la paix.

Et vous, quelle question aimeriez-vous poser au monde entier ?

Je demanderais sûrement : que faites-vous pour rendre le monde un peu meilleur ?

DE NOMBREUSES AUTRES INTERVIEWS SONT
À RETROUVER SUR NOTRE SITE :
https://www.20questionstotheworld.com/interviews

PARTIE 4

NOUS SOMMES BIEN PLUS HUMAINS QUE NOUS LE PENSONS

Chaque interview a été un étonnement, une découverte. La surprise s'est faite plus forte au fur et à mesure des rencontres, quand petit à petit se tissait devant moi ce que je n'avais pas anticipé : un fil rouge d'humanité. Émerveillement quand ce que disait un artiste en Iran faisait écho aux propos d'un paysan en Colombie. Stupeur quand la majorité des personnes aux emplois qualifiés, de toutes provenances, avaient la même réponse à la question sur leurs besoins. Grande joie, enfin, quand j'ai pris conscience qu'un vrai message d'unité se dégageait de ce sondage mondial.

LA CONSTITUTION DE L'ÉCHANTILLON

Les tentatives d'analyse qui suivent se fondent sur un panel de 429 interviews exactement, soit environ 10 296 réponses. Vous le comprendrez au fil de la lecture, le traitement de nos entretiens relève d'une méthode précise que nous n'avons pas encore pu appliquer à toutes les interviews. Voici quelques données sur les 429 personnes qui vont nous accompagner tout au long de cette partie.

SEXE

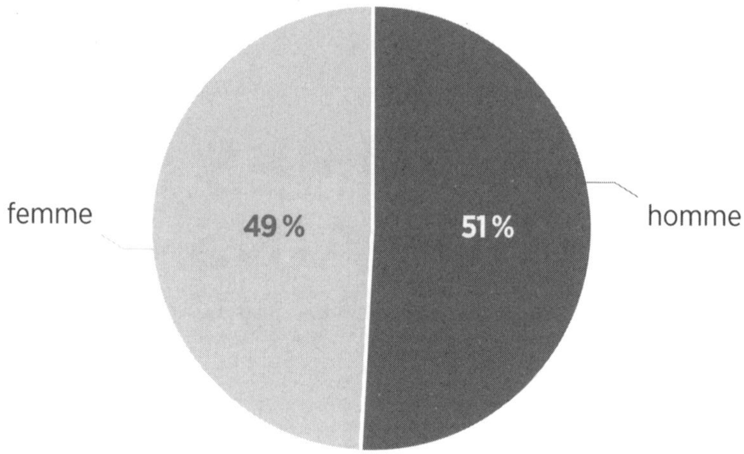

ÂGE

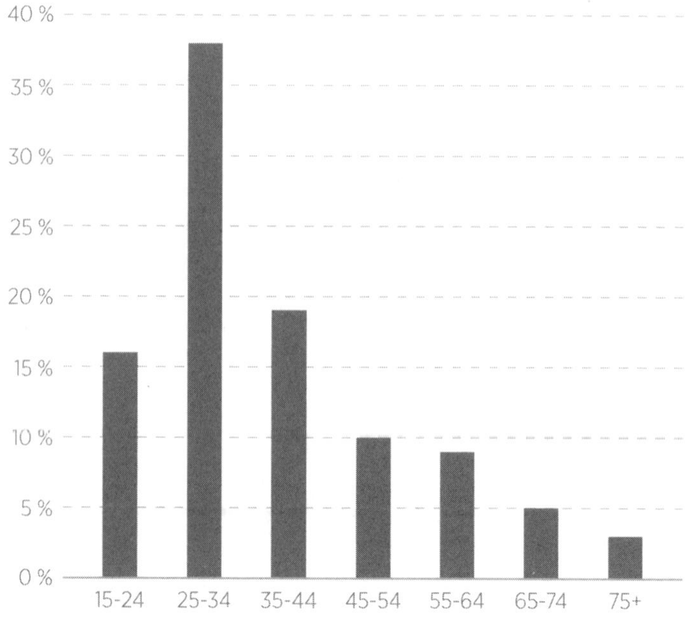

NOMBRE D'ANNÉES D'ÉTUDES

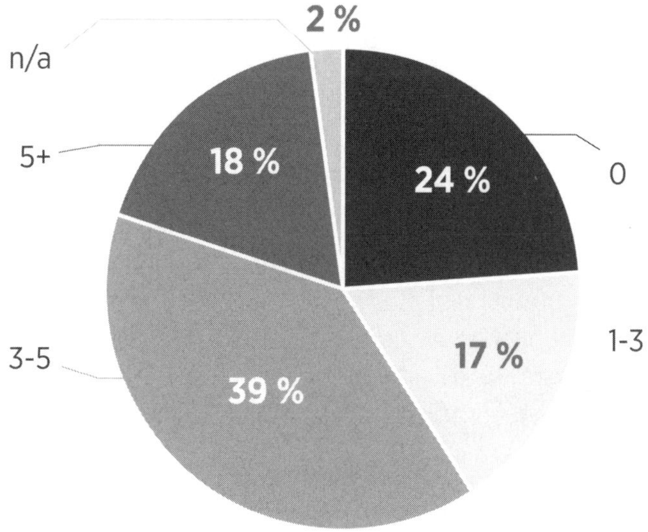

NATIONALITÉS

Avant d'entrer dans les détails, il est nécessaire de faire un point sur la méthode. Laissez-moi vous ôter d'un doute, ce qui va suivre n'a rien de scientifique, ni même de philosophique. Je ne suis pas sociologue et ne considère pas avoir un panel « représentatif » de la population, ce qui est quoi qu'il en soit impossible à l'échelle mondiale. J'admets donc parfaitement quelques tendances trop marquées, comme la forte proportion de 25-34 ans. Sachez en tout cas que j'ai fait de mon mieux pour rencontrer des populations très variées. Que cela soit dans des bidonvilles, des déserts, des ministères ou des villages reculés, je me suis toujours aventuré là où j'ai eu l'opportunité de le faire. C'est le résultat analytique de ces 429 interviews identiques conduites aux quatre coins du monde, auprès de personnes de près de 55 nationalités différentes, et aux profils sociaux aussi variés que ce que la réalité du monde propose.

MÉTHODOLOGIE D'ANALYSE

La première étape a consisté à rassembler toutes les données en un même lieu. Pour chaque personne interviewée, j'ai soigneusement récupéré quelques informations personnelles : date de naissance, nationalité, lieu de vie, nombre d'enfants, emploi, nombre d'années et type d'études. Rassurez-vous, on est loin des *Cambridge Analytica*. L'ensemble de ces informations a été répertorié dans une base de données, ainsi que toutes les réponses aux questions. Chaque personne a donc 24 lignes dans la base, soit une ligne par question. En pratique, au moment où je « dérushais » l'interview, autrement dit quand je l'écoutais sur mon ordinateur après l'entrevue réelle, j'inscrivais dans la base des mots clés liés aux réponses. Par exemple, lorsqu'à la question sur le bonheur *Selon vous, quelle est la personne la plus heureuse du monde ?*, Jean-Yves, maire d'une ville française, me répondait « Sûrement celui qui a une vie qui a du sens, car c'est le but de la vie », je mettais sur la ligne correspondante les mots « vie qui a du sens » et « but de la vie ». Une fois ce travail réalisé pour tout le monde, on obtient une belle et grande base de données de plus de 10 000 lignes (une ligne par réponse) prête à l'emploi.

La seconde partie du travail consiste à catégoriser les réponses. Prenons la question sur le futur, par exemple. Je me suis très vite rendu compte que les gens étaient majoritairement pessimistes quand ils parlaient de l'avenir, mais ce n'est qu'un ressenti et cet argument n'a de valeur que si nous sommes capables de mettre un chiffre dessus. Pour cela, il faut catégoriser une à une les réponses sur le futur. *Pessimiste / Optimiste / Neutre / Autre* ont été les quatre catégories retenues dans ce cas. Puis on se rend compte que les gens parlent beaucoup d'écologie ou de technologie dans ces mêmes réponses. Ne serait-il pas intéressant de connaître les thématiques qui concentrent le plus de témoignages, pour comprendre d'où vient le pessimisme ou l'optimisme exprimé ? Évidemment si, et cela veut dire une sous-catégorisation avec la liste des sujets qui ressortent le plus (écologie, technologie, guerre, etc.). L'objectif est de pouvoir dire *in fine* « Les gens sont à *x* % pessimistes sur le futur, le plus souvent parce qu'ils parlent de technologie (*x* %) ou d'écologie (*x* %). » Voici donc la méthode que nous avons appliquée, quand cela avait du sens, aux 24 questions et quelque 10 000 lignes de la base. De là peut commencer l'analyse !

DES TENDANCES QUI NOUS RAPPROCHENT

Avant de livrer le message global qui donne son titre à cette quatrième partie, cette enquête a révélé plusieurs tendances, chacune liée à un thème précis, c'est-à-dire à une question. Prenons un exemple concret : 98 % des personnes qui, à la question *De quoi avez-vous besoin ?*, ont répondu « de temps » vivent dans une grande ville et ont un niveau d'éducation plutôt élevé. Dans le même temps, 60 % des personnes qui ont répondu « de rien » à la même question sont des paysans, des personnes pauvres ou des personnes aux emplois peu qualifiés. Il est tentant d'en faire une analyse banale et hâtive : les personnes vivant dans les grandes villes sont stressées et courent après le temps, tandis que les personnes simples savent se contenter de ce qu'elles ont. Nous n'en ferons rien, car c'est sans aucun doute plus complexe. C'est en revanche un bon sujet de réflexion, que je vous laisse le soin d'entreprendre. J'ai sélectionné ci-dessous quelques-unes des tendances les plus marquantes, et tenté de les mettre en perspective quand cela était possible.

L'élévation du niveau de vie global

EN IMAGES

C'est l'une des grandes réjouissances de ce reportage. J'ai pu ressentir l'amélioration globale des conditions de vie en posant cette question :

> Avez-vous la sensation que votre vie est plus simple ou plus compliquée que celle de vos parents ?

À cette question, la majorité des interviewés m'ont répondu qu'ils vivaient mieux. En voici un résumé chiffré.

ÉVOLUTION DE LA QUALITÉ DE VIE PAR RAPPORT À CELLE DE NOS PARENTS

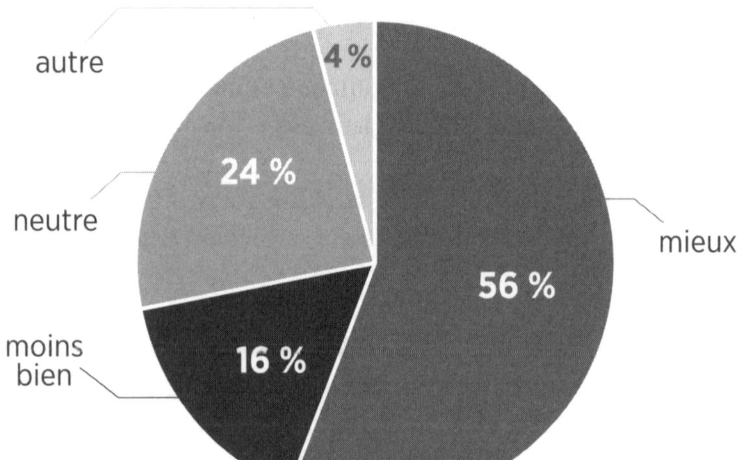

Seuls 16 % des personnes interrogées disent vivre moins bien que leurs prédécesseurs. 24 % sont neutres, trouvant du mieux et du moins bien, tandis que 56 % se réjouissent de l'évolution de leur niveau de vie. Poussons l'analyse un cran plus loin.

LES RAISONS DU « MIEUX VIVRE »

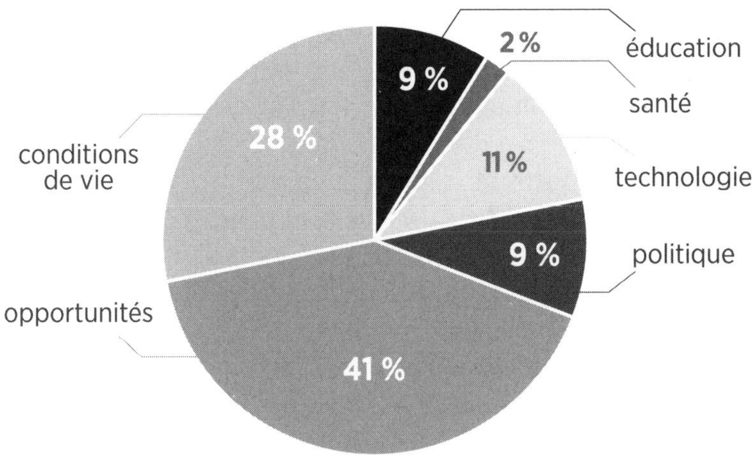

Parmi les 56 % d'optimistes, 41 % disent avoir plus d'opportunités et de liberté que leurs parents, 28 % témoignent d'une élévation de leur niveau de vie, et le reste se répartit autour d'arguments liés à l'accès à l'éducation, aux bienfaits de la technologie ou à l'amélioration politique de leur pays.

Ces chiffres ont encore plus de sens lorsqu'on les associe aux profils sociaux des êtres humains qui se cachent derrière.

Le bon vieux temps, cette idée reçue

Parmi les catégories les plus pauvres – villageois isolés en Afrique ou en Asie, habitants des favelas au Brésil, emplois peu qualifiés dans les grandes villes, etc. – on témoigne souvent des extraordinaires avancées qui se sont produites en une génération.

« Ma vie est bien plus facile ! Mes enfants vont à l'école alors que nous n'avons jamais eu cette chance, la technologie leur permet d'apprendre plus vite, et ils n'auront pas à s'occuper de moi jusqu'à la fin de mes jours, alors que j'ai dû rester au chevet de mes parents toute leur vie », m'a dit Mundo, potière dans le petit village de Dorze en Éthiopie. D'autres mettent en avant les facilités de déplacement et de communication : « À l'époque de mes parents, il fallait marcher neuf heures pour se rendre de notre village à Katmandou. Aujourd'hui cela se fait bien plus rapidement en bus ou en moto, et nous pouvons communiquer en permanence grâce à la technologie. » Ce sont eux qui parlent majoritairement d'éducation et d'amélioration des conditions de vie, phénomène statistiquement vérifié et pourtant trop souvent ignoré.

Je tiens à m'arrêter sur ce point quelques instants. Combien de fois par jour entend-on que le monde est à feu et à sang, au bord de l'explosion, avec de plus en plus de personnes pauvres et des discriminations grandissantes. C'est statistiquement faux. Voici quelques chiffres pour vous en persuader. Il y a trente ans, il y avait 23 conflits déclarés dans le monde, contre 12 aujourd'hui. Il y avait alors 85 dictatures, contre 60 aujourd'hui. L'extrême pauvreté concernait, en 1988, 37 % de la population, contre 10 % aujourd'hui. Ce dernier chiffre est d'autant plus significatif si l'on prend en compte l'explosion démographique de ces trente dernières années. Le sentiment général que le monde est en guerre est paradoxalement dû lui aussi à l'essor des nouvelles technologies, dont on vantait les mérites plus haut. Internet et les réseaux sociaux ont multiplié nos contacts avec les médias qui, comme nous l'avons vu au début de ce livre, ont tout intérêt à nous assommer d'informations accablantes pour faire de l'audience. Les réseaux sociaux sont aussi devenus un vrai centre de doléances, où beaucoup partagent des vidéos et des images montrant à quel point le monde va mal et à quel point les humains sont une espèce décadente. Si vous voulez vous persuader que le monde va mieux, je vous recommande le TED de Steven Pinker : « Is the World getting better or worse? A look at the numbers », où il démontre de manière factuelle à quel point le monde et nos sociétés progressent au fil des âges. Il n'y a pas de mal à se faire du bien !

J'aime d'ailleurs beaucoup la citation qu'il utilise au début, d'un certain Franklin Pierce Adams, journaliste américain décédé en 1960 : « Rien n'est plus responsable du “bon vieux temps” qu'une mauvaise mémoire. » Non, ce n'était pas mieux avant.

Des opportunités qui nous libèrent… vraiment ?

Autre constatation, cette fois-ci partagée par des personnes de tous niveaux sociaux : nous avons plus d'opportunités que nos parents. La signification n'est en revanche pas la même partout. Chez les plus pauvres, les jeunes m'ont dit de plus en plus pouvoir choisir ce qu'ils veulent faire de leur vie, alors que leurs parents étaient souvent contraints de suivre un mode de vie traditionnel, sans alternative. Cette notion de choix est souvent associée au concept de liberté. Nous vivons sur une planète dont les habitants se disent de plus en plus libres au fil de leur existence. Les réponses des personnes aisées, vivant le plus souvent dans les grandes villes, sont plus nuancées. La tendance d'une vie meilleure est clairement exprimée, sans que cela soit plus simple pour autant. Comme les personnes pauvres, les urbains insistent sur la notion d'opportunité. « Aujourd'hui, les gens ont la chance de pouvoir se soucier davantage du sens de leur vie que de leur simple métier. C'est une évolution positive de nos sociétés, en partie liée aux innovations technologiques », affirme Hua Tan, cadre singapourienne. Une avancée évidente qui a pourtant son lot de complexité. « J'ai la chance de faire un métier que j'aime et j'aurais aimé que mes parents puissent en faire autant. Mais ils étaient aussi heureux que moi », me dit Martin, un chercheur-cancérologue allemand de 32 ans vivant à New York. « Nous avons presque trop de choix aujourd'hui. La vie de nos parents était plus simple, ils se posaient moins de questions », tempère Astha, jeune Indienne aisée vivant à New Delhi. Bien plus que les personnes pauvres, les urbains aisés ont fréquemment lié leur réponse au bonheur et à l'obligation de l'accomplissement personnel dans un monde qui s'est beaucoup complexifié. Trop d'opportunités tuent l'opportunité ?

Les prismes technologiques et politiques

Peu de doutes en revanche sur les bienfaits de la technologie quand elle permet de voyager plus vite, plus loin et pour moins cher. De nombreux jeunes citadins m'ont énuméré leurs différents périples à travers le monde, en m'expliquant que leurs parents n'avaient pas eu la chance de pouvoir voyager aussi facilement à leur époque. J'ai moi-même pu avoir en permanence des interactions avec mes proches. De New York aux montagnes éthiopiennes, mon téléphone captait la 3G. À l'heure où certains font des « *digital detox* », les populations les plus reculées découvrent le monde sur l'écran de leur smartphone acheté quelques euros au marché noir, et je ne vois pas de raison de ne pas s'en réjouir.

L'approche historico-politique offre un autre axe d'analyse. Aygun, jeune Azéri-Russe de 25 ans, l'exprime parfaitement dans sa réponse : « Ma vie est plus facile. Mes parents ont vécu pendant l'ère soviétique, tout le monde sait ce qu'il s'est passé à cette période. » Dans un certain nombre de pays que j'ai parcourus, la qualité de vie se mesure à la situation politique. Les personnes concernées géographiquement et d'un certain âge m'ont par exemple souvent rappelé que la Seconde Guerre mondiale s'était terminée seulement soixante-treize ans auparavant, et que leurs parents et familles y avaient combattu. En Amérique latine ou en Iran, on a cessé de me remémorer les dictatures récentes qui ont mis les pays à feu et à sang, et qui sont aujourd'hui apaisées. Par précaution, je précise que l'Iran est toujours une dictature, mais la guerre contre l'Irak qui a suivi la révolution de 1979 et qui a duré huit ans est encore dans toutes les mémoires.

Pour revenir au témoignage d'Aygun, le régime politique a beaucoup servi à justifier les réponses à cette question dans les pays de l'ex-Union soviétique. Aygun est Azéri, et j'ai des témoignages similaires de Mongols, de Russes, d'Ouzbeks, de Géorgiens ou de Kirghizes, qui ne vont cependant pas toujours dans le même sens. Les plus jeunes encensent la liberté dont ils jouissent par rapport à leurs parents, qu'elle soit matérielle ou d'expression. Mais il n'était pas rare chez les personnes plus âgées qu'on me parle avec nostalgie de l'époque soviétique, en vantant notamment la stabilité et la protection sociale dont jouissaient les habitants à cette époque. « On avait tous du travail à l'époque, et on ne se souciait pas du lendemain », m'ont dit Gulnara, femme de ménage ouzbèke, et Darisuren, enseignante en maternelle mongole.

Et les non-optimistes ?

Les 24 % de réponses « neutres » viennent de personnes qui ont pesé le pour et le contre de la modernité. « J'ai plus d'opportunités, mais le monde est plus compliqué. C'est difficile de sortir du rush quotidien. Il y avait plus de simplicité avant », m'a répondu Andrés, représentant politique de la ville de Bogotá en Colombie. « Matériellement, ma vie est plus facile, mais en termes d'humanité et de spiritualité, ma vie est plus compliquée », m'a aussi dit Kaylan, cadre supérieur indien. Le progrès a ainsi souvent été tempéré par son impact humain et psychologique. Cette sensation d'être déboussolé par tous les changements et leurs impacts sur les relations humaines.

Par volonté d'équité et d'honnêteté, je me dois enfin de vous parler des 16 % de personnes interrogées qui disent vivre moins bien que leurs parents. Leurs arguments sont souvent exactement le contraire de ceux avancés plus haut. Certaines personnes pauvres ont évoqué une perte de valeurs, un appauvrissement de leur culture ancestrale, et finalement un recul du bonheur authentique dont jouissaient leurs parents. C'est sûrement aussi ce que veulent dire les personnes aisées qui m'ont expliqué que leur vie était plus compliquée que celle de leurs parents à cause de la technologie et de la modernisation. Nos sociétés de plus en plus compétitives et matérialistes ne plaisent pas à tout le monde. Dans les pays développés, la pression de la réussite et le stress associé font préférer à certains l'époque supposément plus tranquille de leurs parents.

La peur du futur

> Fermez les yeux, vous êtes en 2100,
> que voyez-vous ?

EN IMAGES

Cette question a majoritairement suscité de l'inquiétude, et offre ainsi une perspective d'analyse passionnante à la suite de ce qu'on vient de dire sur l'amélioration ressentie de la qualité de vie depuis une génération.

VISION DU MONDE EN 2100

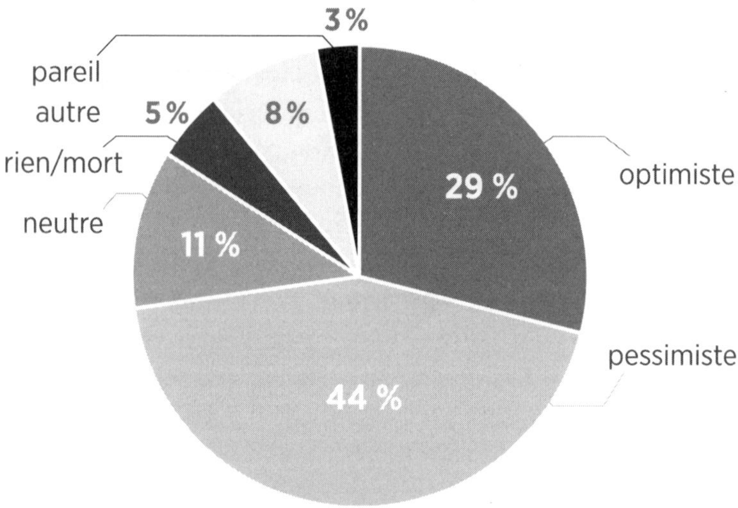

Comment expliquer que la majorité des personnes constatent une amélioration rapide de leurs conditions de vie depuis une génération tout en étant pessimistes pour le futur de notre planète ? Des individus de tous niveaux sociaux et de toutes nationalités m'ont dit : « En 2100, nous aurons détruit la nature », « Il n'y aura plus de relations humaines car tout le monde passera son temps derrière un écran », « Les humains auront peut-être disparu ». Charmant. Comme pour la question précédente, il faut entrer dans le détail des réponses.

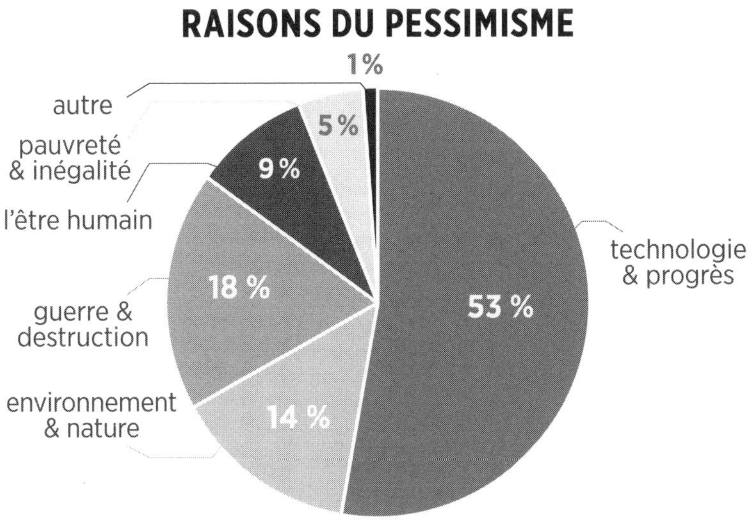

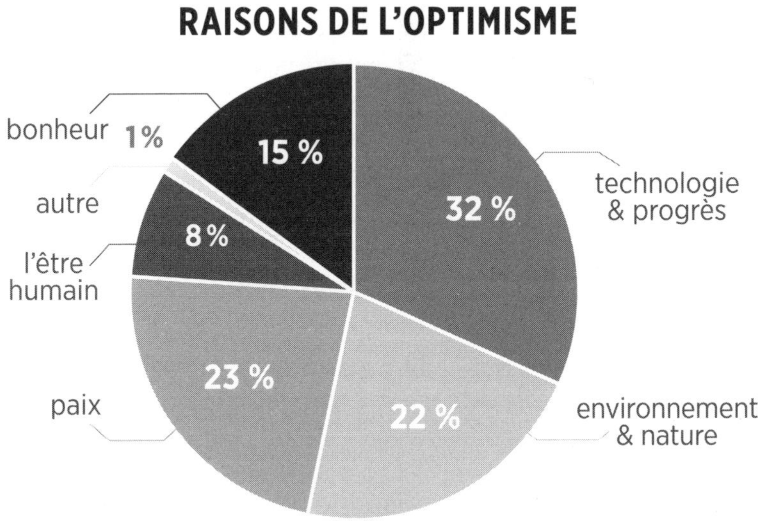

◢ Technologie, médias et réseaux sociaux

Plusieurs raisons justifient la crainte du futur, mais le progrès technique est sans conteste ce qui fait le plus peur. En un sens, comment voulez-vous imaginer le monde dans quatre-vingts ans quand on sait qu'Internet pour le grand public n'a pas plus de trente ans ? Les révolutions technologiques changent le monde et les comportements en des laps de temps de plus en plus courts. Une innovation en chasse une autre et toute prédiction à plus de dix ans relève de la sorcellerie. L'incertitude est un engrais fertile pour le doute et la peur. Ces changements rapides génèrent un sentiment de perte de contrôle. Il faut en permanence s'adapter pour suivre le rythme insoutenable de l'évolution. Le risque de décrochage nous menace à chaque instant. Cela s'applique aussi bien dans nos environnements professionnels, où il faut constamment acquérir de nouvelles compétences, que dans nos univers privés où de nouveaux usages naissent et meurent chaque jour. Pour beaucoup, l'adaptation aux innovations n'est alors plus naturelle, mais forcée, et ce n'est pas rassurant.

Une autre possible explication de cette crainte du futur est à trouver dans le martèlement médiatique que nous subissons, et dont nous avons déjà parlé. Les réseaux sociaux sont soumis à une dictature : celle du temps court. Que votre pouce fasse défiler l'écran de haut en bas ou de gauche à droite, il va falloir une bonne dose de choc ou de séduction pour l'arrêter. Un chat suffit parfois, des images violentes peuvent aussi faire l'affaire. Je me souviens avoir vu la vidéo d'un homme noir aux États-Unis se faisant assassiner en live sur Facebook, visionnée plusieurs centaines de millions de fois dans le monde entier. Beaucoup en déduisent trop hâtivement que les États-Unis sont un pays dangereux où les Noirs se font assassiner dans la rue. Des événements isolés surmédiatisés donnent ainsi trop souvent lieu à des généralisations hâtives et infondées. Comment, dans ces conditions, avoir une vision optimiste du futur ? Je ne fais pas là le procès des réseaux sociaux. Je les trouve absolument formidables pour nombre d'autres de leurs caractéristiques, mais l'image qu'ils offrent à chacun de la réalité – et ils nous en montrent tous une différente – est bien souvent fausse, exagérée, superficielle ou caricaturée, et ce n'est pas rassurant.

Le changement climatique vu par ceux qui le subissent

Je m'attendais à une avalanche de réponses pessimistes en lien avec le développement durable mais cela n'a pas eu lieu. En tout cas, le progrès, même si on peut parfois l'associer à l'écologie, a généré plus de craintes.

Les urbains ont conscience de l'impact de notre développement sur le fonctionnement de notre planète, et en parlent avec des descriptions souvent apocalyptiques : « En 2100, la nature n'existe plus », « Il n'y a que des ruines et il fait très chaud », « Il n'y a presque plus d'humains et une forte pollution nucléaire », « Je vois un monde mourant ». Eh oui, les interviews n'ont pas toujours été des grands moments de gaieté !

Fait intéressant, ce sont les ruraux qui m'ont beaucoup parlé de changement climatique. « En dix ans, les conditions climatiques ont complètement changé. Avant, il n'y avait pas d'imprévus. Chaque année la pluie tombait à la même période, et en quantité normale. Depuis quelques années, c'est n'importe quoi. Il n'y a plus aucune logique », affirme Rosember, qui cueille le cacao et le café depuis plus de vingt ans en Colombie. C'est ce qui l'amène à dire « qu'en 2100, il n'y aura plus de nature ». D'autres profils ruraux, eux aussi témoins directs et quotidiens de l'impact de nos modes de vie sur les écosystèmes naturels, m'ont parlé de la pollution ou de l'assèchement des rivières.

Je l'ai moi-même constaté dans le petit village népalais de Chaughada, situé sur un îlot surélevé entre deux larges rivières au courant puissant. Le courant était en tout cas très puissant lorsque j'y ai passé deux mois en mission au cours de l'été 2010. De retour au village en 2017, le niveau de l'eau avait drastiquement baissé, à tel point qu'on ne pouvait plus sauter et se laisser porter par le courant, comme on le faisait sept ans plus tôt. « Est-ce dû à la saison ? » ai-je demandé à mes amis sur place. « Non, le niveau baisse à vue d'œil chaque année. Avant les enfants avaient peur de sauter dans l'eau, aujourd'hui ils traversent la rivière en marchant. Nous commençons surtout à être inquiets pour l'irrigation de nos rizières », m'a répondu Nirajan, jeune trentenaire du village. En sept ans, tout un écosystème climatique et naturel avait changé, laissant perplexes les vieux du village qui n'avaient jamais constaté de telles altérations. J'ai été très sensible à ces modifications concrètes de nos écosystèmes exprimées par ceux qui en assument la réalité. En tant qu'urbain, je ne me rends pas compte s'il pleut plus ou moins d'une année à l'autre, ou bien s'il fait quelques degrés de plus ou de moins en été ou en hiver, et surtout, cela ne change pas grand-chose à ma vie. Écouter les témoignages de ceux qui dépendent de la nature ne laisse pas indifférent.

En valeur absolue, l'argument environnemental a autant été utilisé à des fins pessimistes qu'à des fins optimistes. En revanche, contrairement aux déclarations très terre-à-terre que je viens de citer, c'est souvent avec une dimension utopique que les plus optimistes abordaient le sujet. « En 2100, je vois que nous avons appris de nos erreurs et développons des innovations bénéfiques à l'environnement », espère ainsi Tatiana, jeune juriste franco-américaine. « Je vois des voitures électriques, tout est propre dans un monde pacifique. J'ai toujours été un réaliste-optimiste », m'a dit aussi Oliver, formateur allemand de polices spéciales. « Il y aura beaucoup d'arbres, une mer bleue avec beaucoup de poissons, les gens sourient et vivent ensemble », rêve enfin Khin Swe, jeune étudiante birmane. Mais après tout, n'est-ce pas en souhaitant très fort quelque chose qu'on l'obtient ?

Une communauté globale à construire

Des tendances spécifiques se dégagent parfois en fonction des pays ou des situations. J'ai déjà évoqué les Russes qui sont les seuls à imaginer un monde similaire à celui d'aujourd'hui en 2100, faute d'évolution notoire dans leur pays depuis plusieurs décennies. Les réponses des réfugiés de guerre ont elles aussi convergé vers une même vision : « Je vois la guerre et la destruction », « Le monde sera totalement détruit », « Il n'y aura plus d'hommes ». Ces verbatim viennent de réfugiés syriens en France et en Turquie, ou encore de réfugiés afghans en Iran, tous exilés à cause des combats qui sévissent chez eux. La proportion de réponses liées à la guerre était bien plus forte chez eux que chez le reste de mes interlocuteurs. Nul doute que ce qu'ils ont vécu laissera à jamais des traces sur leur vision du monde.

Nick, couvreur américain d'une quarantaine d'années vivant à Detroit, a eu le type de réponse que j'ai classé en « Neutre » : « Soit je vois quelque chose de bien pire, soit bien mieux. Il faut que nous arrivions à régler nos problèmes, c'est-à-dire apprendre à vivre comme une communauté globale sur le long terme. Il n'y a pas d'autre solution. La politique de l'isolation ne marchera pas, aujourd'hui tout est disponible en un clic. Il va donc falloir comprendre comment vivre ensemble, et faire en sorte que cela soit plus important que toutes les autres raisons que nous avons de nous détester, de nous battre et de nous tuer. Soit nous y arrivons et tout ira bien, soit nous n'y arrivons pas et cela deviendra encore bien pire. » Je trouve cette réponse très complète. Peut-être parce que je peux y mettre tout ce que j'ai envie d'entendre. Apprendre à vivre comme une communauté globale, et je suis sûr que Nick validera mon interprétation, signifie savoir que tout est lié. Le monde s'est interconnecté à une vitesse inouïe, pour le meilleur et pour le pire. Si nous voulons que le meilleur prenne le dessus, je pense qu'il est indispensable que nous nous considérions comme une communauté globale, puisque nos actes ont une empreinte mondiale. Tout achat, alimentaire ou vestimentaire, implique quasiment toujours des facteurs de production dans des pays autres que le pays d'achat. Lorsque vous prenez une photo ou envoyez un e-mail avec votre téléphone, elle est immédiatement stockée dans un centre de données situé à l'étranger. Et que dire du smartphone en lui-même et de tous les métaux rares qu'il contient, extraits dans des pays lointains, souvent aux conditions de travail abominables ? Nous nous devons d'avoir de l'empathie pour toutes ces personnes qui participent à élaborer notre système global, et dont nous faisons nous-mêmes partie. Nous nous devons d'avoir de l'empathie pour l'humanité. Si nous allons trop loin dans l'exploitation des ressources et des humains, c'est tous ensemble que nous tomberons. En sachant et en acceptant que nos actes quotidiens dépendent et impliquent autant de monde, et peu importe de savoir si c'est bien ou non, car il semble que le phénomène soit irréversible, nous nous devons au moins de nous considérer comme une grande communauté unie et interdépendante. Nous ne sommes peut-être pas tous dans le même bateau, mais nous devons tous voguer dans la même direction.

Le défi démographique

Résumons ces deux premières tendances : les gens sont conscients de vivre mieux que leurs parents, mais ne prédisent pas un bel avenir pour leurs petits-enfants. Serions-nous donc en train de vivre la période la plus agréable que l'humanité ait jamais connue ? Permettez-moi d'en douter. Je pense plutôt que chaque génération depuis des siècles connaît des changements profonds qui nourrissent la sensation de vivre un moment particulier de l'évolution humaine, et qui génèrent au passage des inquiétudes pour l'avenir. Imaginez à l'époque des grandes découvertes maritimes toute la prospective à laquelle la population a dû se livrer. Songez au moment de l'invention de l'électricité comme on a dû faire des plans sur la comète. Tout récemment, nous avons réalisé une expérience comparative frappante qui permet de relativiser nos peurs en l'avenir. J'ai vu passer sur Facebook une vidéo de l'Institut national d'archives (INA) datant de 1962 où un journaliste demandait à des enfants ayant entre 10 et 15 ans comment ils imaginaient le monde en l'an 2000. « Les trains auront des ailes », « Il n'y aura plus de verdure », « Ce qui me fait plus peur, c'est le manque de modération que peuvent avoir les hommes, ils ne sauront peut-être pas contenir tout ce qu'ils trouveront ». Cette vidéo m'a interpellé car les réponses que j'y ai entendues étaient mot pour mot similaires à bon nombre de celles que j'ai obtenues en posant la question *Fermez les yeux, vous êtes en 2100, que voyez-vous ?* à des enfants du même âge en 2017… C'est dans la nature de l'homme de vouloir s'élever et progresser, ce que nous avons d'ailleurs fait de manière impressionnante ces dernières années, mais c'est aussi sa nature d'avoir peur de l'inconnu.

Je n'aime pas dire « nous sommes à un moment historique de l'histoire de l'humanité », ou toute autre assertion équivalente qui tente d'alpaguer votre attention en vous faisant croire au caractère exagérément unique d'un moment ou d'une chose. Sûrement parce que je l'ai trop entendu de la part de politiciens ou de marques pour y croire. Sûrement aussi parce que toute époque est unique, avec ses propres défis. Il n'y a pas un moment de l'Histoire pour lequel on puisse dire : « Tiens, à ce moment-là, l'humain a arrêté de progresser. Tout allait bien, il n'y avait aucun problème à régler, et tout le monde se la coulait douce. » Je pense cependant qu'il y a un enjeu particulier auquel nous faisons face actuellement, qui est la source de toutes nos inquiétudes, et qui peut se résumer en une unique courbe : celle de croissance démographique. Le graphique ci-dessous n'est pas de moi mais utilise les données officielles du bureau de recensement américain. La forme de cette courbe me sidérera toujours.

POPULATION MONDIALE, DE L'AN 1 À 2050

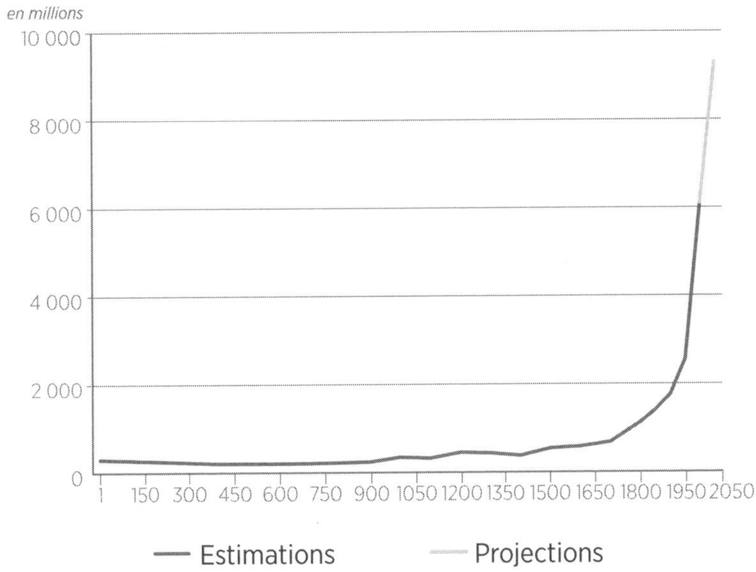

Nous étions cinq cent millions en 1600, un milliard en 1900, sept milliards en 2000, et nous seront bientôt dix milliards aux environs de 2050. Alors que la population avait doublé en quatre cents ans, elle va décupler en cent cinquante ans. Nous ne vivons pas un problème écologique, nous vivons un phénomène de croissance démographique extrêmement brutale, *et donc* un problème écologique. En liant cette courbe aux chiffres réjouissants de la diminution de la pauvreté globale, on comprend alors qu'en un temps géologique infime, nous devons décupler les capacités de production de notre planète. D'un coup, il faut nourrir 10 fois plus de personnes ; d'un coup, il faut construire des logements pour 10 fois plus de personnes ; d'un coup, il faut produire des objets et des vêtements pour 10 fois plus de personnes ; d'un coup, il faut permettre à 10 fois plus de personnes d'assouvir leur désir de voyage et de loisir, et ainsi de suite. C'est un défi qui, si l'on en croit cette courbe, n'a pas d'égal dans l'histoire de l'humanité. Cela passe forcément par la phase d'adaptation, parfois chaotique, que nous vivons actuellement.

En pensant à ce graphique, je me dis parfois que nous sommes peut-être tout simplement trop nombreux sur cette planète, qu'il doit y avoir une notice quelque part donnant le nombre d'habitants maximum qu'elle peut supporter, et qu'il faut arrêter de faire des enfants. Puis je me dis que ce n'est pas possible, on ne peut pas nous avoir jeté un tel sort.

La célébration de la vie

« Je me souviens toujours de mes voyages dans les terres avec une joie extrême, qu'aucune scène de la civilisation n'aurait pu créer. » Ces mots de Charles Darwin sont repris par Jean-Claude Ameisen, docteur et chercheur français en biologie, dans sa passionnante émission « Sur les épaules de Darwin » diffusée sur France Inter (disponible en podcast). Il y décrit ainsi ce sentiment d'émerveillement, d'admiration et d'émotion qui envoûte l'esprit de Darwin quand il se trouve au milieu de la grandeur d'une forêt. « Ces forêts sont des temples, emplies des productions variées du Dieu nature. Personne ne peut se tenir dans ces forêts sans être ému, et sans ressentir qu'il y a plus dans l'homme que le simple souffle de son corps », continue-t-il en citant le naturaliste anglais. Un siècle et demi plus tard, son intuition s'est confirmée en écoutant les réponses à la question suivante :

EN IMAGES

Quelle est la plus belle chose que vous ayez vue dans votre vie ?

En posant cette question sur la beauté, mes interlocuteurs ont à 80 % célébré la nature et la vie. De quoi m'apaiser après mes furtives dérives antihumanistes évoquées à la fin de la partie précédente. Je ne pense pas qu'on laissera détruire un joyau auquel on tient tant. N'est-ce pas là de plus un facteur d'unité duquel il faut se réjouir, et sur lequel il faudrait même bâtir ?

LES « PLUS BELLES CHOSES »

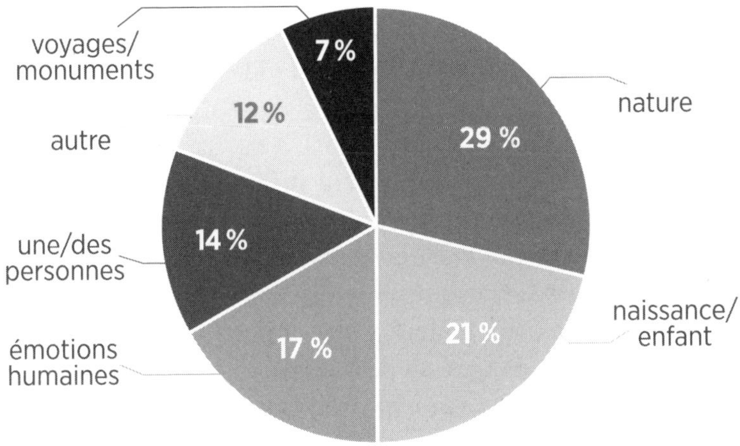

À titre personnel, la nature, que ce soit une extraordinaire étendue verdoyante ou un simple jardin, me rappelle à quel point je suis petit et insignifiant, et m'incite à la modestie. Il me suffit de la contempler fixement cinq minutes pour que sa complexité, et donc sa beauté, me saute aux yeux. J'insiste, c'est tout autant le cas devant un carré d'herbe que devant l'Himalaya. Je me dis que des milliers d'espèces travaillent actuellement sous mes yeux, toutes, sans le savoir, liées les unes aux autres. Moi qui ai la chance d'en avoir conscience, je ne peux que m'en émerveiller et admettre que je suis un maillon facultatif au milieu de tout cela. Avec ou sans moi, ce magnifique travail à l'œuvre sous mes yeux continuera.

Mon souci est que je vois de moins en moins la nature. Ma vie active parisienne depuis dix ans m'en éloigne, et de l'éloignement naît l'oubli. Dans les grandes villes, que Rousseau appelait déjà « le gouffre de l'espèce humaine » dans *Émile*, où l'horizon est fait de béton, la nature ne nous rappelle plus à l'ordre, et nous oublions bien vite que nous faisons partie d'un écosystème naturel qui nous dépasse. Ce sont alors les autres humains qu'on contemple : on se compare, on essaye de se donner un style, une façon d'être, on s'accorde une certaine forme d'importance, on se prend un peu plus au sérieux et on finit par se croire indispensable. Pourtant, nous sommes et nous resterons toujours le même maillon facultatif au milieu d'une chaîne infiniment plus grande.

Je suis tombé récemment par hasard sur un portrait de l'ancien journaliste Bernard Ollivier. En 1998, à 60 ans, il est parti sur un coup de tête sur les chemins de Saint-Jacques. « C'était une fuite, j'avais du mal à supporter le vide de la retraite, et surtout le vide laissé par ma femme », dira-t-il plus tard. Sur son chemin, il croise deux Belges, en pèlerinage « forcé », à qui le juge avait dit : « Ce sera la marche ou la prison. » Une rencontre qui a redonné sens à sa vie. En 2000, il crée l'association Seuil qui emmène des jeunes délinquants en grande difficulté sur ce chemin long de 2 000 kilomètres. Cela doit les aider à retrouver un autre chemin, celui de la réinsertion dans la société. Plus de 250 jeunes sont ainsi partis depuis près de vingt ans, avec un effet positif avéré sur le comportement de 63 % d'entre eux. Au-delà du défi physique et mental, je suis persuadé que le contact prolongé avec la nature joue un rôle fort dans leur cheminement interne. Ces jeunes désorientés qui ont souvent bougé de maison d'enfance en maison d'enfance, puis de maison d'arrêt en maison d'arrêt, prennent soudain conscience du formidable écosystème auquel ils appartiennent.

Paul, le vicaire londonien dont vous trouverez l'interview en page 106, utilisait aussi la nature pour remettre dans le droit chemin les drogués et alcooliques qu'il prenait sous son aile dans son quartier de Shoreditch. « La première chose que je leur fais faire, c'est de planter une graine. Quand, quelques semaines plus tard, ils la voient pousser et grandir, le miracle de la nature les aide à reprendre confiance en eux, ils ont l'impression d'avoir donné la vie. »

21 % des personnes interrogées m'ont enfin parlé de la naissance de leur enfant. Cela représente en réalité près de 50 % des personnes qui avaient effectivement un enfant. « C'est une émotion qui n'a pas d'égal », m'ont répété des pères et des mères partout dans le monde. Ne l'ayant pas vécu, je ne peux pas épiloguer sur le sujet, mais c'est une nouvelle preuve que certaines émotions se jouent largement des frontières.

Le sens au service du bonheur

Personne ne pourra me contredire, dans nos sociétés modernes, le bonheur est devenu un fourre-tout, une prétendue fin en soi, voire un juteux business. À tel point que, quand j'expliquais rapidement *20 Questions to the World* à des personnes qui n'écoutaient que d'une oreille, elles me disaient ensuite : « Ah oui, j'ai déjà entendu parler d'un projet sur le bonheur comme ça partout dans le monde, je peux te mettre en relation avec… » Pardon ? Qui a dit que *20 Questions to the World* était un projet sur le bonheur ? Nous cherchons à mieux comprendre le monde et aider les gens à mieux le comprendre. En revanche, la vision que chacun se fait du bonheur est un sujet passionnant pour mieux appréhender une partie de notre monde. C'est pour cela que nous avons une question sur le sujet :

> Selon vous, qui est la personne la plus heureuse du monde ?

EN IMAGES

Les réponses, variées en apparence, convergent finalement vers une même signification.

QUI EST LE PLUS HEUREUX DU MONDE ?

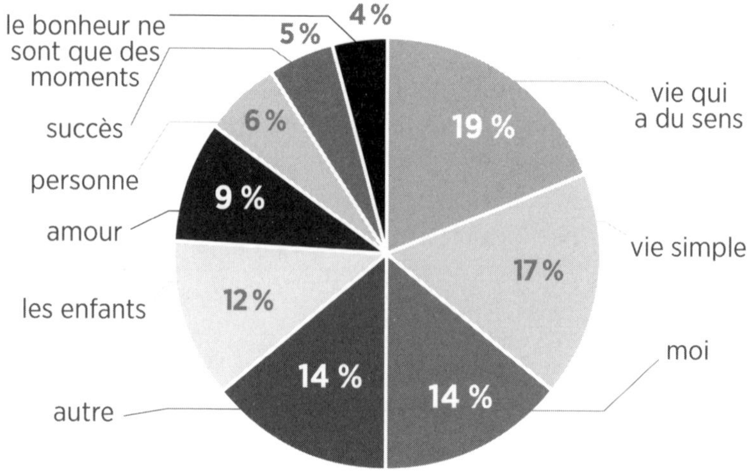

J'entends par « vie simple » toutes les personnes qui parlent d'une vie quasi monastique, sans artifice superficiel. Cela comprend par exemple tous ceux qui m'ont dit « le dalaï-lama » ou qui parlent de faire pousser des légumes dans leur jardin. Une « vie qui a du sens » correspond davantage à « celui qui se connaît et qui fait ce qu'il a envie de faire », pour citer Darya, réalisatrice géorgienne. J'ai aussi inclus dans cette catégorie toutes les réponses évoquant la générosité ou l'aide à autrui. « Amour » regroupe enfin toutes les personnes qui disent que le bonheur n'existe que dans les relations avec les autres (famille, amis, etc.).

Je ne vous l'avais pas encore dit, mais j'ai rencontré cinquante des personnes les plus heureuses de la planète pendant mon voyage ! Je dois avouer avoir pris beaucoup de plaisir à entendre des gens me dire que c'étaient eux les plus heureux du monde. D'autant que c'est une réponse à laquelle je n'avais pas du tout songé en formulant la question. Ces personnes n'ont pas hésité à me confier face caméra que le bonheur « est ici, maintenant », ou bien l'ont incarné par un « Moi ! » cinglant de spontanéité. Aucun doute, ceux-là ne cherchent pas le bonheur, mais le reçoivent simplement. Fait intéressant, 50 % d'entre eux sont des individus très pauvres financièrement – paysans, villageois, chauffeur de taxi, ou encore les Mongols dont j'ai déjà parlé – et les 50 % restants sont des personnes à la situation plutôt aisée, le plus souvent vivant en milieu urbain. Sont-ce là deux versions différentes du bonheur ? D'un côté les « pauvres en esprit » pour reprendre une formulation de l'apôtre Matthieu dans le Nouveau Testament, et de l'autre ceux qui ont réussi à trouver une forme de bonheur dans un quotidien agité ? À vrai dire, je n'en sais rien.

Deux notions ont prévalu parmi les autres réponses : la simplicité et le sens.

Une vie simple

Je suis très partagé sur la notion de simplicité, car c'est une question que je me suis moi-même beaucoup posée. Serais-je plus heureux en élevant des vaches au Chili (plutôt que dans ce monde ultra-connecté, bouillonnant, stressant, etc.) ? J'en doute. Je pense même que le simple fait de se poser cette question entrave en quelque sorte le bonheur. « Le moins tu possèdes, le plus tu es heureux », « Un paysan qui peut vivre de sa production », « Les ignorants, les gens qui n'ont pas accès à Internet et qui vivent avec la nature », voilà le type de réponses que j'ai entendues chez bon nombre de personnes vivant dans des grandes villes, sûrement nostalgiques d'un mode de vie plus calme. Ces personnes s'accordent donc sur une définition très épicurienne du bonheur, fondée sur la satisfaction des désirs naturels et nécessaires. Mais elles n'ont pas l'air capables de la mettre en application. Avoir une définition du bonheur, qui plus est utopique comme celle-ci, semble plutôt un frein au bonheur, un peu comme quand on imagine son partenaire idéal, sans jamais le trouver. Jean Ferrat ne chante-t-il pas cette contradiction malheureuse entre l'évocation et l'existence du bonheur dans sa chanson « Aimer à perdre la raison », reprise d'un poème de Louis Aragon :

Qui parle de bonheur a souvent les yeux tristes
N'est-ce pas un sanglot que la déconvenue
Une corde brisée aux doigts du guitariste
Et pourtant je vous dis que le bonheur existe
Ailleurs que dans le rêve, ailleurs que dans les nues
Terre, terre, voici ses rades inconnues

Pourquoi d'ailleurs vouloir absolument définir le bonheur ? Après avoir écouté plusieurs centaines de réflexions personnelles, une évidence se dégage : les gens tendent à considérer de plus en plus le bonheur comme une fin en soi. *Quel est ton rêve ?* « Être heureux ! » m'a-t-on souvent répliqué. Le romancier Pascal Bruckner le dit autrement : le bonheur est devenu « un devoir avec ce que cela suppose d'exclusion, de harassement personnel, d'angoisse ». Nous passons de plus en plus de temps à contempler le bonheur des autres, amis, stars ou parfaits inconnus sur les réseaux sociaux. Or, « l'objet du bonheur est totalement vague, c'est une quête sans fin », conclut le romancier. Je ne vais pas à nouveau parler des réseaux sociaux car vous allez finir par croire que ce livre est un réquisitoire, ce qui n'est pas le cas, mais nul n'ignore qu'il y a des risques avérés d'entrer en dépression si l'on prend au sérieux tous les prétendus clichés sur le bonheur qui y sont affichés.

Une vie qui a du sens

« Le bonheur ne se cherche pas, mais celui qui a une vie avec du sens est heureux. » C'est la conviction de Miguel, 64 ans, retraité bolivien, interviewé à Tarija. Lui ne définit pas le bonheur, mais nous indique le chemin, comme l'ont également exprimé les 19 % des personnes interrogées qui parlent d'une vie sensée. Peut-être que Miguel a lu le *Guide des égarés*, de Jean d'Ormesson, paru en 2016, où le défunt académicien écrit ceci :

Chacun a le droit, et peut-être le devoir, d'être heureux. Les traités du bonheur et les recettes pour y parvenir sans trop de peine en quelques leçons ont fleuri un peu partout. J'ai contribué moi-même à cet engouement collectif et un peu forcé. Peut-être faut-il rappeler que la recherche frénétique du bonheur ouvre le chemin le plus sûr vers l'échec et le dégoût. Le bonheur n'est pas un but, encore moins une carrière ou une obligation, mais un don gratuit, une surprise ou la récompense de ceux qui ne passent pas leur temps à le cultiver. Le bonheur n'est pas un exercice narcissique et solitaire. Il tombe, comme par hasard, sur la tête et dans le cœur de ceux qui, loin de s'occuper d'eux-mêmes, s'occupent plutôt d'autre chose – et des autres.

Que dire après cela ? Peut-être que pour donner du sens à sa vie, encore faut-il apprendre à se connaître. « Qu'est-ce que le bonheur sinon l'accord vrai entre un homme et l'existence qu'il mène ? » écrivait Albert Camus dans son recueil d'essais *Noces*. C'est quelque chose que j'ai entendu un certain nombre de fois chez mes interlocuteurs. « Le plus heureux, c'est celui qui est en paix avec lui-même », me dit Pauline, chanteuse parisienne. Là est probablement l'une des clés du bonheur contemporain. Dans un monde où on passe de plus en plus de temps à contempler la vie des autres et, qu'on le veuille ou non, à la comparer avec la sienne, il est nécessaire de savoir se rappeler avec d'autant plus de vigueur qui nous sommes véritablement, et ce qui nous anime au plus profond de nous.

J'ai volontairement gravé quelques réponses dans ma tête, des discussions qui m'ont personnellement inspiré et que je garde précieusement comme une sorte de guide de vie. Parmi elles, il y a celle de Romelia, une dame de 80 ans vivant dans le petit village colombien de Salento qui s'occupe depuis quarante ans de personnes âgées atteintes de maladies dégénératives. Quand je lui ai demandé *Si vous pouviez faire n'importe quel métier, sans rapport à l'argent, que feriez-vous ?*, elle m'a directement souri, en laissant un temps mort volontaire. Le type d'expression qui ne laisse pas de place au doute. Puis elle m'a répondu : « Mais je le fais déjà, c'est d'aider les autres ! » avant de laisser place à un grand éclat de rire. C'était tellement évident pour elle. Elle incarne ainsi la conclusion de la citation de Jean d'Ormesson : aider les autres rend heureux. J'en suis intimement persuadé. Jamais je ne me sens mieux qu'après avoir fait un acte de bienveillance ou de générosité, et je pense que c'est un sentiment universel. Les personnes les plus pauvres que j'ai rencontrées et qui m'ont souvent témoigné leur bonheur m'ont aussi expliqué que la clé du fonctionnement d'un bidonville ou d'une zone de grande précarité est la générosité. Quand tout le monde a du mal à lier les deux bouts, on s'entraide, on se soutient, on dépend des autres autant que les autres dépendent de nous, et cela procure une forme de bonheur. Les gestes quotidiens qu'on fait pour les autres ou qu'on reçoit, si insignifiants soient-ils, nous rendent humains et donnent du sens à notre vie. On se sent nous-mêmes, on a l'impression qu'on vient de faire ce pour quoi on est sur Terre, et on relativise tout le reste. Il ne tient qu'à nous de le faire plus souvent.

La maîtrise de l'espace-temps

EN IMAGES

Voici une analyse qui va être fort simple pour moi à retranscrire, puisqu'il s'agit de la question avec le plus fort taux de réponses similaires :

> Quelle innovation, réaliste ou non, faciliterait grandement votre quotidien ?

« Rien, merci »

Avant de vous donner cette réponse presque universelle (que vous devriez être en mesure de deviner vous-même avant de la lire dans la suite), je souhaiterais d'abord vous parler des 11 % de personnes qui m'ont répondu « Je n'ai pas besoin d'innovation » ou encore « Je ne sais pas répondre à cette question ». Ce sont les mêmes, pour 90 % d'entre eux, qui ont répondu « de rien » à la question *De quoi avez-vous besoin ?*. Les profils de ces personnes sont très semblables. Anzu, cuisinière très modeste à Katmandou ; Bonito, agriculteur italien exilé en Argentine il y a plus de cinquante ans qui a passé sa vie à travailler très dur dans les champs ; Roberto Carlos, travailleur familial sur l'île du Soleil sur le lac Titicaca en Bolivie ; Humberto, guide de randonnée dans une région reculée du Brésil ; Rosember, paysan colombien dans une ferme de café depuis vingt ans ; Romelia dont on vient de parler ; Zorgit, notre désormais célèbre nomade mongol ; ou encore Li Pinyo, moine bouddhiste birman. Ils sont tous très pauvres matériellement, et m'ont tous accueilli avec une grande générosité. Sur les huit personnes que je viens de citer, cinq ont répondu « Moi ! » quand je leur ai demandé qui était selon elles la personne la plus heureuse du monde. Comment interpréter cette fausse coïncidence ? Ils n'ont besoin de rien, donc ils sont heureux ? Ils sont heureux, donc ils n'ont besoin de rien ? À l'inverse, est-il possible d'être heureux quand on s'invente en permanence de nouveaux besoins ? Il n'y a pas de réponse à ces questions, car le bonheur est entièrement subjectif et donc indéfinissable. Une chose est cependant sûre, ceux-là nous montrent l'une de ses formes les plus authentiques.

La fameuse réponse

Revenons à nos innovations. Avez-vous réfléchi à votre propre réponse ? Avez-vous imaginé un moyen surnaturel de se déplacer d'un point A à un point B ? Si oui, vous avez répondu comme plus de 45 % des gens à cette question : la téléportation (ou autre moyen de transport farfelu). « On perd un temps fou dans les transports », « Je pourrais aller déjeuner avec ma mère en France et retourner ensuite travailler à Tel-Aviv », « Cela me ferait économiser du temps et de l'argent ». Les raisons sont multiples, et me donnent parfois envie de tout plaquer pour essayer d'inventer le mode de transport du futur. La demande est planétaire ! Elon Musk a pris un peu d'avance, me dit-on, je vais donc continuer à poser des questions… Trêve de plaisanterie, énormément de réponses ont eu à voir avec le sujet du temps et des distances. Les urbains très occupés me demandent des journées de 48 heures, ou bien un outil pour gérer le stress et leur agenda. D'autres souhaitent simplement pouvoir aller à la plage après un rendez-vous professionnel fatigant ou bien assouvir leur soif de découverte du monde.

Sur un autre registre, j'ai entendu de nombreuses innovations fantaisistes comme « Un robot qui ferait tout pour moi », « Un moyen d'injecter des livres dans ma tête », « Une machine télépathique », etc. Je ne peux m'empêcher de repenser à nos huit amis cités précédemment qui ne veulent pas d'innovation, et qui nous invitent à une réflexion évidente. Faut-il se satisfaire de l'existant ou bien tenter de dépasser en permanence les lois de la nature ? Faut-il adapter notre rythme de vie naturel aux 24 heures quotidiennes qui nous sont imposées ou bien tenter d'être toujours plus efficace, quitte à imaginer dans quelques années prendre une pilule qui nous permettrait de rester en forme sans dormir ? Où est la frontière entre le moral et l'immoral, entre l'humain et l'inhumain ? Il est très dur de répondre à cette question, car la technologie fait des merveilles, c'est indéniable. À part quelques hurluberlus comme Sylvain Tesson qui refusent d'avoir un téléphone, qui oserait nier les avantages des moyens de communication modernes ? La technologie nous inquiète parfois, car peu d'entre nous la maîtrisent vraiment, mais n'a-t-elle pas jusqu'à aujourd'hui apporté beaucoup de bénéfices à nos sociétés ? N'en déplaise aux films de science-fiction, ne peut-on pas présager que l'homme sera toujours assez intelligent pour créer des technologies utiles ? Doit-on forcément choisir entre *Blade Runner* et *Apocalypse Now* ? Nous aussi, tentons une expérience temporelle complètement fictive. Imaginez qu'il y a cent ans, vous auriez dit à quelqu'un : « Dans cent ans, on achètera tout en ligne grâce à un smartphone (il faudrait préalablement lui définir le smartphone) et vous recevrez votre achat chez vous dès le lendemain. » On vous aurait d'abord sûrement ri au nez, puis on vous aurait dit que cela n'est pas souhaitable, car les courses doivent se faire chez votre marchand, qui ne pourrait autrement plus vivre. Peut-être que dans cent ans, on se déplacera en voitures volantes, qu'on dormira trois heures par jour et que la moitié de nos repas se résumeront à une pilule, faute de capacités de production alimentaire suffisantes pour nourrir tout le monde. Aujourd'hui, on se dit « non merci », et vos arrière-petits-enfants se diront : « C'est quand même drôle de se dire qu'avant, on dormait huit heures par nuit, peut-être qu'ils n'aimaient pas découvrir le monde. » Il n'y a que dans les films que les robots exterminent la race humaine. Si la télé-portation existe un jour, je serai heureux d'explorer la planète de fond en comble. Si elle n'existe pas, je ferai autrement.

La nécessité de ne pas regarder les informations

Une seule de mes questions était en rapport avec l'actualité, et donc avec une temporalité précise :

> Quel est le fait d'actualité qui vous touche le plus dans votre pays et pourquoi ?

Elle se différencie des autres en ce sens que les réponses peuvent « périmer ». Difficile donc d'analyser leur contenu. Ce livre sortira plus d'un an après la fin du voyage, et bien des choses auront sûrement changé dans l'actualité. Les réponses à cette question ont pourtant dévoilé une tendance claire, universelle et intemporelle : nous en avons marre des informations négatives, manipulées, manipulatrices.

« Tout m'affecte, toutes les semaines il y a quelque chose de différent. Politique, meurtres, insécurité, guerre. Cela crée une atmosphère de peur généralisée », m'a dit Gustavo, jeune cadre dynamique colombien vivant à Bogotá. Aux quatre coins du globe, les gens se sont plaints d'entendre à longueur de journée des histoires violentes et funestes, résumant l'être humain à un animal haineux et fourbe. Il y a ceux qui commentent les faits, pris dans la tourmente, désolés, impuissants : « Ce sont les vols, les meurtres, la violence. C'est la réalité de notre quotidien. Il faut réinstaurer un gouvernement militaire », nous dit Eduardo, paysan dans la région de Mendoza en Argentine, sûr de lui. Khin Swe, jeune étudiante birmane de 24 ans (interview page 148), laisse elle aussi transparaître son désarroi : « Le conflit religieux des Rohingya m'affecte moi et le monde entier. Je suis vraiment inquiète de voir que les gens ne sont pas capables de vivre ensemble. » Ceux-là se laissent affecter psychologiquement par les actualités.

Il y a ensuite ceux qui savent analyser la masse d'informations : « Ce qui m'affecte, c'est de voir qu'il y a tant d'infos négatives et souvent fausses dans les médias. Cela crée des débats inutiles et on ne se concentre pas sur ce qui est important », explique Tina (interview page 171), réceptionniste iranienne. « C'est l'instabilité politique et les conflits entre les tribus, cela me prive de ma paix intérieure », affirme Gezachew, jeune citadin actif d'Addis Abeba en Éthiopie. Ceux-là comprennent l'effet des médias de masse sur notre psychologie. Gnanapriya, banquière à Bangalore, va plus loin en parlant de la conséquence des informations sur nous : « Ce qui m'inquiète, c'est la polarisation des esprits. La suspicion des gens les uns envers les autres, le manque de confiance. L'intolérance à l'égard de ceux qui adhèrent à d'autres pratiques ou mènent différents styles de vie. Cela a beaucoup à voir avec la politique, je pense. »

Enfin, il y a ceux qui ont décidé depuis longtemps de s'en détourner, de s'émanciper volontairement et fièrement de cette forme de pollution psychologique. « Je ne m'intéresse pas aux informations. Cela rend fou, et cela ne parle que de choses que je ne peux pas contrôler. À quoi bon, donc ? » me répond sans hésitation Nicole, jeune styliste et femme de ménage à New York. « Je ne lis pas les infos. Il n'y a que la guerre et la violence. Je milite pour la paix, et cela me rend trop émotive de voir les gens se battre », argue à son tour Irina, jeune journaliste russe. Que ce soit par désintérêt ou protection, ce sont en grande majorité les jeunes urbains qui ont tenu ce type de réponses. Vous avez compris depuis le début de ce livre que je rejoins globalement leur position. Pour l'anecdote et pour ajouter un trait d'humour, c'est aussi la réponse que j'ai eue des nomades mongols, à l'image de Zorgit (interview page 116) qui a répondu du tac au tac : « Je me fiche des infos. » Nul besoin d'expliquer pourquoi quand on sait que son voisin le plus proche est à plusieurs dizaines de kilomètres de marche.

Il est très important d'être au courant de ce qu'il se passe dans le monde, mais il faut savoir regarder les actualités avec un recul permanent. Rappelez-vous qu'un média aura la garantie de faire de l'audience en montrant des images accablantes, de fausses différences ou des « clashs » artificiels, car notre cerveau y sera plus réceptif. Malheureusement, la faculté de prendre de la distance face aux informations n'est pas donnée à tous, car elle est en partie liée à l'éducation. L'esprit critique se développe entre autres grâce à l'accès à la connaissance. Sans connaissance, on gobe tout ce que l'on voit. Personnellement, une manière pragmatique que j'adopte est de comparer ce que je vois à la télé avec notre quotidien. Voyez-vous dans votre entourage proche autant de haine que ce qu'on voit sur les écrans ? Pour moi, la réponse est non. D'ailleurs, je n'ai aucune mésaventure à déclarer, quelle qu'elle soit, au cours de mes 14 mois de voyage à travers près de 20 pays. J'ai en revanche un nombre incalculable de gestes de générosité et d'hospitalité à raconter. Le monde ne va pas si mal qu'on nous le dit.

Une religion, des religions

EN IMAGES

Pour ce sujet parfois délicat à aborder, je n'ai pas trouvé de manière plus originale de tourner la question que la suivante :

Que représente la religion pour vous ?

Probablement par volonté de ne gêner personne. Récemment, on m'a suggéré : « Si vous pouviez poser une question à Dieu, laquelle serait-elle ? » Je la garde dans notre besace de potentielles questions pour de futurs périples. Les réponses furent tout autant diverses qu'intéressantes. En fonction des cultes, des régions, ou bien de manière plus transverse, différentes tendances se sont dessinées.

Les valeurs et les dogmes

« Dieu est la lumière dans votre cœur », « Pour moi, la religion représente le chemin pour être une bonne personne », « Ce sont les règles pour moi, cela me montre la voie dans la vie », « Pour moi, la religion signifie s'entraider, partager l'amour », « Dieu se manifeste dans l'amour ». Voilà les réponses d'une bouddhiste, d'un chrétien orthodoxe, d'une musulmane, d'un hindou et d'un chrétien catholique. Difficile pourtant de dire qui est qui. Une raison simple est que la base de toutes les religions est la même : un système de valeurs considérées comme étant les meilleures réunies dans une représentation intangible et mystérieuse. On retrouve plus ou moins les mêmes valeurs au sein de chaque religion, à des degrés différents, avec toujours la justice et l'amour dans le top cinq. On doit donc se réjouir du fait que 83 % de la population mondiale (17 % étant non religieuse) soit censée justifier tous ses faits et gestes par l'amour et la justice.

Malheureusement, comme tout système de pensée théorique, son application n'est jamais parfaite. Les dérives sont nombreuses, et sanglantes. Le risque d'un dogme, c'est-à-dire une proposition théorique établie comme vérité indiscutable par l'autorité qui régit une communauté, est que ses adeptes se mettent à penser que les affirmations de leur dogme, puisqu'elles sont absolument vraies, devraient l'être aussi pour tous les autres, aussi bien dans leur communauté que dans les communautés avoisinantes. De là peuvent naître quelques volontés de conquête et d'asservissement.

Athées et animistes

J'ai reçu une éducation catholique, dans un environnement social où mes croyances étaient peu remises en cause. J'ai donc été particulièrement sensible et attentif aux arguments des nombreuses personnes qui se sont revendiquées athées. « La religion signifie que quelques personnes ont été suffisamment malignes pour créer un système qui permet d'influencer les autres », m'a dit Oliver, policier allemand. « Je pense que c'est une construction en réponse à tous les doutes existentiels que les gens ont », analyse Claudia, entrepreneuse colombienne. « Tu as l'impression que tu as moins de responsabilités, que quelqu'un te protège, et quand tu meurs, il t'offre un monde meilleur, donc je pense que c'est assez naturel pour l'être humain de créer un tel concept rassurant », continue Guillaume, entrepreneur français. « La religion naît de la peur des gens », « C'est un concept narcissique et anthropocentrique », affirment de manière plus tranchée respectivement Tina, éditrice iranienne, et Jacinthe, artiste et paysanne française. En les écoutant, leur version me paraissait presque plus réaliste que celle qu'on m'a toujours contée pendant mes cours de catéchisme.

L'Amérique latine a été un continent surprenant, et riche d'enseignement. Sachant les pays sud-américains largement convertis au catholicisme, avec une omniprésence du fait religieux, je pensais pouvoir anticiper quels types de réponses j'obtiendrais. Erreur ! Les deux mots les plus utilisés furent « nature » et « énergie ». J'ai alors compris que le christianisme s'était ici teinté des couleurs de la Pachamama, religion précolombienne où la « Terre mère » régit l'environnement de l'être humain dans sa totalité. De même que les esclaves africains ont créé au Brésil la capoeira sous forme de danse non violente pour contourner l'interdiction des colonisateurs de pratiquer leurs rites guerriers ancestraux, les Andins ont agilement réussi à intégrer une partie de leur culte historique dans la religion qui leur a été imposée. Dieu s'incarne donc dans les arbres, les montagnes, les rivières, les récoltes et tout ce qui permet à la terre et aux hommes de prospérer. J'ai également retrouvé ces restes d'animisme en Éthiopie. De manière générale, l'évocation de la nature et des écosystèmes naturels a prédominé dans les pays peu développés, chez les populations encore très proches de la nature, qui le plus souvent en dépendaient directement.

Les dignitaires religieux s'inquiètent souvent de l'impact de la modernité sur la religion, notamment du fait que de nombreux jeunes urbains se détournent de la spiritualité. Pour reprendre ce que je disais dans un précédent chapitre sur les impacts de notre éloignement progressif de la nature, il est possible que cela joue aussi sur notre foi. L'extraordinaire spectacle de la vie qui s'offre à nous en contemplant nos écosystèmes naturels ne peut que favoriser la croyance en l'existence de forces surnaturelles. Comment oser imaginer qu'un tel mélange de complexité et de beauté puisse venir d'autre chose que d'une intervention divine ? Quand on assiste au miracle de la vie, on peut croire à tous les autres miracles. S'éloigner de la nature revient donc à se détourner de ce qui est la base de l'épanouissement des religions.

Le cas de l'islam

C'est avec les pratiquants de la religion musulmane que j'ai eu le plus de difficultés pendant les interviews. « Mon Dieu ne regarde personne et le Dieu des autres ne m'intéresse pas », m'a rétorqué Ibrahim Maalouf, artiste franco-libanais. Ces paroles n'étaient pas animées de colère ni de sévérité, mais plutôt de pudeur. Il a d'ailleurs continué en disant que c'était quelque chose d'intime pour lui, et que Dieu était le choix que chacun en faisait. « On ne pose habituellement pas ce genre de questions », m'a dit aussi Baligha, cadre libanaise habitant à Paris, avant de me dire qu'Allah était pour elle un bon ami, un protecteur. La pudeur a cependant parfois laissé place à la censure. Un jeune homme syrien, qui vit en dehors de son pays et dont je ne citerai pas le nom, m'a dit qu'il était musulman car il était né comme tel, mais qu'il était en réalité très ouvert aux autres religions et que son Dieu pouvait avoir plusieurs noms. Il m'a ensuite demandé de ne pas montrer cette réponse, car il valait mieux éviter que des personnes entendent cela. Je ne sais pas tout à fait quoi en penser. En Iran, en raison de la dictature islamique en place, cette question a logiquement été beaucoup évitée. Il arrivait qu'on y réponde un peu inquiet : « Rien », en me faisant signe de passer à la question suivante. Puis on me disait de ne pas utiliser cette réponse, car ce « rien » pourrait être mal interprété.

Cela m'incite à penser que la religion musulmane est aujourd'hui plus répressive et autoritaire que les autres. Autoritaire dans le sens où elle laisse moins de place à la réflexion personnelle. « C'est toute ma vie », « Ce sont les règles », disent certains. Il y a une sorte de vénération extrême d'Allah que j'ai parfois trouvée exagérée. Lorsque j'ai écrit mes questions, mon objectif était qu'on ne puisse pas avoir peur de se tromper ou de dire une bêtise en répondant. J'ai eu la sensation que les personnes musulmanes avaient, plus que les autres, peur de « mal répondre » à cette question. Kyinue, professeure birmane de confession bouddhiste, m'a dit ceci : « La religion n'est qu'un nom. Nous pouvons choisir notre propre chemin. La religion est bonne en soi, mais nous n'avons pas besoin d'en avoir peur. Nous n'avons pas besoin de suivre les règles d'un autre temps. Nous sommes assez intelligents pour savoir ce qui est bon et ce qui ne l'est pas. Être religieux, ce n'est pas juste prier et suivre des règles bêtement, chacun doit être capable de réfléchir par lui-même. » Je n'ai pas la sensation que cela s'applique au culte musulman. Mes nombreux amis musulmans me pardonneront je l'espère pour ce passage qui n'est qu'un ressenti et en aucun cas un jugement. Ma seule hâte serait d'ailleurs de pouvoir en discuter plus ouvertement.

Sans certitudes

Masood, jeune développeur informatique iranien, a répondu ceci après un long temps de réflexion : « La religion est un concept étrange pour moi. Elle a donné la vie à énormément de monde, je veux dire ce sentiment de vivre une belle vie, mais elle l'a aussi enlevé à tant d'autres. » Il pose une question sous-jacente qui me tiraille personnellement de longue date.

Les religions font-elles plus de bien que de mal ? Les croisades, les campagnes sanglantes de conversion forcée en Amérique latine ou encore les guerres actuelles au Moyen-Orient sont-elles compensées par les bienfaits supposés de ces dogmes ? Dans son récent ouvrage *Un été avec Homère*, Sylvain Tesson prend une position ferme sur le sujet. Pour lui, les Dieux ont toujours été et sont toujours bellicistes. Alors qu'il décrit tout au long du livre le jeu des dieux grecs qui, selon lui, aimaient ouvertement faire la guerre – en incitant les humains à la faire –, il n'en fait pas moins un fin parallèle avec les dieux actuels :

> *Aujourd'hui, quelque deux mille cinq cents ans après Troie, quelques « dieux sombres » sont toujours à la manœuvre pour diriger les hommes. Ils ne s'appellent plus Zeus, Apollon, Héra ou Poséidon. Leurs noms sont plus profanes, leur apparence sans forme ni contours. Mais leurs objectifs équivalents.*

Toutes ces discussions sur la religion m'ont sans doute éloigné de ma foi d'origine. Comment, après avoir écouté tant de personnes m'assurer que leur(s) Dieu(x) existai(en)t, continuer à croire en l'existence du mien ? Imaginez qu'on vous assure avec fermeté quelque part que 2 et 2 font 4, ailleurs que 2 et 2 font 5, et en une autre contrée que 2 et 2 font 6. Qui croirez-vous au final, tout le monde ou personne ? Permettez-moi de me réapproprier les mots d'Adam, le personnage principal du roman *Les Désorientés* d'Amin Maalouf, qui conviennent particulièrement ici et auxquels j'adhère pleinement : « Ma position sur la question est d'autant plus inconfortable que je ne me sens pas athée non plus. Je ne parviens pas à croire qu'au-delà de la mort il y a seulement le néant. Qu'y a-t-il au-delà ? Je l'ignore. Y a-t-il quelque chose ? Je l'ignore. Je l'espère, mais je n'en sais rien , et je me méfie de ceux qui prétendent savoir, qu'ils aient des certitudes religieuses ou des certitudes athées. […] Tel est le chemin erratique où je chemine en matière de religion. Bien entendu, j'y déambule seul, sans suivre personne, et sans inviter personne à me suivre. » Coïncidence ou non, cela n'est pas si éloigné de ce que m'avait répondu Ibrahim Maalouf, neveu d'Amin, déjà cité plus haut.

Pour conclure cette partie spirituelle, la solution réside peut-être dans la distinction entre Dieu et religion. Le concept de divinité a certainement été créé bien avant les dogmes ; il ne devrait donc pas nécessairement être amalgamé avec les religions et leur système de clonage. Si Dieu est pour certains une nécessité spirituelle, il ne devrait pas être un outil de contrôle politique. Il ne devrait pas être la propriété exclusive des religions.

L'école de la vie

EN IMAGES

Quel est le rôle de l'école ? Comment préparer nos enfants au monde de demain ? L'éducation rend-elle le monde meilleur ? Voici quelques questions que j'aurais aimé poser, puisque ce sont celles que je me pose personnellement, mais elles sont trop classiques, directes ou orientées. À la place, j'ai préféré demander :

> Si vous pouviez faire enseigner quelque chose dans toutes les écoles du monde, qu'est-ce que ce serait ?

L'analyse des centaines de réponses collectées nous aide sûrement à répondre aux trois premières interrogations.

La tendance a été saillante. Aux oubliettes, les enseignements traditionnels comme les mathématiques ou l'histoire, bonjour les matières comportementales, émotionnelles – l'empathie, la tolérance et la connaissance de soi en tête de ligne.

QUE FAUT-IL ENSEIGNER AUX ENFANTS ?

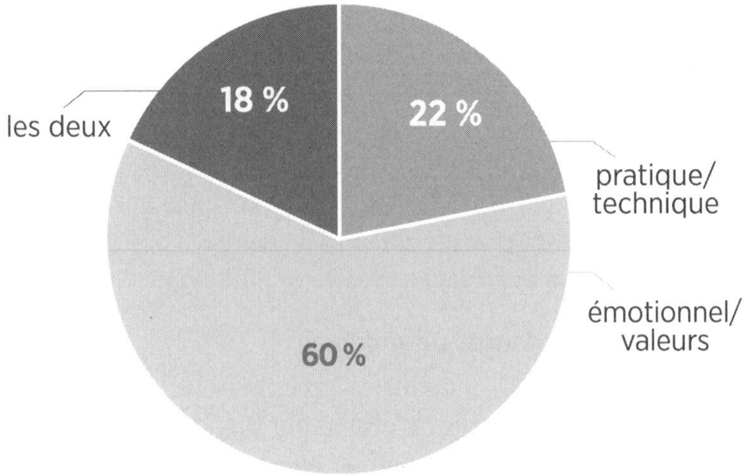

La conclusion qui ressort du graphique s'est très vite manifestée. J'ai donc eu l'opportunité d'en débattre pendant mon voyage avec différents interlocuteurs, notamment une professeure d'origine suisse enseignant à Bogotá. Ainsi lui ai-je exposé le phénomène : « C'est dingue, tout le monde me parle de valeurs comme la tolérance ou l'empathie, quels que soient les niveaux sociaux. Comme si savoir lire et écrire n'était pas si important. Est-ce que cela vous étonne ? »

« Pas vraiment », m'a-t-elle répondu aussitôt, me laissant comprendre que c'était un sujet qui ne lui était pas inconnu. « Traditionnellement, ce sont les parents qui sont en charge de l'éducation, c'est-à-dire du savoir-vivre, y compris toutes ces valeurs dont parlent vos interlocuteurs, alors que l'école est en charge de l'enseignement, c'est-à-dire la diffusion du savoir. Mais dans nos sociétés modernes où les deux parents sont actifs, ces derniers ont de moins en moins de temps d'éduquer leurs enfants. En parallèle, la connaissance est accessible partout et quasiment gratuitement grâce aux outils numériques. Il est donc normal qu'une sorte de "glissement" des rôles s'opère, et que l'école récupère en partie le rôle d'éducation des enfants. »

J'ai acquiescé d'un air convaincu, ne sachant pas bien comment relancer la discussion après ces arguments qui semblaient incontestables. Plus tard, Jieun, jeune puéricultrice coréenne interviewée en Mongolie, a illustré le phénomène de sa propre expérience : « Mes parents n'ont pas eu les mêmes opportunités d'étudier que moi. J'ai étudié principalement grâce à Internet. C'est une grande chance par rapport à eux. »

Quelles compétences pour demain ?

Vous commencez à me connaître, j'aime me poser des questions dont je sais pertinemment qu'elles n'ont pas de réponses. À la suite de ma discussion à Bogotá, à vrai dire le soir même dans mon lit, une nouvelle interrogation m'est venue : à quoi ressemblerait une société qui forme les jeunes à mieux se connaître et à vivre ensemble ? Ayant été bercé par un enseignement hérité des Lumières où la connaissance est reine, cette réflexion n'était pas naturelle chez moi.

Spontanément, je me suis dit que dans un monde en telle ébullition, ce n'était peut-être pas une mauvaise idée d'enseigner avant tout aux jeunes à être flexibles et créatifs. Qui peut dire à quoi ressemblera la société dans vingt ou trente ans ? Pas grand monde. *Community manager*, *UX designer*, *data scientist*... Ces nouvelles fonctions sont aujourd'hui présentes dans la majorité des entreprises. Pourtant, elles ont été créées il y a peu. C'est ce que démontre une infographie réalisée par LinkedIn en 2013, sur la base de leurs 260 millions de membres, qui répertorie dix métiers qui n'existaient quasiment pas cinq ans plus tôt. Les nouvelles générations d'écoliers devront être capables d'inventer une partie de leurs emplois. Surtout, avoir un diplôme ne donne plus l'assurance d'obtenir un travail. Selon les statistiques de l'OCDE, le taux de diplômés de l'enseignement supérieur pour les 25-35 ans est passé de 15 à 45 % entre 1981 et 2014 (un facteur de réjouissance de plus). En parallèle, le taux de chômage des jeunes a augmenté durant la même période, atteignant près d'un jeune de moins de 25 ans sur quatre (23,7 %). Dans ce contexte, plutôt que d'essayer de former les jeunes à la société de demain, le mieux est sûrement de les laisser eux-mêmes la former. Ayons une école qui éduque principalement à être ouvert d'esprit, adaptable et créatif, et espérons que cela jettera les bases d'une société plus saine et pacifiée.

Une éducation morale pour s'épanouir

Au-delà des aspects purement professionnels, les valeurs prônées par toutes les personnes que j'ai interrogées doivent aussi être des gages d'épanouissement personnel. Edgar Morin l'explique comme ceci dans son livre *Penser global* (Robert Laffont, 2015) :

> *L'éducation, c'est enseigner à affronter la vie. Avoir un métier est important pour vivre ; bien sûr, apprendre la grammaire, l'orthographe et des éléments de physique, de chimie, c'est important, mais qu'est-ce qui l'est le plus ? C'est de se tromper le moins possible, de s'illusionner le moins possible dans sa vie personnelle, dans ses choix aussi matrimoniaux qu'amicaux, professionnels, politiques et autres. Pour cela, il faut comprendre autrui et en être compris soi-même. Il faut accepter la complexité de l'humain, toujours contextualiser et ne pas s'enfermer dans des certitudes. Notre vie elle-même est très incertaine et l'avenir de l'humanité l'est tout autant. C'est pourquoi l'enseignement doit comporter l'affrontement de ces incertitudes.*

Quand on enseigne l'empathie et la tolérance, les deux notions les plus redondantes dans les réponses, on pousse chacun à se mettre à la place des autres, c'est-à-dire à remettre en cause ses actes, et par extension ses certitudes. Ali, doctorante australienne que j'ai rencontrée à Paris et qui fut parmi mes premières interviewées, a eu cette réponse particulièrement bien formulée : « J'enseignerais l'empathie. Je trouve que nous passons énormément de temps à apprendre des compétences techniques, qui au final ne nous servent que pour une petite partie de notre vie. Si nous investissions plus dans l'enseignement des émotions, cela aiderait les gens dans leur travail, mais aussi pour toutes les autres choses de la vie, et le monde serait sûrement meilleur. »

C'est sympa, toute cette philosophie, mais quand même, le monde ne serait-il pas aussi meilleur si, comme on nous l'a toujours dit, tout le monde savait écrire, compter, et lisait un peu plus de Molière, de Rousseau ou de Shakespeare (pour ne pas paraître trop chauvin) ? Une interview donnée récemment par Luc Ferry au magazine *Philosophie* (numéro de septembre 2018) m'a convaincu du contraire. Il commence fort : « La culture n'a jamais empêché quiconque d'être un salaud. » Puis il continue : « La croyance dans la perfectibilité du genre humain par l'éducation est la grande illusion des Lumières. Le nazisme puis l'islamisme nous ont appris que l'on peut être cultivé et céder à la haine, au racisme, à la violence ». Avant de conclure : « L'éducation morale n'a rien à voir avec l'éducation intellectuelle, ni avec la culture. La découverte de cette dissociation fut la grande désillusion de la seconde moitié du XXe siècle. Je crains qu'on n'en ait pas encore pris la mesure. »

On entend souvent : « La clé, c'est l'éducation, c'est là que tout commence. » Certes mais laquelle, et pourquoi ? Avec de plus en plus d'êtres humains, des ressources finies, un système capitaliste qui crée des inégalités et une urgence environnementale, notre première préoccupation devrait être d'apprendre à nos enfants à vivre ensemble, c'est-à-dire à se comprendre et à se respecter, autant qu'à comprendre et respecter leur planète. J'ai d'ailleurs bon espoir au sujet du dernier point. La majorité des jeunes enfants que j'ai interviewés m'ont parlé de la protection de la planète et des enjeux écologiques, parfois dès l'âge de 5 ans. « Pourquoi les hommes ne comprennent-ils pas que s'ils détruisent la planète, ils se détruisent eux-mêmes ? » m'a demandé Lora, jeune Russe de 10 ans. « Pourquoi tout le monde ne prend pas le réchauffement climatique au sérieux ? » m'a aussi questionné Sharmarke, jeune écolier anglais de 7 ans. Cette génération est pour moi la première qui est conscientisée dès le plus jeune âge sur les enjeux écologiques, et je suis curieux (et pressé !) de voir ce qu'elle donnera. Je fais partie de la génération Y, celle qui veut faire ce qu'elle veut et donner du sens à sa vie ; eux font partie de la génération écolo, celle qui veut (et doit) sauver la planète.

La troisième voie

Pour terminer sur une touche plus légère, ou moins philosophique, j'aimerais évoquer les réponses que j'ai classées dans « les deux », et qui pourraient apporter un élément de réponse à tout ce que l'on vient d'évoquer. Il s'agissait le plus souvent de personnes parlant d'arts ou d'écologie, deux domaines qui ont l'avantage de combiner des enseignements à la fois techniques et spirituels. « J'apprendrais aux enfants le dessin, car cela permet aux enfants d'apprendre à s'exprimer, et il n'y a pas mieux pour se connaître et avoir confiance en soi », m'a par exemple expliqué Gezachin, docteure en économie éthiopienne. « Le développement durable, comment respecter notre planète et les autres personnes. C'est la clé pour mieux comprendre la vie », m'a dit aussi Martin, chercheur allemand en cancérologie. Une autre réponse m'a profondément marquée, celle de Monica, pâtissière américaine dont vous retrouverez l'interview en page 156 : « Tout le monde devrait apprendre à être serveur. Je l'ai été pendant quinze ans. Je juge les gens en fonction de la manière dont ils traitent ceux qui leur servent à manger. Cela demande beaucoup de travail de réussir à tout gérer à la fois, de garder son calme quand les gens ne sont pas agréables avec vous ou quand les choses ne vont pas. Il faut aussi réussir à communiquer, sans jamais paraître fatigué. Je pense que si tout le monde faisait ça pendant, disons, six mois, les gens se traiteraient beaucoup mieux entre eux. »

Le grand bazar planétaire

EN IMAGES

On m'a souvent demandé si j'avais une question préférée. La réponse est oui. Je m'excuse immédiatement auprès de mes 23 autres questions, mes 23 autres amies intimes qui ont passé plus d'un an dans ma poche, mes 23 autres compagnons de route qui sont encore aujourd'hui gravés dans ma mémoire, dans un ordre précis, et qui font défiler une multitude de visages dans ma tête dès que je pense à l'une d'elles en particulier.

> Si vous deviez décrire notre planète à un extraterrestre, que diriez-vous ?

Cette question m'a été soufflée par mes amis de Pandacraft, l'un de mes partenaires, avec qui on cherchait des questions pour les enfants de 5 à 10 ans. Quand on l'a trouvée, je me suis dit que c'était une merveilleuse question, non seulement pour les enfants mais surtout pour les adultes, car elle faisait appel à l'imagination. Et qui dit imagination dit toutes sortes de réponses.

Il y a ceux, le plus souvent les enfants, qui se mettent entièrement en situation en commençant par tout décrire, dans le détail, en expliquant par exemple ce qu'est un arbre, son tronc, ses feuilles. Cela prenait donc parfois un peu de temps… Il y a ceux, pragmatiques, qui s'inquiètent de la manière de communiquer avec ces extraterrestres : « Mais est-ce que nous parlons la même langue ? » Il y a les personnes structurées qui vont du plus large au plus fin, de la description des océans et des continents pour en arriver aux villes, aux bâtiments et à leurs habitants. Il y a ceux enfin, comme Ian, urbaniste singapourien, qui ont une incroyable capacité à résumer l'humanité en quelques phrases : « Je lui dirais que notre planète est constituée de millions d'espèces différentes. Animaux, plantes et autres choses vivantes. Je lui dirais que notre planète a probablement été colonisée par l'une de ces espèces, qui est incomparablement plus forte et plus intelligente que les autres. Les humains ont changé la face de la Terre, de manière drastique. Malheureusement, cela a eu pour conséquence que notre planète est devenue moins vivable pour les millions d'autres espèces. Cependant, depuis quelques années, nous essayons de changer cela, ou du moins nous tentons de compenser notre hégémonie en respectant davantage l'environnement. En tant qu'êtres humains, nous essayons de plus en plus de faire en sorte que toutes les autres espèces puissent continuer à vivre dignement. » En y réfléchissant, c'est une responsabilité énorme d'être supérieur aux autres. Quelle autre espèce a à se soucier de la survie des autres ? Quel autre animal a conscience que la Terre est plus grande que les quelques kilomètres carrés sur lesquels il vit ? Quel autre animal sait de combien de membres est constituée sa propre espèce ? Nous sommes presque à plaindre car malgré nous, nous devons nous occuper de tout le monde. Ce n'est pas chose aisée.

Cela nous amène à la réponse la plus fréquente : « C'est compliqué. » Les gens prenaient généralement du temps pour répondre à cette question. Pendant leur temps de réflexion, leur visage laissait transparaître des émotions totalement opposées. Je voyais des grands sourires, signe d'une réponse enthousiaste à venir, soudain assombris par un froncement de sourcils qui laissait présager une réponse tout autre. Plutôt que de me risquer à une énième analyse douteuse, je préfère cette fois vous laisser avec quelques réponses choisies, toutes plus intéressantes et originales les unes que les autres, que vous êtes libre d'interpréter.

« Il y a beaucoup de belles choses, mais fais gaffe à tes arrières. »
Timotei, jeune chômeur français d'une vingtaine d'années interviewé à minuit à Paris au coin d'une rue alors qu'il fumait des joints.

« Il faut tomber amoureux, sinon cette planète n'est pas vivable. »
Gubse, photographe turque vivant à Paris.

« C'est un désastre, nous avons besoin de votre aide. » Noémie, Bogotá, et Mikhail, Moscou.

« Ah ! Ce serait bien compliqué, dis donc. Je lui dirais que les gens cherchent à vivre, et à vivre heureux. Mais que bien souvent ils s'y prennent mal, car ils vont créer des jalousies en cherchant à accumuler les biens sans s'occuper des autres. » Jean, prêtre à Paris (95 ans !).

« C'est beau, fuyez les humains. » Erdal, agent de sécurité turc.

« Je lui dirais que nous vivons sur une planète aux ressources extraordinaires, et que je ne sais ce qu'il s'est passé à un moment de l'Histoire, mais les humains ont commencé à créer une version un peu spéciale de commercer, d'échanger des biens. Je ne sais pas trop quel effet cela a eu sur leur psychologie et leur cerveau, mais à partir de là ils ont laissé de côté toutes les choses essentielles de notre planète pour se concentrer sur une chose futile qu'on appelle argent ou or, qui représente une certaine forme de richesse et qui leur donne un statut, et ils ont depuis arrêté d'être simples et normaux. » André, paysan franco-colombien à Ubaté, Colombie.

« Elle avait tellement de potentiel, puis les humains sont arrivés. » Jonathan, écrivain canadien.

« Je lui dirais que c'est un petit terrarium où le cycle de la vie s'opère. » Angela, productrice de musique américaine, Dearborn, Michigan.

« Je lui dirais que je suis son ami, et que je veux bien être son meilleur ami. Parce que quand tu arrives d'une planète sur une autre planète, c'est un peu comme débarquer au milieu de nulle part, tu n'as personne à qui te rattacher, tu te sens seul, et je veux que personne ne se sente seul sur cette Terre. » Isaiah, étudiant américain, Dallas.

« Ah, génial ! Je lui dirais viens par ici mon vieux, je vais t'expliquer ce qui se passe. Regarde toute cette fausse herbe, ça c'est parce

qu'on utilise des OGM dans le coin. On est religieux, il y a plein de religions différentes mais en fait tout le monde dit la même chose. Exactement la même chose mais de manière différente. Ça n'empêche qu'elles n'arrivent pas à s'entendre donc fais gaffe à ça. Je lui dirais aussi que l'éducation est primordiale, mais pas l'éducation genre j'ai un diplôme, je parle de l'éducation qui permet de rester dans ta voie, celle qui te permet de rester qui tu es. Donc je conseillerais à cet extraterrestre de bien comprendre quelle est sa passion, et de rester à l'écart des politiques jusqu'à ce que ces derniers comprennent un peu mieux à quoi ils servent. Et je lui dirais vas-y mon gars, crois en toi et fonce ! » Darceia, étudiante américaine, Dallas.

« Bienvenue dans un joyeux bordel où tout peut arriver. » Michael, athlète français vivant à Paris.

« Je m'imagine avec l'extraterrestre en train de boire un café, je ne sais pas ce que lui boit. On serait plutôt sur Jupiter ou Vénus. On regarde la petite boule bleue et je lui dirais : Tu vois ça ? C'est la Terre. Elle est habitée par des humains qui se donnent la vie entre eux, mais qui se la prennent aussi simplement parce que tu penses autrement ou que tu as une apparence différente. Tu veux un peu d'adrénaline ? Welcome to earth… » Aygun, journaliste et relation presse azéri-russe.

« Désolé, nous faisons de notre mieux, c'est un chantier en cours. » Rusty, artiste, La Nouvelle-Orléans.

« C'est plein d'humains, bons ou mauvais. Certains jours tu auras envie de rentrer, d'autres de rester. » Enerel, étudiante mongole.

« Non merci, je ne crois pas aux extraterrestres. » Maria, retraitée argentine.

« Attention, on risque de vouloir te tuer. » Subrata, jeune Indienne vivant à Calcutta.

« C'est une bonne planète mais il y a des problèmes un peu bizarres. Les gens se battent pour diviser la planète en morceaux. » Mohammad, ancien nomade, Chiraz.

« Je lui dirais que nous sommes des personnes très intelligentes, nous sommes curieux et nous nous développons. Nous sommes parvenus à survivre et nous cherchons en permanence à nous améliorer. » Nomsa, sociologue zimbabwéenne.

« Viens manger ma soupe au chou ! Ce serait un truc comme ça parce que c'est ce que je connais le mieux. Je ne parle pas de ce que je ne connais pas. J'aime aussi beaucoup la ruralité dans mon pays et dans le monde donc je lui parlerais sûrement également de cette richesse, mais j'attaquerais par la gastronomie. » Michel Sarran, chef français.

« Salut l'extraterrestre ! Je ne sais pas d'où tu viens et tout ce que tu as sur ta planète, mais la Terre c'est incroyable. C'est super cool. C'est à côté du Soleil mais on ne brûle pas. On a un truc génial qui s'appelle "cookies". Tu les mets dans ta bouche et d'un coup tu te sens bien. On a plein d'autres choses qui nous donnent de la joie, comme regarder des vidéos YouTube ou faire l'amour. Je ne sais pas si tu as ça chez toi mais cette planète est remplie de trucs comme ça ! » Nikita, artiste russe.

« C'est un endroit génial où 99 % des gens vivent leur vie tranquille. Mais ils sont impactés par les 1 % des autres qui décident pour eux. Et parmi ces 99 %, 98 % ne se rendent pas compte que ce tout petit groupe de personnes contrôle leur vie, et pas forcément pour leur bien. » Ido, jeune Israélien vivant au Kirghizistan.

« Ne crois pas tout ce que disent les médias, c'est plutôt sympa ici, donc viens. Les humains sont sympas la plupart du temps. » Solène, étudiante française.

CETTE VOLONTÉ QUI NOUS UNIT

Chaque thématique, chaque question, grâce à la diversité ou la similarité des réponses obtenues, offre des clés de compréhension du monde. Mais je ne cherche pas en particulier à comprendre la religion, ni le bonheur, ni la technologie… Ma quête initiale en allant rencontrer toutes ces personnes était de saisir un « tout », d'avoir une représentation d'ensemble de notre monde. Par chance, cette vision s'est offerte à moi. Petit à petit, les pièces du puzzle se sont assemblées pour dévoiler une image claire : nous sommes bien plus les mêmes que nous le pensons. Si cela est déjà une réjouissance en soi, c'est surtout un engrais fertile pour jeter les bases d'un concept qui sera essentiel pour le futur : le sentiment d'appartenance à une communauté mondiale.

Vive le communautarisme mondial

◢ Nous sommes tous liés

Je ne suis pas un idéaliste qui croit que tout le monde est beau et gentil. Je suis encore moins un pessimiste réfractaire prophétisant l'autodestruction de l'être humain. Je suis plutôt intrigué, modestement et passionnément, par les changements très rapides et parfois brutaux que nous nous imposons et que nous imposons à notre planète, qu'ils soient sociaux, techniques ou environnementaux. *20 Questions to the World* est un travail de recherche expérimental qui vise à comprendre ces changements dans leur globalité, à leur donner une certaine forme de cohérence et de perspective.

La citation de Claude Lévi-Strauss que j'ai utilisée pour débuter ce livre, où il affirme que le monde n'était plus compréhensible dans sa globalité, pose une autre question : est-il vraiment nécessaire de comprendre le monde ? À quoi cela sert-il ? Ne serais-je pas en train de m'adonner à un exercice philosophique abstrait, pour ma propre satisfaction intellectuelle, et sans lien avec le réel ? Je fais tout pour que cela ne soit pas le cas. Ma conviction est claire : dans un monde toujours plus interconnecté et innovant, il est devenu nécessaire de mieux comprendre l'autre, de sentir ce qui nous lie ou nous différencie et de se rapprocher d'un sentiment de communauté mondiale, passage essentiel à la résolution des grands enjeux largement globalisés auxquels nous faisons face. Claude Lévi-Strauss a raison, notre monde se complexifie incroyablement, aussi vite qu'il se globalise. D'innombrables nouveaux liens se tissent chaque jour entre des pays, des entreprises, des humains ou des ordinateurs aux quatre coins du monde. Ce maillage toujours plus dense a une conséquence évidente : nous sommes tous liés les uns aux autres. Cela était moins vrai il y a quelques siècles, quand chaque civilisation vivait plus ou moins isolée sur son territoire, sans interactions avec les autres, et surtout sans que les actions d'une civilisation n'aient de répercussions directes sur les autres, c'est-à-dire sur la planète tout entière. Aujourd'hui, chacun de nos faits et gestes a une incidence globale. Pointez par exemple sur une carte l'origine des dix dernières choses que vous avez achetées. Explorez d'où viennent les différentes matières qui ont servi à produire votre téléphone, ou ne serait-ce que votre jean. Erik Orsenna a poussé l'expérience à l'extrême en suivant les chemins du coton. Il en a tiré son petit précis de mondialisation *Voyage au pays du coton* où il écrit :

> *Pour comprendre les mondialisations, celles d'hier et celle d'aujourd'hui, rien ne vaut l'examen d'un morceau de tissu. Sans doute parce qu'il n'est fait que de fils et de liens, et des voyages de la navette.*

Côté immatériel, nul n'ignore que prendre sa voiture, ou l'avion pour les plus chanceux, participe au réchauffement climatique qui est, ou qui devrait être, l'affaire de tous. Je ne critique absolument pas cette globalisation, mais elle ne s'est pas encore accompagnée d'une mondialisation des esprits. Je ne parle pas d'une homogénéisation des cultures, car leur diversité est notre richesse, mais bien d'un sentiment d'empathie humaine mondiale, une certaine forme de conscience globale.

« La crise économique actuelle est une composante d'une crise aux multiples visages : crise de civilisation, crise de société, crise de la planète, crise de l'humanité qui n'arrive pas à accéder à l'humanité », affirme Edgar Morin dans son ouvrage *Penser global.* « Crise de l'humanité qui n'arrive pas à accéder à l'humanité », on ne peut pas mieux le dire. Partout, les frustrations écologiques, sociales, économiques ou identitaires ont pour origine une frustration humaniste. Nous aimerions être plus humains, mais nous n'y arrivons pas, pas encore, et nous nous en voulons d'être encore un peu des barbares. Toutes ces personnes qui m'ont dit avoir peur du futur, tous ces hommes et ces femmes qui ont dépeint un tableau chaotique à l'extraterrestre imaginaire avec qui je leur ai demandé de converser n'ont fait en réalité qu'exprimer leurs propres frustrations. Quand on parle au nom de l'humain, on parle forcément un peu pour soi.

Dans ce contexte, nous ne pouvons plus nous passer aujourd'hui de nous sentir unis par un même but, une même cause commune, de savoir que le défi qui est devant nous ne peut être relevé que si nous voguons tous vers la même mire. Ce que j'affirme n'est pas une utopie, mais une évidence : c'est le sens de l'Histoire. Sans cela, nous serons incapables de répondre aux enjeux globaux que nous avons nous-mêmes créés, tous ensemble, consciemment ou non.

◢ L'humain n'est pas raisonnable

Soyons réalistes, il y a des raisons d'être pessimiste. La nature de l'être humain est trop compliquée pour être théorisée, bien que cela soit assurément ce qui a fait couler le plus d'encre depuis l'invention de l'écriture. Même en s'y risquant, il y a des signes qui laissent croire que nous ne nous en sortirons jamais. « *Repeat.* Car je pense que l'histoire se répète », m'a répondu Farah, urbaniste londonienne, quand je lui ai demandé *Si tu devais écrire un livre sur le monde actuel, quel titre lui donnerais-tu ?*. « On a pu le constater tout récemment avec l'élection de Donald Trump. Il suffit de quelques ingrédients, toujours les mêmes, sans aucun fait ni information vérifiée, pour convaincre des milliers de personnes. On pourrait croire que cela n'arriverait plus, car nous aurions appris de l'Histoire, avec la Seconde Guerre mondiale, Hitler, Mussolini, Staline… Mais j'ai l'impression qu'on fait toujours les mêmes erreurs. On se répète. » De tout temps, dans toute contrée, les hommes se sont fait la guerre, se sont combattus pour des territoires, des ressources ou, pire, pour quelques délires mégalomanes. Alexandre le Grand, Jules César, Attila, Gengis Khan, Napoléon… Si tous ces noms occupent nos cours d'histoire, c'est avant tout parce qu'ils ont été de grands seigneurs de guerre. C'est d'ailleurs sûrement ce qui a poussé Alexis de Tocqueville à dire : « L'Histoire est une galerie de tableaux où il y a peu d'originaux et beaucoup de copies[4]. » Alors, sommes-nous des animaux destinés à nous entretuer éternellement et, plus grave encore, faut-il s'y résigner ? Peut-être, car comme le souligne Farah, nous oublions facilement le passé. Nos parents ont vécu l'horreur d'une guerre mondiale ou du communisme, mais leurs histoires n'ont pas suffisamment ruisselé sur nous. Et comme pour toutes les choses de la vie, tant qu'on ne les a pas vraiment vécues ou goûtées, on ne se rend pas bien compte de ce que cela fait, de quel goût cela a, alors on s'y risque, curieux, pour le meilleur ou pour le pire. Edgar Morin, l'un de ceux qui ont essayé de théoriser les comportements humains avec brio, le concède également :

> *J'ai pour ma part récusé cette idée que le raisonnable s'imposera tôt ou tard. Il est possible que devant un extrême danger, on prenne conscience et donc* in extremis *des mesures de salut. Mais jamais le raisonnable ne s'est imposé de lui-même vu le caractère anthropologique de l'*Homo sapiens-demens.

4. *L'Ancien Régime et la Révolution*, 1856.

Mais si nous étions raisonnables, aurions-nous inventé la roue ? L'électricité ? La conquête de l'espace ? Internet ? L'avion ? Il faut être bien déraisonnable pour tenter de créer la lumière, pour défier la gravité ou pour connecter tous les êtres humains entre eux. C'est aussi notre nature que de toujours tout remettre en cause, de ne pas se contenter de l'acquis. Ne croyez pas que le transhumanisme est une discipline nouvelle. De tout temps l'homme a essayé de repousser la mort et il l'a déjà fait brillamment grâce à d'incroyables prouesses dans le domaine de la santé. L'espérance de vie moyenne à la naissance en France en 1750 était inférieure à 30 ans. Elle est aujourd'hui supérieure à 80 ans. En gardant le même taux de croissance, ce qui est bien entendu une aberration, nos descendants vivraient plus de 200 ans en l'an 2300 ! Les problèmes démographiques seraient alors d'une autre ampleur.

Je cède parfois aux sirènes de la collapsologie. Est-ce que notre manque de retenue, cette prétention de vouloir maîtriser et repousser les limites de tout, propre à l'être humain, ne nous mène-t-il pas droit dans le mur ? Les scientifiques sont catégoriques sur le fait que nous sommes entrés dans la sixième extinction de masse. Actuellement, la perte de biodiversité et les changements dans l'environnement qui y sont liés sont plus rapides qu'à aucune autre période de l'humanité. 60 % des milieux naturels ont été dégradés sur l'ensemble de la planète au cours des cinquante dernières années. Dans le cas d'un scénario catastrophe, il faudra entre trois et cinq millions d'années pour retrouver une biodiversité comparable. Cela fait froid dans le dos, et le pire, c'est que notre train semble lancé à pleine vitesse.

Nous sommes en transition

Je crois en l'innovation. En tout cas, c'est le seul moyen d'être optimiste car je ne crois pas au retour en arrière. Un soir sur l'île du Soleil en Bolivie, au cours d'un dîner avec des touristes rencontrés dans mon hôtel, j'ai eu une courte altercation avec une femme californienne d'une quarantaine d'années. Elle était végan, rentrait d'une retraite de yoga d'un mois dans la forêt amazonienne péruvienne, et elle ne cessait de critiquer l'être humain. Je me faisais presque engueuler parce que j'aimais le lait. « Nous sommes la seule espèce à boire le lait d'autres espèces, cela n'a pas de sens, nous ne respectons rien. » Je n'ai pas pu m'empêcher de lui demander de se déshabiller. J'ai argumenté en lui disant que nous étions la seule espèce à s'habiller. Puis je lui ai dit que nous étions également la seule espèce à manger avec des couverts, à construire des routes, etc. Elle ne l'a pas bien pris. J'avoue avoir été un peu provocateur ce soir-là.

Je suis clairement écologiste, mais je ne veux pas nier l'incroyable capacité de l'être humain à progresser. Comment ne pas créer de problèmes en essayant subitement de nourrir 7 milliards de personnes ? Comment ne pas créer de problèmes en devant trouver des ressources énergétiques pour 7 milliards de personnes ? Il est difficile de reprocher à l'être humain d'avoir mal fait les choses. Mais il tente toujours de trouver des solutions. Je me réjouis par exemple de voir que nous arrivons à produire de l'énergie grâce au vent, au soleil et à l'eau. Ces systèmes ne sont pas encore parfaits, mais c'est en continuant à investir dedans et en les perfectionnant qu'on avancera. Je me réjouis aussi que nous soyons en train de trouver des alternatives au plastique, là où on peut l'éviter. Peut-être faites-vous partie des vingt millions de lecteurs de *Sapiens*, le best-seller de Yuval Noah Harari qui résume l'histoire de l'humanité en quelques centaines de pages. Si ce n'est pas le cas, permettez-moi de vous en dévoiler certains épisodes notoires. Il est avéré que la disparition de la majorité des mammifères géants quelques milliers d'années avant notre ère coïncide toujours avec leur première rencontre avec l'être humain (ou *Homo Sapiens*). Ces derniers chassaient en effet tous les nouveaux animaux qu'ils croisaient sur leur chemin, et peu importe leur taille puisqu'ils savaient ruser pour arriver à leurs fins. Malheureusement la reproduction des très grands mammifères est un processus lent qui n'a pas résisté à la barbarie humaine. Par ailleurs, un procédé classique utilisé par l'*Homo Sapiens* pour découvrir de nouvelles forêts était de les brûler. À l'abord d'un territoire inexploré, le premier réflexe était d'allumer un grand feu de joie. Cela permettait de ne pas se faire surprendre dans la densité de la flore, et de rendre plus visible les animaux à chasser. Ce processus a surtout décimé une bonne partie des écosystèmes naturels. De nombreux autres exemples passionnants et documentés montrent à quel point nos ancêtres, il y a plus de dix mille ans, avaient déjà un impact irréversible sur leur environnement, et de manière tout à fait inconsciente. L'auteur explique également en quoi la culture du blé, dans une volonté d'améliorer la condition de l'homme, a sédentarisé petit à petit les populations et créé des contraintes et dépendances qui n'existaient pas avant. L'*Homo Sapiens* n'a depuis cessé d'innover dans le seul but d'améliorer ses conditions de vie, de l'agriculture au commerce en passant par Internet, et la décentralisation mondiale des tâches que nous connaissons aujourd'hui a pour origine le tout premier homme qui voulut faire pousser des aliments plutôt que de se contenter de leur forme sauvage. C'est dans la nature humaine de vouloir progresser.

Nombreux sont ceux qui critiquent aujourd'hui le système capitaliste, et semblent oublier qu'il a engendré un monde qui n'a jamais été aussi libre et démocratique. Il est loin d'être parfait, mais il est sûrement celui qui nous a fait le plus progresser. Le capitalisme : voici l'un des sujets qui m'a poussé à entreprendre ce projet. Un peu de contexte personnel est ici nécessaire. Je suis né dans une famille clairement libérale et pro-capitaliste, où faire carrière en entreprise est considéré comme la voie royale, et où un vote à gauche peut faire scandale. Défiant quelque peu cette autorité, il m'arrivait d'avancer des arguments anticapitalistes, dénonçant tantôt les dérives inégalitaires du système actuel, tantôt ses impacts écologiques. On savait dans ce cas toujours me remettre à ma place, m'expliquant par quelques contre-arguments péremptoires que j'avais tort. Cela m'énervait et ne faisait évidemment que renforcer mes croyances personnelles, que je gardais alors ancrées au fond de moi. Puis, au fil du temps, j'ai appris à tempérer mes opinions. Mon père et mon frère avaient raison, le capitalisme est un système vertueux, en témoignent les chiffres impressionnants de réduction de l'extrême pauvreté depuis quelques décennies. Mais j'avais aussi raison en disant qu'il était imparfait, en témoignent entre autres les inégalités croissantes dans le monde. Je ne cherchais plus alors à dénoncer, mais à comprendre. Je ne cherchais plus à convaincre, mais à m'enrichir des opinions des autres. Je suis parfois inquiet aujourd'hui de l'omniprésence du débat manichéen. Chaque problème doit avoir un coupable et il faut être pour ou contre. Il n'y a que des bons ou des méchants. Il y a ceux qui gouvernent et ceux qui subissent, il y a les multinationales et les petits producteurs, il y a ceux qui polluent et ceux qui tentent de sauver notre planète. Une liste sans fin d'antagonismes. Des « camps idéologiques », largement renforcés par les réseaux sociaux, où on peut très vite former un clan, un *pool* de personnes qui pensent comme soi, et ainsi s'autopersuader de la légitimité de nos arguments. J'en reviens alors à tous ceux qui prônaient une éducation plus humaine. Ils ont raison, car il y a dans tout cela un vrai manque d'empathie, c'est-à-dire une incapacité à se mettre à la place des autres, à comprendre leur position, et *in fine* à accepter que nous sommes humains. Que veut un communiste ? Que l'État fort organise de manière ordonnée et équitable l'outil de production pour créer une société plus égalitaire, où personne ne manquera de rien. Que veut un capitaliste ? Que les lois du marché permettent à chacun, grâce à son travail, de s'épanouir et de s'enrichir pour une vie meilleure. La finalité est très proche : le bien-être de l'être humain. Seuls les moyens pour y arriver changent. Vous me pardonnerez cette simplification à l'extrême mais je l'assume. Personne ne veut consciemment la fin de l'humanité. Personne ne veut recouvrir la Terre de plastique ou empoisonner la population avec des pesticides. Personne, à part quelques mauvais dictateurs, ne souhaite voir augmenter la pauvreté. Pourtant, on accuse tous quelqu'un pour ces maux. Les pesticides, c'est Monsanto ; le plastique, ce sont les grandes entreprises qui nous vendent ces produits ; la pauvreté, ce sont les États. Mais c'est qui, « Monsanto », « les grandes entreprises » et « les États » ? J'ai un certain nombre de connaissances dans des grandes entreprises agroalimentaires ou dans des organes publics, et je peux vous assurer qu'ils ne veulent tuer personne, bien au contraire !

Les critiques exacerbées dont font l'objet les multinationales illustrent bien ce phénomène. Les très grandes entreprises sont les grandes perdantes de la tendance écologique et anticapitaliste actuelle. On les accable de toutes les fautes possibles, parfois à raison, souvent à tort. Voici le raisonnement auquel je m'adonne souvent. Si j'avais créé il y a cinquante ans un nouveau type de commerce appelé « supermarché », persuadé que je faciliterais la vie aux gens en leur faisant gagner à la fois du temps et de l'argent, et en leur offrant un endroit où ils pourraient trouver tous types de produits, et si par chance ma louable idée avait connu un succès, m'amenant petit à petit à ouvrir plusieurs magasins en France puis à l'étranger, n'aurais-je pas alors pris exactement la même direction que certains des plus grands distributeurs alimentaires actuels ? De même, si, en 1909, j'avais inventé les premières colorations de cheveux au service de la beauté des femmes, ou bien encore si, en tant que pharmacien, j'avais créé en 1867 le premier lait en poudre pour lutter contre la mortalité infantile et rendre service à certaines femmes qui ne pouvaient pas ou avaient du mal à allaiter, n'aurais-je pas conduit ma petite affaire sur les mêmes chemins que ceux de L'Oréal ou Nestlé, plutôt fiers aujourd'hui de rendre service aux femmes pour l'un et d'essayer de nourrir sainement une population en pleine explosion pour l'autre, et surtout de donner des emplois à des centaines de milliers de personnes partout dans le monde ?

On ne va pas refaire l'Histoire. Je ne suis un adepte ni de la grande distribution, ni de la nourriture « industrielle », ni du marketing à outrance autour des produits de beauté, mais je reste persuadé que ces grandes entreprises font plus de bien que de mal. Disons qu'elles tentent tant bien que mal de répondre au phénomène démographique extraordinaire que nous vivons, et que quoi qu'on fasse, avec une telle quantité d'individus, n'importe quel produit ou innovation de masse ne sera pas sans impact. Si je dis tout cela, ce n'est pas pour prendre parti, mais pour tenter de prendre du recul. L'empathie humaine ne peut exister sans que chacun ait conscience que nous faisons tous face à des défis extraordinaires, et qu'ils seront plus vite résolus si nous cherchons à nous entendre et nous comprendre plutôt qu'à savoir qui a raison.

Une cause commune

Passé ces sentiments défaitistes et nébuleux, je vois deux grandes raisons de se réjouir.

La première, c'est que nous avons enfin « cet extrême danger » devant nous. Il est peu commun de s'égayer d'un danger approchant, mais voyons le bon côté des choses, il peut nous réunir. Je parle bien sûr de l'écologie. « L'affaire du siècle »[5], et surtout l'affaire de tous. Ironie du sort, c'est encore la nature qui trouve un moyen de nous rapprocher. En nous montrant les plaies ouvertes que nous lui infligeons, et en nous laissant entrevoir ce que pourrait être notre avenir si nous ne changions pas nos comportements, elle cherche subtilement à nous donner des raisons de nous unir. Et je suis persuadé que c'est un sujet qui peut toucher tout le monde. En tout cas, j'ai entendu des témoignages concernés chez des personnes de tous horizons, même ceux qui n'auraient a priori pas le « luxe » de pouvoir se soucier du développement durable. Personne n'a envie que la rivière de son village soit contaminée, personne n'a envie que les conditions climatiques ne lui permettent plus de cultiver, et personne n'a envie que les villes deviennent des étuves irrespirables. Nous avons un « prétexte » pour collaborer. Pour s'en convaincre, il suffit de voir l'engouement général suscité par l'appel à la « Grève mondiale pour le climat » lancé par la (très) jeune activiste suédoise Greta Thunberg en mars 2019. En quelques semaines, le mouvement a mobilisé 1,4 million d'étudiants dans plus de 2 000 villes et 100 pays. Karl Marx a dû se retourner dans sa tombe, lui qui a passé sa vie à essayer de rassembler les ouvriers du monde entier. Le climat est une cause unique en son genre puisque pour la première fois elle ne réunit pas des humains contre d'autres humains – les ouvriers contre les patrons, la gauche contre la droite, les pacifistes contre les interventionnistes, etc. – mais tous les humains *pour* la préservation

5. https://laffairedusiecle.net/

de la planète, de notre planète. Il y a évidemment un bémol à cet enthousiasme, qui vient de la politisation du mouvement. D'importants intérêts économiques et sociaux sont intimement liés à l'écologie, incitant certains à s'ériger pour ou contre. On trouve malheureusement dans la seconde catégorie des personnalités aussi puissantes que Donald Trump ou Jair Bolsonaro. Espérons que la préservation de notre planète ne tombera pas trop longtemps dans le jeu du manichéisme.

Un tissu d'humanité

La seconde raison d'être optimiste, c'est que nous sommes beaucoup plus semblables que nous le pensons, et que cela représente une base extrêmement solide pour nous entendre, quel que soit le prétexte. Vous le savez, c'est la principale conclusion de notre projet, et j'ai été rassuré de voir que je ne suis pas le seul à le penser.

Jacques Brel l'exprime de la plus belle des manières dans une interview qu'il a donnée à Knokke en 1971 et que vous retrouverez facilement en intégralité sur YouTube. Quand le journaliste lui parle des querelles entre Wallons et Flamands, il répond ceci :

> *Tout cela serait arrangé à mon avis s'il y avait un service militaire obligatoire d'un an. Je ferais six mois de service militaire et puis pendant les six autres mois j'enverrais les gars de la Wallonie en Flandre et les gars de Flandre en Wallonie, chez des gens, et je crois que ça s'arrangerait très bien. Parce que tout le monde a mal aux dents de la même façon, tout le monde regarde sa mère de la même façon, tout le monde regarde une femme de la même façon, tout le monde aime ou n'aime pas les épinards de la même façon, et tout le restant j'ai la faiblesse de croire que ce sont des problèmes de basse politique, assez sordides.*

Je ne me suis jamais lassé d'écouter ces mots, que je n'ai nul besoin de commenter.

D'autres types d'explorateurs ont aussi fait l'expérience de nos similitudes. Comment ne pas citer à nouveau Claude Lévi-Strauss, l'ethnologue qui voulait « comprendre comment fonctionne l'esprit des hommes », et dont l'étude des mythes et croyances chez les peuples les plus reculés de l'Amazonie et d'ailleurs l'amènera à dire que « ce qu'on voyait surgir c'était alors moins la différence de croyances, de coutumes, et de règles sociales, qu'un certain fond d'humanité commune. Commune entre eux et commune entre nous[6] ».

Et puis il y a ces centaines de personnes que j'ai rencontrées, qui se sont livrées à moi, qui m'ont dévoilé leurs craintes et leurs raisons de vivre, qui « m'ont accordé une séance de psy » comme certains me diront même, et qui me font croire plus que tout en notre capacité à être plus unis. Jusqu'à présent, je ne me suis contenté que de vous livrer des tendances thématiques, une par une, comme dans un livre de recettes, sans liant. Pourtant, c'est en les réunissant qu'on en extrait le sens. Que penser du fait que nous partagions globalement tous les mêmes craintes du futur, que nous souhaitions majoritairement une éducation qui enseigne le vivre ensemble, que nous ressentions tous nos émotions les plus intenses quand nous sommes face à la nature ou à un autre être humain, ou encore que nous cherchions tous du sens, de la simplicité ou de l'amour pour être heureux ? La morale de tout cela, c'est que nous sommes tous pareils ! Je l'affirme une bonne fois pour toutes.

Pour vous en convaincre, j'ai gardé de côté quelques questions, ainsi que leurs réponses :

---

6. Citation extraite du documentaire *Le Siècle de Lévi-Strauss*, Pierre Assouline, 2015.

De quoi avez-vous besoin ?

De quoi avez-vous peur ?

Quel est votre rêve ?

Selon vous, quelle est la principale caractéristique commune à tous les êtres humains ?

Vous avez là toutes les questions propres à l'être humain, les plus personnelles. Vous avez aussi là les questions aux plus forts taux de réponses similaires, ou du moins les plus facilement catégorisables.

De quoi l'être humain a-t-il besoin ? Prenez l'amour (30 %), l'accomplissement personnel et le bonheur, « rien », le temps et la paix, et vous avez 80 % des réponses.

De quoi l'être humain a-t-il peur ? De l'échec, de la mort, de perdre des proches, que le monde tourne mal, de la violence et de quelques insectes pour encore 80 % des répondants.

À quoi l'être humain rêve-t-il ? Certains ont des rêves pour le monde : « La paix dans le monde », « Que tout le monde soit heureux », « Une société avec plus de compassion ». Quelle générosité ! Un peu comme si Aladin avait demandé au génie que tout le monde soit riche au lieu de ne penser qu'à lui. Même Walt Disney n'a pas osé. Parmi les rêves plus personnels, il y a la volonté d'être heureux – largement dominante –, le souhait de laisser une empreinte positive sur le monde et l'envie de voyager. Soyons francs, quelques histoires d'ambition sont bien sûr à déclarer, l'un rêvant d'être président, l'autre d'être riche et couronné de succès, mais elles sont minoritaires.

Enfin, quand on demande à l'être humain ce qui le caractérise, 40 % des personnes interrogées évoquent sa bonté, mais aussi « l'empathie », « la capacité à aimer », « la solidarité ».

En parallèle, seuls 17 % des commentaires sont négatifs. On comprend d'ailleurs qu'Hussam, réfugié syrien en France, me réponde que « la haine » est l'une des facettes fondamentales de l'être humain. Tout comme Keshar, réfugié indien en France pour son homosexualité (voir interview page 186), qui m'a répondu que l'homme était un tricheur, un voleur. Tous deux ont tristement expérimenté ce qu'ils affirment. Mais d'un autre côté, Didar, réfugié afghan en Iran, qui a connu la guerre, m'a dit que l'humain avait avant tout un grand cœur.

Les réponses positives sont parfois tempérées, comme si on cherchait à se justifier d'un idéalisme un peu trop naïf. Ainsi Ibrahim Maalouf, que je n'ai plus besoin de présenter, affirme que l'être humain est bon à sa naissance, mais qu'il est ensuite perverti par la société. À de nombreuses reprises, on m'a avancé que la bonté était la caractéristique innée propre à l'être humain, mais que ce n'était pas pour autant qu'on la laissait s'exprimer. « Au fond du fond de l'être humain, ce qu'on trouve, c'est la tendresse », m'assure aussi Jaime Paz Zamora, ancien président bolivien (interview page 82), comme s'il fallait creuser longtemps pour la trouver. J'aime beaucoup la réponse d'Eduardo, poète et psychologue argentin de 45 ans : « Je pense que la principale caractéristique commune à l'être humain est sa capacité d'aimer et de détruire en même temps. Et d'ailleurs la grande question de l'humanité est de savoir quelle partie va gagner. » Peut-être qu'aucune ne gagnera, et que ces deux forces que sont l'amour et la haine sont là pour s'équilibrer. J'ai la faiblesse de penser qu'on a aujourd'hui les moyens de faire peser la balance d'un côté.

Un timing parfait

Toutes ces réponses ont bien quelque chose en commun : elles sont pleines d'humanité. Évidence ou grande découverte ? Je n'en sais rien. C'est en tout cas assez grisant d'entendre en permanence les mêmes réponses et de se rendre compte qu'une solide base humaniste nous unit. Je ne compte pas les fois où j'ai eu des frissons ou des larmes (maîtrisées) pendant des interviews. À chaque fois que j'entendais une réponse que j'avais déjà entendue maintes fois, cela m'emplissait de joie. J'avais envie de dire à mon interlocuteur : « Ne vous en faites pas, vous n'êtes pas seul(e) ! » et de connecter ainsi les volontés humanistes. J'étais également ému quand une personne d'un profil caractéristique, prenez un paysan par exemple, me disait la même chose qu'une personne au profil a priori éloigné que j'avais interrogée quelques jours avant. Je rêvais alors de les faire se rencontrer. Cela est d'ailleurs arrivé une fois, quand j'ai demandé à un ami chef d'entreprise népalais de me traduire l'interview d'une femme cuisinière en situation difficile interrogée à Katmandou. Non seulement il m'a fait la traduction, mais il m'a ensuite demandé où il pouvait trouver cette dame pour aller la rencontrer, tant il avait aimé ses réponses.

Depuis quelques mois que je dévoile à mon entourage notre conclusion que « nous sommes bien plus humains que nous le pensons », on me répond parfois : « Mais encore ? Car ce n'est pas vraiment un scoop, ce que tu m'annonces. » En ce qui me concerne, je n'en étais pas persuadé avant ce voyage, et si c'était une évidence, on ne me l'avait pas assez répété. Pour des raisons que j'ai déjà expliquées, j'entends davantage parler de ce qui nous divise plutôt que de ce qui nous unit.

Cette « découverte » est surtout à combiner avec l'époque exaltante dans laquelle nous vivons. Je parle de cette période où il n'a jamais été aussi facile de communiquer avec quelqu'un au bout du monde, de cette période où en deux clics vous pouvez vous renseigner sur n'importe quelle culture ou phénomène, ou encore de cette période où l'avion est de plus en plus accessible financièrement. Le monde a rétréci, n'en déplaise aux aventuriers en herbe de mon genre qui aimeraient qu'il reste des zones géographiques inexplorées. Tout est aujourd'hui accessible, quasiment instantanément. N'importe quelle vidéo ou *tweet* peut être vu partout dans le monde en quelques minutes. Les idoles des jeunes ne sont plus seulement nationales mais internationales, et nous adoptons ou pratiquons chaque jour des comportements ou activités venus d'autres pays. J'ai vu des milliers de Népalais et Indiens idolâtrant le mode de vie occidental quand, en Occident, nous sommes de plus en plus nombreux à pratiquer le yoga. Certains me diront que j'oublie ceux qui n'ont pas accès à Internet ou qui n'ont pas le temps de se soucier de ces questions. C'est faux. La connexion est mondiale. De là où je me suis retiré pour écrire ce livre, dans un petit village géorgien en dehors des sentiers battus, les deux petites filles de 5 et 6 ans du propriétaire passaient leur temps à regarder des vidéos sur YouTube. Dans le petit village retranché de Dorze en Éthiopie, les jeunes étaient collés à leur smartphone acheté au marché noir. Même dans les steppes mongoles, mon téléphone captait la 3G. En 2017, il s'est vendu 1,56 milliard de smartphones dans le monde, soit environ 50 par seconde. En parallèle, « seuls » quatre enfants naissent par seconde. Le monde est connecté, et c'est une grande nouveauté. Le moment est donc particulièrement opportun pour favoriser le sentiment d'appartenance à une même planète. Nous avons les moyens techniques pour créer une équipe mondiale, qui réunit tout le monde, et qui sera la seule capable de relever nos défis globaux. Nous nous connaissons de mieux en mieux dans cette équipe, nous nous rendons visite régulièrement, sur le terrain ou virtuellement, et faisons ainsi s'évaporer au fur et à mesure la peur de l'inconnu.

Des frontières qui s'estompent

Quand je leur demandais comment ils imaginaient le monde en 2100, un certain nombre de personnes interrogées – jeune cadre dynamique argentin, artiste géorgienne, réfugié afghan ou écrivaine allemande pour ne citer qu'eux – m'ont parlé d'un monde où les frontières auraient disparu. D'autres, quand je leur demandais à la fin de l'interview de se présenter rapidement en me disant notamment leur âge et leur nationalité, me répondaient qu'ils se considéraient comme citoyen(ne) du monde. Il est peu concevable que nous n'ayons plus de frontières en 2100, car comment seraient alors régies les règles locales ? Comment seraient préservées nos identités culturelles qui nous sont si chères ? Comment élirions-nous quelqu'un pour nous représenter mondialement ? Ces questions nous déboussolent trop aujourd'hui pour imaginer un changement si violent à si court terme. Il est sûr en revanche que dans quatre-vingt-un ans, nous voyagerons encore bien plus vite, moins cher et avec un moindre impact sur l'environnement. Quand plusieurs milliards de personnes pourront traverser le monde en quelques heures, les frontières deviendront forcément plus abstraites dans notre esprit. Internet et ses multiples usages, par essence transnationaux, vont eux aussi continuer à se développer en se jouant des tracés nationaux. Il faudra alors donner une autre signification à nos lignes de démarcation, une autre définition. En 1995, alors que le terme « mondialisation » entrait tout juste dans le langage courant, le géopoliticien Bertrand Badie, lors d'un colloque organisé à Sciences Po Paris sur « La fin des territoires westphaliens », percevait déjà « la fin des territoires » sous la pression conjuguée de deux facteurs : la modernisation et la réinvention de la tradition. « La modernisation, c'est l'essor du transnational, cette formidable ascension des réseaux transnationaux qui irriguent la scène mondiale en contournant les États-nations, en cisaillant leur souveraineté, en ignorant leur bornage, en transcendant leurs particularités », affirme-t-il, mettant ce processus en balance avec « l'importance des réactions culturelles à la mondialisation et à ce que l'on appelle, de façon un peu rapide, les réactions de type identitaire ». Il le dit et l'avait d'ailleurs sûrement sous-estimé, l'effacement des frontières ne se fera pas en un jour, c'est une certitude. Les nombreuses réactions identitaires actuelles, incarnées dans la montée des courants nationalistes, le prouvent. À chaque nouveau phénomène son lot de réactionnaires.

◢ Et d'autres qu'il faudra vite gommer

Cela nous mène à une autre grande conclusion de notre reportage : les principales différences ne viennent pas des nationalités mais des profils sociaux. Les cadres dynamiques urbains ont globalement les mêmes réponses partout dans le monde, tout comme les personnes aux revenus plus modestes ou les paysans. Notre manière de penser et de voir le monde est aujourd'hui davantage déterminée par notre profil social que par notre lieu de naissance. Pierre Grosser, historien chercheur à Sciences Po Paris, explique d'ailleurs que « le futur va beaucoup résider dans l'accentuation des déchirements entre des capitales ou mégalopoles ouvertes sur le monde, et des territoires ruraux qui réclameront davantage de protection ». Autrement dit les frontières ne sont plus entre les États, mais entre les types de population. C'est sûrement ici qu'est le plus grand enjeu pour assurer une cohésion mondiale. Comment y intégrer tout le monde, qu'il n'y ait pas de laissés pour compte ? En ville, avec les technologies et nos vies à deux cents à l'heure, on a l'impression d'être au sommet de la vague, d'embrasser toutes les nouvelles tendances et usages numériques. Pendant ce temps-là, à la campagne, on avance plus doucement, plus sereinement. Inutile de dire alors que nos visions du monde sont totalement différentes. Nous ne parlons plus le même langage.

Nous souhaitons montrer avec *20 Questions to the World* qu'au fond nous avons bien un langage commun.

De la théorie à la pratique

Nombre de mes amis qui me voyaient il y a trois ans partir pour un an de congé sabbatique me demandent aujourd'hui : « Mais tu imaginais, à l'époque, que cela prendrait une telle ampleur ? » Je réponds que non, mais que je ne l'excluais pas. Je n'avais aucune idée d'où le concept allait me mener, mais j'avais l'envie d'en faire une aventure sur le long terme, et je pressentais un vrai potentiel.

Ce sont aussi les nombreux témoignages d'encouragement et de soutien reçus qui m'ont permis de réaliser que j'étais sur la bonne voie, et qui m'ont donné l'énergie nécessaire quand j'en avais besoin. Je ne compte plus les inconnus qui nous écrivent pour nous dire merci de leur apporter de la fraîcheur et de l'enthousiasme, ou ceux qui nous offrent leur aide en nous proposant leurs compétences diverses ou en souhaitant faire des interviews autour de chez eux. Voici par exemple un message reçu le 18 mars 2017 d'une Argentine qui a découvert notre projet grâce à un média local :

> *Bonjour ! Je suis Analy de Córdoba, en Argentine. J'ai lu la première partie de votre article sur Los Anormales et j'ai pleuré. Votre idée est l'une des meilleures choses que j'aie vues ces derniers temps. Cela me rend très triste qu'aujourd'hui l'autre génère tant de peur. Je crois vraiment que nous pouvons changer. Je vais montrer votre projet à tout le monde, c'est très inspirant. Merci pour tout. Très bon voyage.*

Cela paraît anodin mais chaque message de ce type, encore aujourd'hui, génère une énergie folle en moi pour continuer à faire grandir ce projet.

Je n'ai jamais bien su définir ce qu'était *20 Questions to the World*. J'utilise généralement le mot « organisation » pour rester le plus vague possible. Nous ne sommes pas une association qui sauve des vies (mais une association quand même !), ni une entreprise à but purement lucratif, ni même un collectif artistique, et encore moins un parti politique. Nous avons néanmoins deux objectifs clairs : continuer à affiner notre compréhension du monde – ou plus modestement à essayer de le comprendre – et partager autant que possible nos messages d'humanité pour rapprocher les gens.

Un projet qui continue à grandir

D'une envie de découvertes et de rencontres, nous sommes aujourd'hui une équipe de cinq personnes à Paris et comptons plus de trente voyageurs à travers le monde, qui posent des questions sur le terrain – les 24 d'origine ou d'autres, à leur guise. Quand je suis rentré de mon premier voyage fin 2017, je savais que je n'aurais pas de mal à trouver des successeurs en quête d'aventure. Je suis notamment allé dans mon ancienne école de commerce où il est de plus en plus courant pour les étudiants de partir voyager six mois pendant leur année de césure. Les demandes ne se sont pas fait attendre, et pas seulement au sein de mon ancien établissement d'ailleurs. Dès mai 2018, de nouveaux reporters en herbe étaient sur le terrain. « *20 Questions to the World* est un projet humain qui doit être porté par des humains. Libre à vous de l'adapter si vous le souhaitez. Notre seul objectif est de poser des questions pour comprendre. » Voici la première chose que je leur dis à tous.

C'est ainsi qu'Antoine a lancé *20 Questions to Children*, en partenariat avec les éditions Nathan. Pour ce projet, les questions viennent directement des enfants, à la suite de séances pédagogiques dans des écoles, pour ensuite être posées à d'autres enfants partout dans le monde. Quoi de mieux que l'échange culturel dès le plus jeune âge pour favoriser l'ouverture ? Des classes partout dans le monde ont déjà participé au programme, de Dakar à Pierrefitte, et Antoine travaille actuellement à plein temps sur le concept pour le faire perdurer. La première « filiale » de *20 Questions to the World* ? Sûrement pas la dernière en tout cas, car d'autres projets comme *20 Questions to the Sustainable World*, *20 Questions to Nomads* ou encore *20 Questions to Women* sont déjà lancés. Sans oublier les trois équipes qui ont décidé de s'en tenir aux 24 questions de base et qui participent à alimenter notre base de données. Il ne se passe plus quinze jours sans que nous n'ayons de nouvelles demandes. Nous avons même trois familles avec des enfants de 10 mois à 15 ans qui ont décidé de partir voyager plusieurs mois avec notre concept. Tout cela participe à un foisonnement d'idées, de projets et d'interviews qui, j'espère, emmèneront ce reportage et cette « organisation » aussi loin que possible, géographiquement et sociologiquement. Ces équipes sont de loin ma plus grande fierté. Même si *20 Questions to the World* devait s'arrêter demain, je serai toujours heureux de me dire que j'ai permis à des dizaines de personnes de découvrir l'enivrante richesse de notre monde et de ses habitants. D'ailleurs, si vous vous sentez l'envie d'aller poser quelques questions au bout du monde ou de votre rue, appelez-nous !

La borne *20 Questions to the World*

J'étais assez aigri quand je parlais de ma vision du monde il y a trois ans, pris dans le tourment des images médiatiques. Le message que nous portons aujourd'hui – nous sommes bien plus humains que nous le pensons – est plutôt positif. Pas par choix ou optimisme aveugle, mais bien parce que c'est ce qui ressort de notre analyse. *20 Questions to the World* a clairement changé ma vision de l'humain, pour le meilleur. Il n'est cependant pas facile de diffuser un tel message au milieu de tous les slogans de haine et de différences affichés à tout-va. Nous nous devons donc d'être créatifs.

C'est ainsi qu'est née notre idée de borne vidéo où le monde se parle. Le concept repose sur la dernière question de notre questionnaire : *Et vous, quelle question aimeriez-vous poser au monde entier ?* Près de 1 000 personnes ont déjà posé leur question au monde au cours de nos entrevues. « Je voudrais savoir ce qui rend les gens heureux », « Pourquoi l'homme est-il si égoïste ? », « Quel est votre meilleur souvenir d'enfance ? » en sont quelques exemples. En entrant dans notre cabine aux couleurs de l'association, vous vous retrouverez alors nez à nez avec le monde – en réalité un écran tactile affichant une mosaïque de visages. En cliquant sur le visage de votre choix, vous verrez une question qui vous est posée, à laquelle vous serez bien sûr invité à répondre. Votre réponse, filmée, sera ensuite envoyée à la personne qui l'a posée (après un filtrage nécessaire…) ! C'est le meilleur moyen que nous avons trouvé pour faire se parler le monde. La communication n'est-elle pas le premier pas vers la compréhension de l'autre ? Enfin, à votre tour, vous serez amené à poser une question au monde. Un cycle infini de questions et de réponses, donc. Je ne sais pas où sera la borne à l'heure où vous lirez ces lignes, mais nous avons la volonté de la faire circuler partout : sur les places des grandes villes et des villages, en France ou à l'étranger, dans des gares, des festivals, à Cannes ou aux Solidays, dans des entreprises… (Appelez-nous si vous voulez qu'on vienne vous voir !) C'est aussi notre manière d'avoir de l'impact. Nous aimons être sur le terrain, au contact des gens.

Il y a le nombre de vues sur les réseaux sociaux et les milliers de discussions que nous avons en face à face. Le rapport humain nous fait vivre.

Je pourrais également vous parler de notre projet d'affichage public interactif qui donnera ensuite lieu à une exposition ou d'un concept auquel nous réfléchissons pour les Jeux olympiques 2024, mais nous avons trop d'idées pour toutes les lister ici. Nous essayons simplement de ne pas donner de limite ou de cadre à notre imagination, et je suis toujours incapable de répondre à la question qu'on me pose souvent : « Où vous voyez-vous dans cinq ans ? »

CONCLUSION

Je n'aime pas les prises de position trop engagées, mais j'ai bien conscience d'en prendre quelques-unes dans ce livre. Et la prétendue objectivité qu'apporteraient les milliers de réponses collectées auprès d'un large panel de répondants perd toute son intensité dès lors que je pratique le jeu de l'analyse. En réalité, une réponse devient subjective au moment même où elle est écoutée ou lue, puisque immédiatement passée au filtre de l'interprétation de celui ou celle qui la reçoit. Notre lieu de vie, notre éducation, notre âge, nos goûts, notre métier, nos proches… ont tous une influence sur la manière dont chacun de nous lit ou entend chaque mot. Et puis peu importe la véracité de mon analyse, car ce livre n'est pas un essai ou une thèse. C'est une simple invitation à se poser des questions, et à se sentir plus humain.

La volonté de comprendre les choses a toujours transpiré chez moi. J'aime séparer le vrai du faux, maîtriser les sujets dans leur ensemble et trouver des réponses à des questions complexes. Mais plus j'avance dans cette quête, plus je me rends compte qu'elle est vaine, impossible. À chaque fois que j'ouvre une porte, il y en a deux autres derrière. La vérité n'existe pas, il n'y a que des points de vue. Écouter des milliers de réponses à travers le monde ne m'a pas permis de mieux le comprendre. Cela a en revanche développé chez moi une extraordinaire empathie pour l'être humain, une profonde foi en lui, que je tente de vous transmettre. Je suis parti pour comprendre, et je me rends compte que mon objectif est aujourd'hui de rapprocher.

« L'humanité doit prendre conscience de l'unité de son destin, et d'abord de son existence en tant que telle », écrivait en 2011 Jacques Attali[7]. Je pense plutôt que c'est du dessein commun que naîtra la conscience humaniste, et que c'est d'ailleurs l'unique chance qu'elle a de voir le jour. Il nous faut une bonne raison de nous rassembler. Les ingrédients sont quasiment tous réunis aujourd'hui pour créer cette communauté mondiale : un enjeu écologique commun, des moyens de communication qui rendent les frontières obsolètes et un maillage d'interconnexions et d'interdépendances mondiales sans précédent. Il manque peut-être une étincelle, un élément déclencheur. Ce qui est sûr, c'est que cela ne viendra pas des États, car c'est contre leur nature : un État fera toujours passer l'intérêt national, qu'il soit économique ou politique, avant la bonne volonté humaniste. Toutes les organisations supranationales comme l'ONU ou l'Europe, même si leurs intentions sont plus que louables, ont montré leurs limites. Cela doit donc venir de nous, des gens.

Ce livre cherche à montrer que les bases pour la construction d'une communauté mondiale sont là. En tant qu'humains, nous sommes bien plus similaires que nous le pensons. Au-delà des cultures, des idéologies, des pays, l'humain a bien une définition universelle qui s'exprime fièrement dans les réponses que j'ai entendues partout dans le monde. Cette définition universelle ne cesse malheureusement de prendre des coups, tant elle est torturée et étouffée en permanence par une infime minorité de personnes ou par une diffusion déformée de l'information. Mais avoir conscience de ce socle commun, c'est déjà lui faire gagner du terrain. Il ne tient qu'à nous de nous rappeler cette base qui nous lie tous.

La dernière des 24 Questions est : *Et vous, quelle question aimeriez-vous poser au monde entier ?* Voici une sélection de réponses, c'est-à-dire de questions, qui viendra conclure ce livre. Les réponses à ces nouvelles questions, posées par des personnes de tous âges, de toutes nationalités et de tous niveaux sociaux, si elles existent, sont sûrement la clé d'un monde plus uni.

---

7. *Demain, qui gouvernera le monde ?*, Fayard, 2011.

Qu'est-ce qui vous rend heureux ?
Uliana, Russie, 33 ans

Selon vous, qu'est-ce qui rend les autres heureux ?
Sonya, Inde, 39 ans

Pourquoi y a-t-il la guerre dans le monde ?
Didar, Afghanistan, 44 ans / Judy, USA, 10 ans / Ziad, Syrie, 11 ans / Nika, Russie, 10 ans

Qu'est-ce qui vous fait vivre ?
Rahima, Maroc, 12 ans

Quelle est votre histoire ?
Guillaume, France, 30 ans

Que considérez-vous comme le succès, et que considérez-vous comme le bonheur ?
Claudia, Colombie, 52 ans

Est-ce que chacun a le droit d'avoir ses propres idées sans que cela ne pose de problème ?
Mohammad, Iran, 38 ans

Où est l'amour ?
Jade, Inde, 27 ans

Pourquoi a-t-on toujours besoin de se battre et d'être en compétition les uns avec les autres ?
Kyaw, Myanmar, 34 ans

Comment pourrions-nous rendre ce monde meilleur ?
Kendrick, États-Unis, 30 ans

Qu'y avait-il avant le Big Bang ?
Nayana, Canada/France, 10 ans

Quand avez-vous dit « je t'aime » pour la dernière fois ?
Gubse, Turquie, 30 ans

Pourquoi ne sommes-nous pas capables de nous entendre ?
Paulina, Mexique, 32 ans

Où allons-nous ?
Alain, France, 67 ans

Quelle est selon vous la plus grande qualité de l'être humain ?
Monica, États-Unis, 42 ans

Comment se débarrasser de l'avidité ?
Carol, États-Unis, 59 ans

Comment pouvons-nous continuer à nous développer sans générer de nouveaux problèmes ?
Senkemesh, Éthiopie, 73 ans

Pourquoi avons-nous toujours besoin de nous focaliser sur les différences ?
Fabiola, Bolivie, 32 ans

Comment allez-vous ?
Rosember, Colombie, 47 ans

Pourquoi oublie-t-on l'Histoire ?
Carmen, Espagne/Bolivie, 75 ans

Pourquoi ne supprime-t-on pas les frontières ?
Roberto Carlos, Bolivie, 34 ans

Quelle est la dernière chose qui vous a fait sourire ?
Meredith, États-Unis, 32 ans

REMERCIEMENTS

Il me faudrait plusieurs pages pour citer les prénoms de toutes les personnes qui ont rendu ce projet possible. Je vais donc m'en tenir à des catégories de remerciements, dans lesquelles je suis sûr que chacun se reconnaîtra

Merci d'abord aux 800 personnes qui ont déjà accepté de constituer une pièce du gigantesque puzzle que nous tentons de reconstituer en passant derrière notre objectif.

Merci à toutes les personnes sur le terrain qui nous aident à rencontrer d'autres personnes, qui nous hébergent, qui font office d'interprètes, qui nous guident, et qui en somme rendent notre concept possible. *20 Questions to the World* n'existerait pas sans elles.

Merci à toutes les personnes qui nous soutiennent moralement, proches, famille, amis et tous ces inconnus qui nous envoient des messages chargés d'enthousiasme ☺

Merci enfin à tous nos partenaires, notamment ceux qui ont cru en nous dès la première heure, sur la base d'une simple présentation PowerPoint ! Nestlé Waters, Pandacraft, Birchbox, Glim Services Linguistiques et Teezily. Et tous ceux qui nous ont rejoints depuis : Pernod Ricard, Terres d'Aventure et ESCP Europe notamment.

TABLE DES MATIÈRES

PARTIE 3
UN ATLAS HUMAIN EN 30 PORTRAITS........................ 81

PARTIE 4
NOUS SOMMES BIEN PLUS HUMAINS QUE NOUS LE PENSONS 215

Achevé d'imprimer en octobre 2019
sur les presses de la Nouvelle Imprimerie Laballery
58500 Clamecy
Dépôt légal : novembre 2019
N° d'impression : 909226

Imprimé en France

La Nouvelle Imprimerie Laballery est titulaire
de la marque Imprim'Vert ®